GODDESS, Who Crossed The Border
This World and Another

越境する女神

インド・南カルナータカの憑霊儀礼ブータと神女シリの饗宴

森尻純夫
MORIJIRI Sumio

せりか書房

グリガ・ブータ　2006年

託宣するブータ

乳房の飾りをつけて女神ウラルティになったナリケ・ブータ　2016年

野猪パンジョリになったマラヤ・ブータ
2000年

舞い踊るブータ

双子コティとチャナヤのブータ　マンガロール、ガロディ寺　2012年

ジュモーティの双子コティとチャナヤ
2008年

“シリ”の祭り・クマーラ役と信女たち 2016年

越境する女神

目次

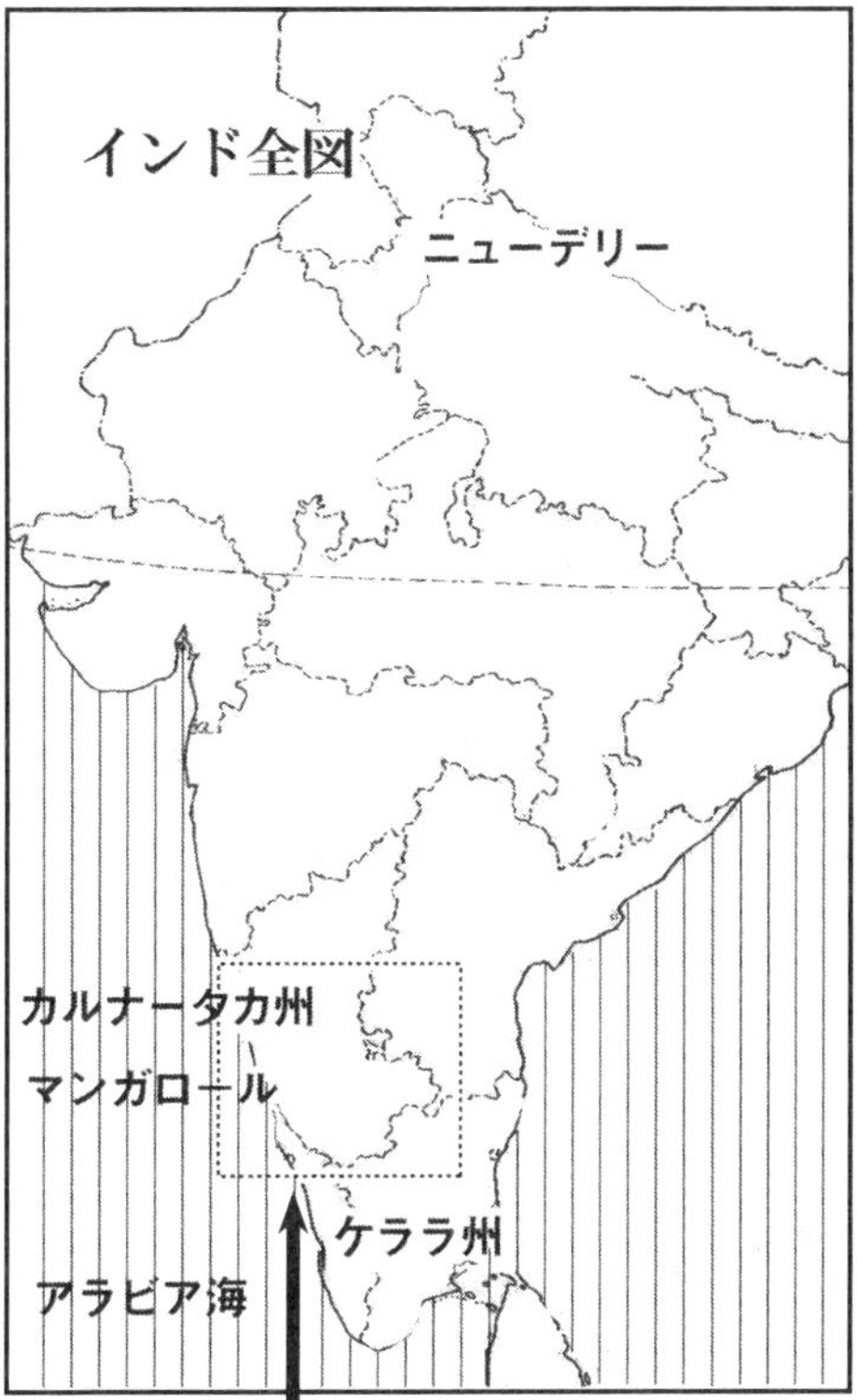
インド全図
ニューデリー
カルナータカ州
マンガロール
ケララ州
アラビア海

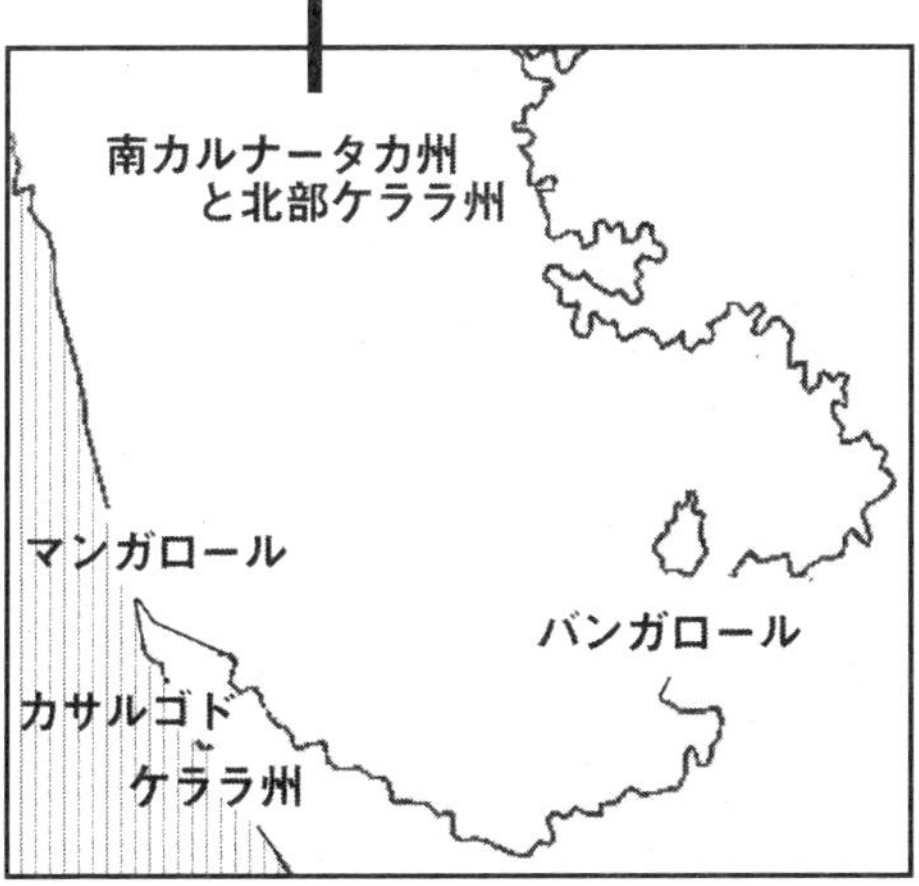
南カルナータカ州
と北部ケララ州
マンガロール
バンガロール
カサルゴド
ケララ州

序章――カルナータカ州南部アラビア海沿岸の文化的特性

南インド、カルナータカ州の南部、アラビア海沿岸に伝播する二種類の民俗儀礼とその祭礼を収集、論述することの書は、二部構成になっている。

Ｉ部は『ブータ』と呼び慣わされている憑霊儀礼芸能である。日常では生活の場をともにすることはない特殊な共同体の人びとが、乞われて村落や町内を訪ね、精霊、動物神、先祖霊（神）などを、地域主催者の望みにまかせて呼び立て、憑霊する。

ヒンドゥ教義からは外れた民俗信仰であり、ブータに憑いた雑神たちは、舞い躍り、参集する人びとに託宣を与え、徹宵、倦むことのない祭礼を展開するのである。最上階とされるヒンドゥ教の僧侶階層であるブラフマナ（ブラーミン）が護る教義とは相容れることはなく、ときに敵対さえするのである。

Ⅱ部は『シリ』[1]と名づけられた女性の伝説的、神話的な生涯物語である。その劇的な生涯の物語を収集し、読み解く。祭礼は、彼女の人生の折々に因む事跡の地でおこなわれている。祭礼に集う信女たちは『シリ』を演ずることで憑依し、自らの人生を女主人公に重ね、仮託して自らを反映させる祭礼である。

「ブータ」は、選ばれて招かれた世襲の職能者が憑霊、神がかりするのに対して、「シリ」は参集した信女たちが憑依する。

ブータの祭礼での地域参加者や見物は、ブータが憑依した神や祖霊、あるいは精霊が、激しく、ときには優雅に躍動するのを、緊張感とともに見詰め、その託宣を享受する。主催した共同体や信者たちは、授けられた神託を厳粛な崇敬とともに受容する。

グリガ・ブータ　2008年

シリに参加した女たち

シリ祭礼の信女たちは、結婚であり子育てであり、女の人生そのものを語る現実感を憑依への段階へ高めていくのである。地域によっては数人の信女が祭礼を組織する小規模なものもある。しかし、数百人の信女が一斉に憑依する巨大な祭礼もある。

ふたつの事例は南インド、カルナータカ州のアラビア海沿岸から北部ケララ州に伝播されている。どちらもカルナータカ南部に流通するドラヴィダ語群のうちのトゥルー語共同体に存在している儀祭礼である。[2]

日本では明治維新直後、神仏分離政策によって禁止され、「憑依・神がかり・依り祈祷」などをおこなう儀祭礼は、公的にはすでにみられなくなっている。ただし、民俗における生命力は、現代にいたっても失われてはいない（序章　論点・開題1『日本における巫女・神がかり・依り祈祷、そして民俗の変貌』）。儀礼は、専門職の存在を変容させ、神楽を含めたその演技は抽象化し、象徴化して民俗生活に生き延びる道を見出している。民俗とは、常に、そうした底力に支えられているのである。

本文の各所で「儀祭礼」という用語を使っている。どちらの「現場」でも、信者、あるいは地域の人びとが寄り集っておこなうのに際して、儀礼、Ritual, Ceremonial 的な次第の後に、見物の参加を含めた祭り、Festival に移行していく。散見する英文、カンナダ語などの資料、研究書に準じた訳語として使用することにした。

1　カルナータカ州とダキシナ（南）カンナダ郡、その地域的特性

南インドとは、インド亜大陸、最南端の四州を称している。アンドラ・プラデッシュ州、タミール・ナドゥ州、カルナータカ州、ケララ州の四州である。

それぞれの州は、インド独立後の共和国設立の理念に従って一州一言語が公用語として定められている。アンドラ・プラデッシュはテルグ語、タミール・ナドゥはタミール語、ケララはマラヤラム語、カルナータカはカンナダ語ということになっている。

南インドは、ドラヴィダ種族の地域であり、これらの言語もドラヴィダ語類といわれている。南インドは、アーリア文化圏ではないのである。

憑霊儀礼芸能ブータ、ならびにヒロイン（神女）・シリの祭礼は、トゥルー語による祭礼である（『第1章3（1）ブータの言語と文化圏』）。トゥルー語は、独立開放後の南インド四州の公式言語からは外れている。とはいえダキシナ・カンナダ郡では圧倒的な流通率を誇っている（次項『3　ダキシナ・カンナダ（南カルナータカ）郡』に詳述）。トゥルー語は非文字である。文字のないトゥルー語のブータは、すべて口承によっておこなわれている。記憶を再生し、それを伝承していく積み重ねがブータなのである。

ヒロイン・シリも、すでに述べたようにトゥルー語で、ブータとおなじように口承による伝承に任せている。物語に憑依する信仰者、信女たちは、伝承された神女、ヒロイン・シリの物語を自らに引きつけて、改竄し、書きくわえて物語の完成に導く。「シリ」に成り替わることで、日常を離れ、しかし自らの人生を再生するのである。

2　カルナータカ州

カルナータカ州は、インド独立解放後の一九五六年に成立している。面積は、全インドの六%を占めていて一九二、〇〇〇平方キロで、けして小さな州ではない。人口は二〇〇〇年代初頭で、約五六〇〇万人とされている。年毎に増加していて、他州に比べて増加率は高く、加速されると予想されている。

州都は、バンガロールで、一九九〇年代初頭からはIT都市として世界に知られている。州都バンガロールは、IT産業の発展とともに急激な人口膨張期を迎えている。二〇一〇年代には一〇〇〇万人に限りなく近づいているといわれている。カルナータカ州総人口の二〇%に迫っている。

ITをはじめとする情報産業は欧米の需要に応えており、自動車、航空宇宙産業の拠点にもなっている。海外資本の投資は、インド全域の上位を常に保っている。近年では、二〇一四年に就任した首相ナレンドラ・モディの出身地グジャラート州と競っている。

といっても、カルナータカの主産業は農業で、二〇一〇年代でも、四九%以上の農業人口を擁している。米を主力に雑穀、野菜など肥沃な土壌に任せた豊富な農産品を生産している。カルナータカは、インドの食糧庫でもあるのだ。

嗜好品・香辛料は、檳榔樹、カカオ、胡椒、カルダモン、丁子（クローブ）、そして白檀の主生産地である。また、珈琲はインド唯一の生産地で、イギリス植民地時代に開発され、独立解放後、経営は農園労働者だったインド人に移譲された。内陸の山間地の珈琲園はインド人経営者に引き継がれ、現代、重要な農産品になっている。紅茶の生産は、北部インドのアッサム、西ベンガル州に比肩されている。スリランカに劣らない生産体制を維持していて、ニルギリ・ブランドとして知られている。

カルナータカ州は大きく四つの地方行政区によって成り立っている。この地方区は、イギリス統治、そしてそれ以前からの藩王国体制など、歴史的、文化的背景を保ちつつ現代に至っている。各地方は、それぞれ、数郡を単位にしている。

3　ダキシナ・カンナダ（南カルナータカ）郡

ダキシナ・カンナダはカルナータカ州の南端、アラビア海沿岸に位置している。中都市マンガロールを中心に南はケララ州との境界に至っている。

マンガロールは、中世からの港湾都市で交易の地として発展してきた。アラビア海の玄関口であり、南部のケララ州コーチ（コーチン）などとともに活発な経済活動をおこなってきた。アラビア海に開かれた窓口であるマンガロールは、キリスト教徒、イスラム教徒、ジャイナ教徒が混交する自由都市の闊達さを保証してきた。こうした地域性は、一九九〇年代以降、教育都市としてのめざましい発展を促進してきた。

マンガロールの所在するダキシナ・カンナダ郡、隣接するウドゥピー郡、そしてそれらの周辺を加えた地域には、公私立二十数校の学部大学がある。二〇一〇年代半ばにも、新設校ができている。それぞれ、付属初中等教育機関を所有、あるいは連携、継続校にしている。

医歯学大学も数校あり、総合病院を経営している。医歯学大学と病院は、イスラム系、キリスト教ミッション校、ヒンドゥを中心にしながら汎宗教の近代医学、先端医学など、それぞれ特徴のある多様な教育と医学環境を持っている。またそれぞれの宗教共同体に対応しながら、薬学を含めたイスラム伝統医学、ヒンドゥ古印法であるアユール・ヴェーダ学などが、かならず併設、あるいは施設されている。

南インド、カルナータカ州アラビア海沿岸の南カルナータカは、多様な言語共同体を擁している。この地域には、数種の言語が流通している。州公用語と定められた以外の言語が流通しているのである。一般には、ドラヴィダ語群と称されている。[2]

北部マハラシュトラ州の公式言語マラーティ語が転訛したコンカニは、南下して移住してきた人びとの母語である。マハラシュトラ州の南、ゴア特別州に発生した言語といわれている。中世末期からカルナータカに定着して、特にクリスチャンの母語として知られている。コンカニは、ダキシナ・カンナダのみではなく、アラビア海沿岸地域の南北に広く流通している。数百万人を数えるといわれており、無文字である。

ウルドゥは、亜大陸中北部のイスラム教徒の母語として流通している。また、最南部のケララ州との境界地帯にはマラヤラム語の共同体が浸潤している。マラヤラム語は、ケララ州の公用語でありながら、カルナータカ州との境界地帯に、その言語共同体が存在している。

カルナータカ州南カルナータカ郡、ダキシナ（南）・カンナダは、当然、公式言語はカンナダ語なのだが、この公式言語が最大多数の流通率を占めているわけではない。ダキシナ・カンナダの多数派言語は、トゥルー語で無文字である。トゥルーは、南インド四州に流通する五番目のドラヴィダ語類とされている。ダキシナ・カンナダ郡の最大共同体であるプージャリ Poojalí それに次ぐバンツ Banth が、トゥルー語を母語とする共同体の中心にいる（第1章2『トゥルー語共同体プージャリ Poojali と地域社会』）。

トゥルー言語共同体は、正確な統計を発見できないが、ダキシナ・カンナダ郡の都市部マンガロールを中心に約二〇〇万人といわれている。この地域の主要な八つの共同体がトゥルーを母語としている。従って、この地域出身者はトゥルー・ドラヴィダ族と目されている。

インド亜大陸には、もともと十数種の人種が存在していたといわれている。南インドは、柔軟な通婚を認めてきたこともあって、現代では人種の特定は非常に難しくなっている。人種を見分ける目安としては、母語が何であるかによって判断している場合が多く、ダキシナ・カンナダではコンカニやトゥルー語族は、ドラヴィダ族と認定するのが普通なのだ。語族による文化土壌を理解するための「目安」で、人種に対する特別な意識があるわけではない。

このような言語環境は、必然的に英語の流通率を高くしている。特にクリスチャンは、母語のコンカニが無文字であるため、ミッション系教育機関は初等教育から英語を第一言語としている。彼らの英語力は、母語に見紛うほどである。

異宗教、異共同体の人びとが出会うとき、英語が便宜力を発揮している。地域の人びとは、バイリンガル、あるいはトリプルが多いのだが、それでも英語の流通率は極めて高い。

周辺地域、カルナータカ州の北部他郡、州都バンガロールの周辺内陸部にもトゥルー共同体があり、ケララ州北部にもトゥルー共同体は及んでいる。もともとケララ北部はダキシナ・カンナダと重複した地域性で、インド独立開放によって分離されたのだ。

インド独立開放以前からケララ州との境界地域に、トゥルー語族が存在していることはすでに述べた。また、カルナータカの他郡に移住したトゥルー語共同体も多数あって、それらの総計は、約三〇〇万と伝えられている。

ダキシナ・カンナダは、近代、海外にも移住、移民者が多く、ガルフ沿岸国やシンガポール、オーストラリア、アメリカ大陸にもトゥルー・ドラヴィダ共同体を成立させている。海外移住のトゥルー語人口は、二〇〇万人を数えるといわれている。

彼らは、二世、三世になって、二重国籍、あるいはインド国籍を失った後も帰郷意識は強く、トゥルー文化であるブータをはじめとする祭礼には帰還し、支援金を寄付し祭礼に参加している。祠堂や寺院の再建、維持、儀礼用具の寄付など、多大な貢献をしている。

4 トゥルー語とその周辺言語

すでに述べてきたように、カルナータカ州南域のマイナー言語トゥルーは文字を持たない。いや、正確には、文字を失ったことばである。ブータ、ならびに〝シリ〟の物語は、この喋りことばによって語り継がれている。

カルナータカの言語流通は複雑だ。隣接する四州、マハラシュトラ、アンドラ・プラデッシュ、タミール、ケララの言語が境界地域で流通するのは、殊にカルナータカに限らずインドのどこでもみられることだが、インド第二の都市ムンバイを擁するマハラシュトラ州に接するアラビア海沿岸地域には、マハラシュトラのマラーティ語が転訛したマラーティ・コンカニが、広くケララ州へまで足を延ばしている。コンカニは、ドラヴィダ語系とはいえず、アフリカ西海岸から海を越えてきたもの、といわれている。このコンカニはしかし、ひととおりではなく、インド史上もっとも早くから植民地化されたゴア域出身のキリスト教徒たちが伝えるクリスチャン・コンカニ、カルナータカ東北部ダルワール域のマラーティ・コンカニなどいくつかの転訛を数える。コンカニもまた、文字を持たない。マラーティを当てる時代から、現在、カルナータカではカンナダ文字での識字運動が盛んだ。

コンカニがマイナー言語とはいえない背景と分布を擁しているのに対し、いくつかの地域語が、カルナータカにはある。トダ Toda と呼ばれる人びとが、タミール州との境界地帯の山岳部にいる。主としてユーカリを栽培し、その樹液を採集している。化粧品や医療用が用途であるという。この人たちは、タミール語の転訛語を常用している。

また、ダキシナ Dakishina 郡、マンガロールを中心にした南カルナータカ郡のことだが、この内陸部クールグ Coorge 郡には、コダウァ Kodava と呼ばれる人びとがいて、彼らの言語はコダウァタク Kodavatak、コダウァ語である。彼らの主産業は、珈琲、オレンジ、カーダモン、胡椒などの香料で、早くから植民地化の渦中にあった人びとである。彼らはイギリス統治の下、珈琲、香辛料生産に携わっていたため、第二次大戦後のインド独立開放に反対、激しく抵抗したという歴史を持っている。

彼らは森林地帯にあって、現在も母系社会を保持し母神を奉戴して、独自の言語を手放さない。最近では、土地開放政策の恩恵を得て、栽培地を所有する人たちも多く、子弟が高等教育を受けている例も相当ある。マンガロール大学にもかなりの学生がいる。彼らは当然バイリンガル、いやトリプルリンガル以上だ。ごく最近には、クールグ州独立運動まで起こって、その経済的背景を窺わせる。このクールグ郡の山中から、タミール州を経てベンガル湾にそそぐカーヴェリー河 Tala Kaveri が発している。

カーヴェリー河は、タミールのタンジャブールを経由しており、この信仰の地は同時に、女性舞踊バラタナティアム、そして音楽の地でもあり、多くの演目や物語伝承で、つとに知られた河である。

トゥルー語は、ドラヴィダ語系のひとつとして四世紀頃には成立していたといわれている。やがて、独自な文字が流通するが、カーヴェリー・マハトメと呼ばれたトゥルーの神官たちが主として担い手であった。カーヴェリーはすでに記した河の名で、マハトは偉大、もしくは偉大なるもの、メ、マは強意の接尾詞だ。彼らは、秘密儀礼を持ち、そのマントラ、経文をトゥルー文字で書き表した。彼らの活躍の場は、ケララに及び、ケララの主な寺は彼らによって運営されていた。

ケララ州都トリヴァンドラムはインド最南端の都市といえるが、ここのパドマナーバスワミー寺は、常に各地から多くの巡礼者を集めている。この寺も、カルナータカからの司祭が担ったと伝えられている。現在でも、カンナダを解する祖先をカルナータカにもつ司祭たちが、ケララのこの寺には所在している。その秘儀を支えたのが、トゥルー文字であった。ケララの人びとに、秘儀マントラの伝播を許さないためには、トゥルー文字が有効だったわけである。

一方では、ケララのマラヤラム文字がトゥルー語に当て填めて使われてもいた。トゥルー、マラヤラムはボーダーレスな地域性を保ち続けていたため、一般にはこれも有効な手段であった。

さらに、カルナータカ語文字であるカンナダ文字もまたトゥルーに当て填め使われていた。これも境界を峻別しない言語圏、ということからであると同時に、北部・東部カルナータカに流通していたカンナダ文字は、家庭教師を教育手段としていた富裕階級には、もっともよく流通していた。

こうした傾向は、ひとえに、トゥルー語圏には強大な政治権力が及ばず、ジャイナ教権力者を中核とした地域土豪が割拠していた歴史的背景によるものといえる。

トゥルー文字は、一六~七世紀までは、すでに述べたように神官、司祭者たちによって使われていたが、現在では、その時代的変遷を含めて解読も容易でない状態にある。

ところで、シリの物語のなかで、たびたび手紙が書かれる。いったいどの文字が使用されたのか、定かにはできない。地域的、階層的な判断からは、カンナダ文字とするのが、もっとも妥当であろう。

論点・開題1

『日本における巫女・神がかり・依り祈祷、そして民俗の変貌』

日本では、憑依、巫女による依り祈祷などは、明治親政の制度化とともに禁じられてきた。それまで広くおこなわれてきた神仏習合（神仏混淆）を廃し、神道を純化するためであった。神道を唯一絶対の国家宗教とする道が敷設されたのである。大教院運動と称され、瞬く間に廃仏毀釈運動に発展し全国規模になった。

明治新政と大教院思想

日本では、仏教と神道が集合した神仏混淆の思想が、広く人びとにゆき渡っていた。徳川幕藩体制の崩壊が現実になった大政奉還（一八六八年）の直後、ただちに太政官布告が発令された。神仏分離令と称され、神仏判然令ともいわれて、神道の国教化への方向性が決せられていた。その年、慶応四年は明治元年でもあった。

明治三（一八七二）年、大教院宣布が発せられている。

新政府は、神仏分離令により、神社と寺院を分離してそれぞれ独立させ、神社に奉仕していた僧侶には還俗を命じたほか、神道の神に仏具を供えることや、「御神体」を仏像とすることも禁じた。たとえば「八幡大菩薩」のように仏教の菩薩と神道の八幡神が集合しているような例は、全国にあまねく存在していた。

大教院宣布によって、神社と寺の分離は強制的におこなわれた。神社に曖昧な形で出仕していた僧侶は本寺に戻され、神職が演じていた神楽は禁止された。儀礼を掌《つかさど》る神官は、神仏混淆の要素が漂うものから離されたのだ。

天皇親政の体制つくりだった。たちまちのうちに廃仏毀釈の運動が全国を席捲した。

新国家による制度化以前にも圧倒的な浸透力を誇っていた神仏混淆思想に異議を唱えていた人びとは存在していた。古くは江戸時代の前半期、後に水戸学と称される水戸光圀（一六二八～一七〇一）の儒教理論による習合論の否定である。光圀は、藩内の二〇〇〇以上の寺院を廃絶させたと伝えられている。水戸学は、隣接する会津藩、そして岡山藩などにも影響を与えた。

神道国教化のために神仏習合を禁止すべきと唱えたのは、江戸後期、平田篤胤（一七七六～一八四三）の薫陶を受けた国学者たちであった。大政奉還の当時、篤胤はすでに亡くなっていたが、彼の弟子ともいえる学者は、全国に存在していた。平田流の国学者たちは大教院宣布の風に乗り、全国の社寺再編に働いた。水戸学が儒教の思想下にあったのとは違って、大教院思想に則った天皇の体制による祭政一致を敷衍する官許の行動だった。また、両部神道を標榜して神仏混淆、山岳信仰などを取り込んでいた吉田神道は、厳しい批判にさらされ、彼ら自身の論理的脆弱性も暴露されて、唯一神道への純化を求められた。

全国各地に所在していた国学者たちは、地域の神社に帰属していた「神楽」の再編、その再理論化を、地域の神社や神職たちに乞われるまま、精力的におこなった。平田派ばかりではなく、地域に密着した活動に生きていた彼らは、民俗社会に浸透していた習合思想を、結果として国策に適合する理論化に加担し、推進することになった。集合思想を排することは、日本宗教の書き換え、再理論化だった。

民俗の変貌

官製の神仏分離、大教院、そして燎原の火となった廃仏毀釈の思想運動は、広く民俗に浸透していた神仏混淆の信仰による神がかり、依り祈祷、憑依などの儀礼、祭礼を駆逐していった。庶民生活にあって、ごく卑近な活動をしていた巫女、巫覡《ぶげき》は実質的にその業を禁じられた。

民俗学の柳田國男は、巫女の事例を全国的規模で収集し、論じている（参照文献1）。さらに巫女とはどのような存在であり、どのような業をするものであったかをあきらかにしている。梓巫女、歩き巫女、そして民間信仰における憑依の意味するところを示唆した。

柳田はしかし、巫女に関する研究は本名で発表していない。また、彼が主宰者だった研究誌に掲載されたのは、明治初年の巫女が禁止された熱い時代ではなかった。大正初期であった。柳田は、禁止令がでた半世紀後にも、依然として巫女や神懸かりが地域社会に現存することを訴えたのだ。

すでに、戸籍法、徴兵制などが制定、続いて整備強化され、神道の改編、法制化も進められていた。時代は、日清、日露の戦争を経て、民俗を語るのに容易、とはいえなくなっていた。

その後、柳田は神道への理解と解釈、その民俗との関わりなど、いよいよ厳しくなる時代の風潮に逆らうかのような論述を残している（参照文献2、3）。

折口信夫は、巫女の存在を、彼の専門分野の研究に引きつけて古事記・日本書紀に求め、アメノウズメをその始祖とすると説いた（参照文献4）。

参照文献

1 『巫女考』「郷土研究」大正二―大正三（一九一三―一四）年所載
柳田國男全集九巻　筑摩書房

2『神道私見』大正七（一九一八）年　全集一〇巻　筑摩書房
3『神道と民俗』昭和一八（一九四三）年　全集一〇巻　筑摩書房
4『上世日本の文学・第四　古事記・天鈿女命』折口信夫全集第一二巻　中公文庫

もうひとつの明治維新

全国各地にあまねく浸透していた神仏習合の思想は、山、川、湧水に人間存在を預け、生態の恵みを恃んでいた。そこに神と仏の境はなく、どちらにも崇敬を欠かさなかった。巫女や、巫覡《ぶげき》を排することはできた。しかし、社寺の祭礼に欠かせない神楽を放逐することはできなかった。神道神社の神官は、神楽を演ずることを禁止され、寺院が演樂に関与することは棄釈されてしまった。

皇祖神を祀る伊勢系神楽は消極的な容認を得たが、出雲系は各地で廃絶の危機に瀕した。もともと出雲大社は塔頭を持ち、神仏が混淆していた歴史があった。

地域国学者たちは再理論化を試みたが、容易ではなかった。仏教的要素を排除して〝神道神楽〟と標榜するための改編、理論化はたやすい作業ではなかったのだ。神楽は神仏の所産であり、「神懸かり」による託宣を乞うものだからだ。

各地の人びとは、彼ら自らが生活に育んだ歴史を書き換えなければならなかった。もうひとつの「明治維新」だった。

島根県西部の大元神楽は、広く地域に伝わる「大元さま」と呼ぶ民俗信仰を基盤にしている。大元教は、自然と人間の生態系そのものへの信仰で、豊穣と祖先崇拝を祈念する神楽といってよい。この神楽には「託大夫」と呼ばれる神職が演舞し、神懸かりして託宣をおこなう。

明治初年の神仏分離が激しく吹き荒れた当時、山間地の人びとは、目立たぬように民俗の底に沈むようにして、この神楽を護ってきた。神懸かりは生き続けてきたのだ。

その一方では、同系統の石見地方に伝わる神楽は、記紀神話を題材にした大蛇《おろち》退治に派手やかな演出を施して娯楽性を高めた。延命である。民俗に生きる人びとは、硬軟、使い分けて生命力を保持してきたのである。かつてなかった巨大な張り子の大蛇が数頭も登場する漫画的な活劇は、世代を越えた支持を得てきた。娯楽的要素を高めることで、存在を誇示してきたのだ。

全国の祭礼、儀礼に欠かせない存在である「神楽」は生き延びる道を地域国学者や郷土研究者たちとまさぐってきた。演目では、記紀神話の比重を高め、民俗神、雑神がもたらす神懸かりや託宣を排除した。その結果、演技は、寓意に満ちた象徴性と整序された簡潔な仕草へと変貌した。

日本の憑依、神懸かりは、ブータやシリのようにあからさまな表現力を発揮し続けることはできなかった。明治以前とその後では、違う歴史を歩まざるを得なかったのだ。にもかかわらず、人びとの記憶の文脈には、巫女も巫覡《ぶげき》も生き続けてきた。それればかりか、暗喩や象徴の「演技」に逃れて、「意味」を失うことはなかった。

注

1 「シリ」は、英雄的な主人公ヒロインに名づけられた固有名詞になっているが、本来は、カンナダ、トゥルー語での共通語彙で、富、財産、資産、繁栄、幸福などの意味を持つ普通名詞だ。販売商品の修飾語として、あるいは開発されたブランドなどにつかわれている。「シリ」と名づけたことは、優れて天与の幸運を与えられた女性を象徴する名前、と解釈していい。信奉する女性たちの願望と憧憬を一身に担う存在なのである。

2 ドラヴィダ語群とは、南インド四州に流通する先住言語を称している。テルグ語、タミール語、カンナダ語、マラヤラム語、トゥルー語で、通常これらをドラヴィダ語群としている。ドラヴィダは、南インドが主たる地域とされているが、ネパールに近い地域にまでドラヴィダ族の末裔とみられる同姓を発見できる。南インドでは、ドラヴィダ語を駆使する人びとを「ドラヴィダ族」と規定することが一般的になっている。

I　憑霊儀礼芸能ブータ

第1章　『ブータ』とはなにか

ブータの儀祭礼

南インド、アラビア海沿岸のカルナータカ州からケララ州にかけて分布する『ブータ Bhuta』は、日常の生活を共にしない最下層と目される者たちが、乾季の半年、村や町を訪れて、訪問先の家神や集落の祠堂でおこなう儀祭礼である（ブータの語義と呼称については『I部　第1章3　躍動するブータ』に詳述）。

ブータは「憑依」の儀礼である。神懸かりがすべてなのだ。神格は、祭礼の場に降りてきて、演ずる者たちに憑き、舞い踊るのだ。彼らによる激しく常軌を失し、ときには優雅な情感を湛える舞い踊りが重要な要素になっている。ブータを招く地域の人びとは、その舞い踊りを張りつめた緊張感とともに享受する。ブータは、芸能でもある。そしてなによりも、儀礼としての秩序を厳格に保ち、地域民俗文化の深い信仰に支えられている。

信仰は、ヒンドゥ教、あるいは最上階の宗教層ブラーミン（ブラフマナ）が教義化したブラーミズムに則ったものではない（『I部　第1章7　ヒンドゥ神と行き交うブータ』）。濃度の高い地域性に養われた民俗文化としての宗教的感性が、ブータを現代に至るまで絶大な隆盛に導いているのである。乾季のほぼ二〇〇日、毎夜、それも数か所で祭礼はおこなわれている。主催者は、毎年おなじ日に儀祭礼を組織し挙行している。

地域の人びとの大きな支持力によって支えられているブータは、世界規模の研究対象になっている（参照A）。

1　先行研究と現在

ダキシナ・カンナダ郡マンガロール近郊の公立大学マンガロール大学民俗研究の学生たちは、毎年、数人が「ブータ」を論文にしている。修士、博士課程でのブータ研究は、衰えることを知らず、現代に至っている。

インドの地方大学の多くは特殊な事情を抱えてきた。多言語多民族国家であるインドは、地方研究が現代に至るまで立ち遅れていた。英語やヒンディ、古典研究のサンスクリット語以外による研究は、大学のアカデミズムに馴染まないとされてきたからである。

一九七〇年代になって、地域人文研究が奨励され、八〇年代に故ラジヴ・ガンディの提唱した高等教育改革が推進されることによって、地方語での研究が飛躍的に発展した。地方語であるカンナダ、トゥルー語は、研究論文対象言語として認められたのである。同時にトゥルー、カンナダ文化、民俗研究の推進に連なったことは、いうまでもない。

ブータは、南インドに数種類流通しているドラヴィダ語群のトゥルー語でおこなわれている。トゥルー語は無文字である。トゥルー語共同体は、口承伝承によってのみ、儀礼芸能を維持してきた。経済的背景を含めて提供する共同体、演者と儀祭礼の仲立ちをする共同体、そして異なる生活様式を維持する演者の共同体が、調和を保った社会生活を構築していることによって成立してきたのである（『第1章3（1）　ブータの言語と文化圏』、『第1章2　トゥルー語共同体プージャリ Poojali と地域社会』）。

研究者たちはフィールド調査の成果をカルナータカ州の公式言語カンナダ文字に置き換え、記述している。若い学徒たちにとって、カンナダ文字表記、あるいはカンナダ語化こそが、大きく重要な作業になっている。論文の公表は、カルナータカ州の公式言語カンナダ語、もしくは英語でおこなわれているからである。

大学研究室の多くは、ブラーミン階層の教授を中心に組織されてきた。地域文化の研究が地域言語によって進められることが定着してきた七〇年代後半期からだった。地域民俗研究はこの時期から飛躍的に発展してきた。マンガロール大学も例外ではなかった。ブラーミン教授は、地域言語と文化に関心を寄せることはなかった。地域少数派文化の研究は、すでに触れたように、いちじるしく立ち遅れていた。

一九八〇年代初頭からマンガロール大学のカンナダ語科民俗研究は、ブータ研究の拠点になった。地理的条件もあってトゥルー文化の代表であるブータ研究は、マンガロール大学が、拠点になったのである。南カルナータカ、ダキシナ・カンナダの郡都マンガロールに所在する大学が研究推進の条件を備えているのだ（参照B）。

他大学でブータ研究を志す学生、研究者たちは、その調査期間、マンガロール大学に帰属して、論文作業をおこなう例が多い。

(1) ふたりの先駆者

一九七〇年代末、当時マンガロール大学の助教授だったヴィヴェカ・ライ博士 Dr. Viveka Rai は、自らが地域民俗研究、すなわちトゥルー語民俗文化の研究に邁進することによって、研究室の体質を改革した。ブータ研究の拠点化への道だった。カンナダ・トゥルー語文学の歴史を書き換える仕事だった。[1]

トゥルー文化研究は、一九八〇年代、ライ博士の先見的営みによって、インド民俗、文化研究の一分野として定着したのである。教授になったライ博士は、学科の内部にトゥルー文化研究課（トゥルーカピータ）を設置した。一地方の特殊な伝承文学であり民俗だったトゥルー語文化が全国区での研究対象になったのである。

もうひとりの先行研究者について触れなければならない。K・チンナッパ・ゴゥダ Dr. K.Chinnappa Gowda である。ゴゥダ教授の博士論文は、ブータ研究であり、二〇一〇年代半ばの現在も、揺るぎない評価を与えられている。ゴゥダ教授はブータ研究の第一人者として世界的存在になっている。[2]

フランス、ドイツ、イギリス、北欧諸国など、海外からも注目されていて、世界で最後に残った「シャーマニズム」研究の対象事例といわれている。蛇足ながら、過去、現在を通して、日本だけが組織的研究体制を持っていない。

ゴゥダ教授の論文には約二六〇の事例が挙げられており、その体系的研究は、トゥルー文化に携わる者にとって、一度は開かれなければならない文献になっている。

現代、後塵を拝する若い研究者たちは、彼ら自身の出身地域と出身出自に伝承されているブータの事例研究に勤しんでいる。ゴゥダ博士が打ち建てたブータの体系を個別化し、地域性とその背景を研究することに主眼がおかれている。

ブータ研究史は、インド高等教育の改革とそれを推進したふたりの人物に大きく関わっているのである。

(2) 連鎖するブータ研究

すでに述べてきたように、ブータ研究は、マンガロール大学のカンナダ民俗研究室を発信元として多くの研究者を輩出してきている。それればかりではなく、大学の内外を問わず、優れた研究を進めた多くの人びとがいる。そうした幾人かの研究者について、記述を免れることはできない。

キショール・クマール・ライ・シェニィ Kishore Kumar Rai . Sheni は、ブータが演ずる女神ウラルティ(I部第2章『地域に伝わるブータ伝承譚1、2、3　ウラルティ』)の調査・研究で博士号を取得している。論文は、マンガロール大学カンナダ学科に二〇〇三年に提出されている。[3]

学内学科から先行研究を襲い、発展させた博士論文執筆者であるキショール・クマール・ライ・シェニィは、ウラルティ・ブータの収集と分析によって、ウラルティ・ブータの全容を明らかにしている。（余話『ウラルティ・ブータの調査とパートナー』）。

ヴァナマ・ナンダヴァラ Vanama Nandavara は、双子の英雄信仰コティ・チャナヤ（I部　第2章『4　双子の英雄コティとチャナヤ Koti-Chennaya』）の研究者で、その該博で詳細な知識と収集は、他に例を見ない。精力的で緻密な文献探索は、圧倒的な迫力を放っている。

ヴァナマ・ナンダヴァラは、コティ・チャナヤにとどまらず多種多様な双子伝承の存在を明らかにしている。しかも、実証され、詳細に積み重ねられた数多くの双子信仰は、共同体と地域がもたらした「双子現象」の所在を伝えてあまりある。双子伝承の全体像を把握するためには必読の研究書になっている。[4]

アベイ・クマール Dr. Abhay Kumar は、現役（二〇一七年当時）のマンガロール大学教授である。研究の対象は、ダキシナ・カンナダの民俗で、ロンドン大学に招聘された経験がある。

彼の研究が、他の追随を許さないのは、彼自身の出自であるムゲラ共同体の信仰、宗教、組織、そして民俗文化である。[5] ムゲラは、双子研究の対象で、不可触共同体である。

ムゲラ共同体を出自にする大学教授は、おそらく彼ひとりだろう。彼の人並みはずれた努力と研鑽を思い測ることができる。彼の研究態度は、単に下層階層の情報提供者ではなく、常に、カルナータカ地方の世界観と共同体という視座を失わずにいることだ。彼には、出身共同体からの熱い支持、応援がある。それは、彼が専任講師だった前任地の大学以来のことで、長く継続している。彼は、出自ムゲラ共同体の〝星〟なのである。

U・P・ウパディヤヤ Upadyaya とスシーラ Suseela の夫妻は、カルナータカ民俗の研究者としてよく知られた存在である。夫妻の活躍は、広範囲にわたっていて、民俗儀礼、芸能、文化の全域が対象になっている。夫妻ともにウドゥピーのマハトマ・ガンディ記念大学 MGM College で教鞭をとりつつ、同地に所在する資源開発センター

（R・R・C）を研究拠点としてきた。ブータに関しては、平易で明快な解説書として『FOLK RITUALS』[6]が版を重ねて多くの読者を得ている。残念ながら、この書を上梓してのち、一〇年を経ることなく、亡くなっている。シヴァ・ビラヴァ Shiva Billava は、コティ・チャナヤの絵物語を上梓している。若者向けだという注釈がある。その割には、難しい語彙が散らばっており、一五歳前後の読者にとってけして容易に理解できるものではない。いずれにしても、かなりな英語力を問われる内容になっている。著者は、コティ・チャナヤ出身の共同体に属しており、おなじ共同体の青年たちに、特別な想いとともに発信していることが理解できる。[7]
コティ・チャナヤに関しては、バブ・アミン Babu Amin の仕事を取り上げておかなければならない。[8]カンナダでの著作が主だが、コティ・チャナヤの研究者としては、もっとも多くの著作を誇っている。
ブータ研究者の裾野は広く、すべてを網羅する検索は不可能に近い。ここでは、主として本書を書くために直接、間接に関わった人びとを記述するに止めた。

2　トゥルー語共同体プージャリ Poojali と地域社会

プージャは、ヒンドゥ・サンスクリットを語源としていて礼拝、あるいは祭式を意味する。Pooja：Puja と表記するのが一般的で、サンスクリット、ヒンディ、そしてすでに述べてきた亜大陸南部地方の少数派言語であるドラヴィダ語群のひとつ、トゥルーなどの表音をアルファベット化したものだ。

ダキシナ・カンナダ、トゥルー語圏での「プージャ」の語義は特殊な響きを持っている。亜大陸の他地域では、概ね、ヒンドゥ教の祭式と礼拝を指していてヒンドゥの用語とされている。ところがダキシナ・カンナダでは、ヒンドゥ教義から外れた儀礼に「プージャ」は多用されている。

（1）多数派プージャリ Poojali

ダキシナ・カンナダ郡では、プージャにまつわる人びとの共同体「プージャリ Poojali」が、最大多数派なのである。祭式に該当する Pooja に、信仰者などを表わす Ali がついたプージャリ Poojali は、ゆるやかな共同体を形成している。

プージャリは、カースト、すなわちヴァルナ Varna（四種姓）では高い階層ではない。カースト上では、第三階層ヴァイシャ、地域によっては第四階層シュードラに区分されている。職能を示すジャティでは、宗教儀礼をつかさどる下位の共同体とされている。いわゆる不可触とか被差別ではない。

通常、小地域（村落）、親族、特定の神格の信仰などを単位にした共同体には、お互いを一定の緊縛性で維持しているが、ダキシナ・カンナダ郡全域の共同体としては存在を規定しあうようなことはない。

通婚や職能上の交誼には、プージャリ全体、すべてにいきわたった規定性はないのだが、当然、一定の地域共同体同士にはある。親族、地域地主階層との関係などでは、強い共同体意識を発揮している。なによりも、おなじ祠堂のブータを信奉する信者集団として、強い誇りと矜持を保っているのである。

地域トゥルー語共同体は、毎年、ブータ祠堂の縁日（有縁の日）に際して、その共同体が定めた特定の人びとを招聘して、祭礼を組織する。年に複数回のところもある。

招聘された特定の人びと、すなわちブータの演者と信仰者共同体を結ぶのは、プージャリ共同体である。ブータ祭礼のあるどの地域にも存在していて、式次第を知悉し、神々を呼びたて、自らも憑依してブータを導く「さ庭」（神のお告げを承る人、霊媒者）の役割をする。

この「さ庭」は、ブータと祭礼の地域に有縁の神々との仲介、導引をするが、託宣やお告げを述べることはしない。託宣や導引は、ブータ自身が、地域の人びとそれぞれにおこなうのが通例になっている。さ庭であるプージャリは、地域祠堂に伝承されている宝剣や楯、被り物など、神聖な有縁の「証し」をブータに託し、与えることが重要な役割になっている。剣、矛、払子などである。それら神聖な採り物を祭壇からブータに託すとき、神意を下さ

「さ庭」プージャリ

れたプージャリは憑依してブータと接触するのである。

プージャリは、下位の司祭である「禰宜」といえる。参集した人びとに、祭礼の場（領域・庭）をあきらかにし、儀礼の開始を認識させるのだ。

プージャリはインド独立開放以前の植民地時代は、非土地所有の農業労働者が多数だった。ただし、この共同体の人びとには、農業以外の場に働くことが許されていて、小工業や商店、地域事業、蔗糖取引、製油と生産、生鮮食料品の卸、小売りなど、あらゆる局面に進出してきた。

特に、インド独立後は活発な社会進出が進んでいる。一九〇〇年代初頭から子弟に高等教育を施すことを率先しておこない、育まれた若い世代は他国、他州、他郷への活発な活動を担ってきた。先端産業であるＩＴ情報産業、自動車、家電製造、販売などインドの経済拡大に大きく寄与してきたのだ。

祭礼や儀礼式にかかわる人びとが地域の最大多数になることは尋常ではないし、一般的ではない。多彩で活発な宗教活動を保有しているインド社会といえども、容易に理解できることではない。

すでに記したように共同体プージャリは、一九九〇年代からのインド経済拡大を担ってきた。その一体化された表裏には、ブータをはじめとするトゥルー文化、民俗信仰、祭礼の重要な役割、任務をおこなっている。こうした活発な活動は、次項に述べるプージャリ共同体が位置されてきた環境が背後にある。

（2）指導的共同体バンツ Bants

ダキシナ・カンナダには、プージャリ以上に強力な、独特で固有の共同体がある。バンツ Bants と呼称されている。

バンツは、人口はプージャリに次ぐとされているが、ダキシナ・カンナダの指導的役割をしている。政治、経済、教育などあらゆる分野にバンツの人材が支配的な活躍をしている。行政はもとより郵便局、鉄道、電話局、金融機関など公的な組織には、かならずバンツがいる。

ダキシナ・カンナダでは、インド社会で上位に位置するブラーミンの存在は希薄なのである。トゥルー語を母語とするブラーミンも存在しているし、ヒンドゥ、そしてサンスクリットを駆使するブラーミンもいるのだが、この地域では、彼らはヒンドゥイズムとその教義とともに移入してきたよそ者なのである。ヒンドゥ寺院やその荘園を生活の拠点にしているが社会的発言力は、けして強くはない。

バンツもいわゆるカースト、ヴァルナの区分けではプージャリとおなじ第四階層シュードラに位置されている。しかしバンツ共同体の形成は、古代に遡ることができる。バラモン教からヒンドゥ教に拡大再生産され、亜大陸北部にアーリアンの勢力が浸透した時代、すでにバンツの存在は確認できる。現在のパキスタン領内にあるインダスの遺跡ハラッパーにその痕跡を発見できるという。[9]

たしかに西ベンガル州やシッキムなどで、バンツを代表する姓の人物にたびたび遭ったことがある。アーリアンが浸潤する以前の亜大陸は、ドラヴィダ族が北部にまで所在していた証左だろう。

ダキシナ・カンナダでは、プージャリ共同体が人口的には多数派だが、バンツ共同体がすべての領域で指導的立場を発揮している。バンツは地域的には優位に立つメジャーなのだ。

バンツ共同体は、ダキシナ・カンナダの中、近世期までの支配体制下、小藩王、地主階級の傭兵としての役割を担っていた。通常は、藩王、地主のもとで農業民として生活し、一方で、事あれば出動する軍団を組織していた。バンツは勇猛な兵士だったのだ。独立開放後は、小藩主、地主たちが放棄した土地を与えられ、多くが自由民になった。その後の新政府による土地解放政策でもダキシナ・カンナダでもっとも恩恵を受けた共同体だった。独立開放によって破綻した旧藩王、地主階層の権益をもっともよく受け継いだのである。旧支配体制からの信頼が厚かったことに加えて、バンツが開く未来、あたらしい社会に対する期待と信頼もあったのだ。解放後、ブラーミンを重用していたイギリス植民地体制、そして藩王、地主層の縛りから放たれたバンツ共同体の活躍は、目を見張るものがあった。カルナータカの他郡をはじめ、広く亜大陸全域に独立開放後も保たれたブラーミン階層中心主義の社会は、ダキシナ・カンナダにはやってこなかったのだ。

(3) 補完しあうプージャリとバンツ

いわゆるカースト、四姓ヴァルナではシュードラ、第四階層とされているプージャリとバンツがダキシナ・カンナダ、トゥルー語共同体では主勢力であることを述べてきた。

すでに記したようにドラヴィダ語族トゥルー共同体には七つの共同体がある。プージャリとバンツは、ダキシナ・カンナダの総人口約二〇〇万人の七〇％を占めている。プージャリとバンツは共感しあいながら、調和して地方社会を形成している。

プージャリは、すでに記したように、信仰者、あるいは祭事をおこなう人びとという意味を込められた呼称である。儀祭礼、特にブータでは重要な役割である「さ庭」（神のお告げを承る人。霊媒者）を演じている。

ブータの事例は、先行研究によれば二六〇以上を数えることはすでに触れた。各地域、村落、大家の家神などの祠堂を所有、あるいは管理し、祭礼を主宰、提供するのはほとんどがバンツの成員なのである。経済的に地域を支援するという使命感がバンツ共同体にはあるのだ。

バンツは、プージャリを社会的には自分たちより下位にいると認識している。プージャリに対してバンツは、自らを社会的、あるいは歴史的に優位な存在と認識しており、常に寛容で共感を以て対することを信条にしているのである。

バンツ共同体は、強い連帯意識で結ばれている。ダキシナ・カンナダ郡の各地には、バンツの集会場があり、なにかにつけて会議や集会をおこなっている。選挙、行政、公教育などへの発言を緩めることはない。彼らの結束力は極めて強いのだ。マンガロール市内には、バンツの会館があって、周辺地域の共同体を束ねる役割をしている。

プージャリ共同体は、ダキシナ・カンナダ郡全体を束ねるような組織形態を持っていない。マンガロール市内にあるクドローリー・ゴーマテシュワラ寺はビラヴァ寺ともよばれていて、プージャリ共同体が捧持する最大の寺院で、年次の祭礼や各種の行事は、近年、ますます盛大になっている。祭礼にはケララ州北部のトゥルー語共同体の参加も仰いでいる。下層に位置する共同体が、おなじく下層のビラヴァなどと、寺院活動を主催、共催するなどということは、一般には理解できないことだ（参照C）。地域プージャリの大きな示威行動になっているのである（『I部　第2章4（8）階層を越えたビラヴァ』）。

バンツは、プージャリの活動を支援することはあっても阻害することはない。背後から後援しているというのが実態だ。こうしたバンツとプージャリの緊密な関係が、ブラーミン階層の介在を許さず上下関係に至らない共同体が併存する調和社会を保ってきた。おなじヴァルナの階層にあることで、お互いに親和性を発揮して、ブラーミンの支配を拒否してきたのである。

ダキシナ・カンナダ郡は、最大多数のプージャリとバンツによる調和のとれた連携が平穏で綽然とした社会を招来している。インドの他地域にはみられないことだ。バンツ共同体はプージャリに協調することで、プージャリ共同体の増殖を許してきた。植民地時代、ややもすれば、社会の底部、隠れた部分に存在していたプージャリを、解放独立後、日当たりに引きだしてきた。バンツは、植民地体制下、小藩王や地主階層に従属してきたが、独立後、自らの勢力が増大し、ダキシナ・カンナダを主導する立場を確立するにつれて、プージャリを同伴する共同体として導きだしてきた。

プージャリは、ヒンドゥイズムとは異質のブータをはじめとする民俗信仰に生きてきた。バンツがプージャリに求めたのは、ブラーマニズムに帰依することなく、ヒンドゥとしての自己を獲得することだった。バンツは、植民地体制、小藩王時代から、民俗信仰とヒンドゥイズムを二重基準化させてきていた。それはヒンドゥ小藩王に従ってきたバンツにとって至便な生存法だった。委任統治時代からのイギリスに対しても、問題を起こすことはなかったのだ。

プージャリはバンツと協調する立場になって、世間から隠れた存在ではなくダキシナ・カンナダ社会と調和、協調する存在感を強烈に所有したのだ。そして、プージャリはヒンドゥ寺院と行事に参加し、社会化されたと同時に、共同体としての存在を明らかにし、自己増殖した。隠れていた共同体がほんとうの姿を見せたのだ。すなわち、実は、ダキシナ・カンナダ最大多数の共同体であることが明らかになったのだ。

ダキシナ・カンナダ郡は、もともと多様な宗教共同体と調和社会を形成してきた。ジャイナ教徒とは数百年の歴史的背景を以て調和してきた。また一四世紀のキリスト教伝来以来、クリスチャンと共存してきた社会だった。独立後、活発な活動を発展させてきたクリスチャンによる教育事業は、バンツやプージャリを拒むことはなかった。ミッションスクールには、ヒンドゥやムスリムの学生も共存してきた。

イスラム教徒ムスリムとの社会的共存を認めてきたのはいうまでもない。ムスリムは、医歯大学校、病院を施設し、小学校から大学までの一貫教育体制を確立している。材木、海産物の輸出入のほとんどはムスリム企業体の活躍に任せているのが実情だ。プージャリとバンツは、憑依信仰のブータをダキシナ・カンナダ社会に認知させ、活動してきたのだ。

3　躍動するブータ

ブータ Bhuta は、インド古典語サンスクリット、あるいはヒンディでは「霊」「霊魂」などの意味で使われている（参照D）。しかし、ダキシナ・カンナダで呼びならわす「ブータ」は独特の語義で使われており、主に憑霊儀礼芸能のことなのである（参照E）。

ダキシナ・カンナダでの「ブータ」の語義は、憑霊儀礼に顕れる憑意した神格そのものを謂い、悪魔や悪鬼、邪悪な精霊（妖精）ではない。ダキシナ・カンナダの人びとにとって、ブータは、祭礼の地に降り、託宣し舞い踊る者（神）がブータなのである。

その神格は、いうなれば雑神で、けして高踏な手の届かない存在ではない。常には見えないが、すぐ隣にいて、ときに強烈な力とともに味方になり、ときにその意に背いた者に敵対する両義的な存在なのである。

人びとは、ブータの招来を乞い、慰撫し、その意を受け入れることに努力する。供儀の鶏を供え、米、檳榔樹の実、野菜などを捧げる。ブータは、供犠の鶏を生きたまま喰いちぎり、供物のすべてを受容する。供物を受けたブータは、人びとに返礼の舞い踊りを披露する。それが祭りの庭の賑わいであるとともに、ブータと人びとの一体感を生みだしていくのである。

ブータの祭壇をつくる

(1) ブータの言語と文化圏

すでに述べてきたようにブータは、ダキシナ・カンナダを中心にトゥルー語圏に伝承されてきた。北部に隣接するウドゥピー郡、ケララ州北部カサルゴド地域のトゥルー語共同体に及んでいる。ケララ州北部地域には同種の儀礼芸能ティヤムがあって、カサルゴド地域では、ときにティヤム・ブータとも呼んでいる。ティヤムは、通常、ケララ州の公式言語マラヤラム語でおこなわれている。ダキシナ・カンナダを中心としたトゥルー語共同体に伝承されているブータは、おなじ地域に定着しているコンカニ語共同体でもおこなわれている。

すでに述べたようにコンカニ語はアラビア海沿岸のキリスト教徒カトリックの母語なのだが、非キリスト者にも流通している。彼らは、沿岸から内陸部に中世後期から定住していて、農業を生業にしている。彼らが信奉するブータは、トゥルー語で祭礼をおこなっている。非カソリックのコンカニ共同体は、トゥルー語を理解するバイリンガルなのである。

ブータ信仰の例外には、イスラム教徒ムスリムのブータがある。

ダキシナ・カンナダの最南端部、ならびにカサルゴド地域には、母神信仰に伴うブータの祭礼があって、その言語はマラヤラムでおこなわれている。

ケララ州のムスリムは、彼ら固有のウルドゥ語やアラビア語ではなくマラヤラムを母語とする共同体が多くある。特に、ケララ州中、南部のムスリムは、マラヤラム語を母語とする共同体が、多数派なのである。

彼らのブータも、それに準じてマラヤラム語でおこなわれている。ブータとしては、唯一の例外的存在である（『I部　第2章5（6）アリ・ブータ、イスラム教徒のブータ』）。

ダキシナ・カンナダと周辺地域でのトゥルー語の「ブータ」は、サンスクリット・ヒンディの語義である悪霊、怨霊などを離れた意味を与えられている。前章（参照D、E）に記したように『トゥルー英語辞典』には、きわめて曖昧ながら、トゥルー語での「ブータ」が抽象的で独特の哲学語彙として用いられていることがうかがえる記述になっている。

さまざまな雑神、精霊に憑依して儀礼をおこなう演技者そのものを「ブータ」と呼びかける。儀祭礼は、ブータ・コーラ Bhuta Cola（トゥルー・カンナダ語）と呼んでその場を規定する。また、その信仰はトゥルー語でアーラーダナと呼称されている。しかし、コーラもアーラーダナも「ブータ」と呼びかけて包摂し、その意味は拡大解釈されている。

未分化であると同時に、降りくる神々や精霊と演技者である特定された人びとを区別することをせず、あるがままに受け入れる心意が働いている。合理的思弁を拒否しているのである。ドラヴィダの人びとの固有の思想、文化を護持する強固な姿勢が、ここにはある。

託宣を与えるブータ

(2) ブータ、儀礼芸能の次第

ブータは、招かれた地域性と神格によって、それぞれ独自な儀礼と演技をおこなっている。ここでは、共通する儀礼と芸能(舞い踊り)の流れを整理しておこう。

ブータというものが、どのような儀祭礼で、どのような臨場感を発揮するものなのかを知るための概要を提示する。

1 長時間の化粧を終え(後述『第1章5 訪問するブータ』)、飾られた祭壇に向かって主演者が立つ。素朴な太鼓のリズムに乗って、招かれた趣旨を詠唱する。小太鼓の伴奏は、老女(大抵、一家の姑女)が合いの手とともに打つ。招かれた祠堂の祭礼とブータ一族の歴史、その来歴因縁を知悉しているからである。招かれた人びとと、ブータと祠堂の信仰者たちとの数代にわたる因縁が語り詠ぜられる。
2 足に鈴を巻きつけて、憑依する。
3 神に捧げる舞い、踊りとともに自ら、変容して神格化する。
4 地域の主催者たちが居並んでブータを迎える。

舞い踊るブータ

ブータは、主催者ひとりひとりに神格の意味と祭祀の趣旨を伝える。また、信者や地域共同体の要請に応えて、託宣を与える。

5 社殿の内部や祭壇から、仲介者（禰宜）が宝物（聖剣）、仮面（被り物・ヘッドギア）、ときに供犠された動物などをブータに託し、ブータはそれを身につけ、供犠された鶏を生きたまま喰いちぎる。

6 聖剣、被り物など、託されたものをひとつひとつ身につけて、祠堂の周囲を巡って、舞い踊る。優雅にゆったりと、ときにはひときわ激しく舞い踊る。通常、払暁に至る。

信者、観客がもっとも興奮する時間帯になる。

7 これらを演じ終えると、ブータは、ときに失神状態に陥る。

8 やがて、身内から神が去ったブータは、参会者からの供物を受け、彼らの要請、質問に応えて、託宣を与える。家内の問題、子どもの健康、地域の収穫予測など、あらゆる事象を訊ねられ、それに答える。

（3）拒絶されるブータ

ブータは一般的なヒンドゥの寺院や祭礼でおこなわれるのではない。クリシュナ神やシヴァ神、ヴィシュヌ神などを奉戴して、その教義と信仰のもとにあるのではない。とはいいながら、後述するようにシヴァやヴィシュヌにまったく無縁とはいえない。ブラーミンの主宰する宗教教義と信仰から隔たっているということなのである。異質の宗教感覚が存在している。

ブータは、寺院の外に設えられた祠堂が舞台になる。それぞれの寺院の祭礼や儀礼の日におこなわれることは多くあるが、寺院の神格に奉納、あるいは供えられることはない。

家内に祀られた神、家神の小堂や地域の祠堂でおこなわれることはあるが、ヒンドゥの神格とは別のものになっている。

ヒンドゥ神を祀る家神でも、ブータの神とは別に設えられ、厳然と区別されている。祠堂がふたつ並んで建つ家も多くある。ひとつはシヴァやクリシュナなどのヒンドゥの神格、ひとつはブータの神、ということである。ヒンドゥの寺院、祠堂の祭礼に、ブータはしばしば招聘される。

ヒンドゥ神の祭礼とは時間、あるいは日を変えておこなわれるのだ。ヒンドゥの大寺などで寺の祭事とブータが競合する際、かならずブータは寺内への侵入を試みる。しかし、司祭するブラーミンとその信者たちは、ブータの寺内への侵入を厳しく拒絶する。それは、儀礼式のひとつのように、ブータがブラーミンから拒まれる動作と行動になっている。あたかも式次第の一項になっているかのようだ。ブータによるお決まりの行動なのだ。

ブラーミンが拒むこの〝式〟は、ヒンドゥ・ブラーミンにとって、ブータはヒンドゥイズムの教義に反するおこないだという認識なのである。

ブータの側から観察すると、このお決まりの行動はブータの地域的、精神的所在地を表わす自己証明になっている。地域の多数派であるトゥルー語共同体の強い自己主張なのである。古典語サンスクリットやヒンドゥ語文化ではない地元民の自己主張なのである。ブータは、トゥルーの民俗生活を支える「核」なのである。

ブータの儀祭礼に登場する神々は、いうなれば雑神でヒンドゥの教義から外れた民俗神である。地域女性の信仰を集める女神や母神、伝説的歴史観に満ちた藩王や英雄、蛇、猪などの動物神、風、水、太陽、月にまつわる精霊、などなど、地域人の生活から生みだされた多彩な神々である。

4　ブータを演ずる人びと

南インド、カルナータカ州ならびにケララ州のアラビア海沿岸に分布する憑霊儀礼芸能ブータが、地域の最大多数派共同体プージャリとバンツの支持と後援を受けて活動を続けていることは、詳しく述べてきた。このブータは、誰が演じているのか、どのような人びとが営んでいるのかを論じなければならない。

通常、ブータを演ずる人びと、すなわち祭礼の場に招聘される人びとをナリケ Nalike、パラヴァ Parava、パムバダ Pambada、コラガタニア Kplagatania、グリガ Guliga などと呼称している。

ブータをおこなう地域や家神を祀る祠堂の別当家は、すでに述べてきたバンツ共同体が圧倒的に多く、ときにはドラヴィダ系のトゥルーを母語とする地域ブラーミンも例外的に存在する。彼らはプージャリ共同体を仲介者としてブータの祭礼を主催する。

付言すれば、例外的な地域ブラーミンは、インド全域でヒンドゥイズムの教義を伝承する階層ではなく、ブラーミン階層では下位にあるといわれながら、地域に密着した民俗信仰と混淆した活動をしている共同体である。彼らの母語がトゥルーであることはすでに触れた。ヒンドゥイズムとは距離がある存在である。

ナリケ以下、ブータを演ずる人びとは、プージャリより下位にある共同体に属し、山間の狩猟民、土地を持たない農業労働者、沿岸漁労民などといわれ、いわゆる不可触民とされている。

(1) 踊る家系

ブータの分布するアラビア海沿岸地域では、階層差別は希薄で、他のインドとは違っている。下層とされた彼らの握った貨幣は、上層の人間は支払いに際しても直接手にしない。紙幣といえども、かならず洗って収める、というような亜大陸の各地に日常化されてきた差別感覚は、歴史上まったくなかったし、現代に至ってもない。特に近年では、教育制度の拡充から、IT情報産業やときには政府機関、銀行などにも職を求めている人びとも多い。

ブータを演ずる人びとはこのような共同体を出自とし、そこに存在しているのは事実だが、ナリケ、パラヴァなどの呼称は、共同体を称するものではない。

たとえば、ブータが分布する地域に広く点在するムゲラMugeraという大きな共同体がある。彼らは山の狩猟民であり、非土地所有の農業労働者として生計を立てている。

本来、彼らは山間にあって、小動物の狩猟や白檀、薬草などの採集に従っていた。経済的には豊かな生活が保障されていた。インド解放独立後、一九六〇年代に入ると、インド政府は彼らに定着を促した。山間での活動に制限を与え、自由な活動を禁じたのである。山間、森林の保護、産物の生産管理という名目だった。実は、中央、ならびに州政府は森林資源の公的管理を目的にしていた。相当な収益があったのだ。山間を自由に行き来する山民は、州を越え、解放後インドの行政区を無視した活動域を持っていたことも大きな要因のひとつだった。

里に降った彼らは、小住宅に居住させられ日雇い労働者の道を歩まされた。しかし、彼らが伝統的におこなってきた行事、ブータなどは保有し続けた。プージャリやバンツは、彼らとの強い関係を放棄しなかったのである。

アラビア海沿岸に点在するムゲラ共同体には、ナリケと称されるブータを演ずる人びとが存在する。それも、いくつかの地域に複数の集団が存在している。

ナリケ、パラヴァ、パンバダ、コラガタニアなどのブータを演ずる人びとへの呼称は、共同体を表わすものではなく、特定の親族集団を称するものだ。ブータを演ずる人びとを指して呼びかける称号なのである。姓でもなく共同体や地域を表わすものでもない。

ナリケは、サンスクリットからきたナッティアNatya、踊り、あるいは踊る、に因んでいると伝えられている。地域では、踊る人たちと意味づけている。

ナリケ、パラヴァ、パンバダ、コラガタニアなどは、下層の共同体にあってブータとして選ばれた一族に与えられた「屋号」「称号」なのである。そのように理解するのがもっともふさわしい。ブータの祭礼を受け入れる地域の人びとは、招来する彼ら演者たちをナリケ・ブータ、パンバダ・ブータなどと呼ぶ。

語っている。

（2）ナリケ・ブータ NarikeBhuta 共同体に伝わる伝承譚

ナリケ・ブータには、二種の伝承譚がある。どちらもブータを演ずることになった共同体の成り立ち、機縁を物語っている。

伝承A

シヴァ神は、ヴァイシャカルマ Vishakarma 共同体だ。

読み解き

ヴァイシャカルマとは、ヴィシュヌ神との宿縁を結んだ者、といった意味ととらえていいようだ。インドの神話的宗教伝承では、最も古層に位置するヴィシュヌ神は偶像化されず、一〇の変神像が、それぞれ信仰の対象になっている。シヴァ神もそのうちのひとつで、あきらかに後発の神ということになる。ブータにかかわる人びとが、ヴィシュヌからシヴァ信仰へ変遷した過程を物語っている（『I部　第1章7　ヒンドゥ神と行き交うブータ』ならびに『第1章7（1）野猪パンジョリとヴィシュヌ神』）。

共同体アチャリヤは、金工、木工を職能ジャティとする人びとで、現代でも存在し、伝統的な寺や祠堂の装飾を業とする一方で、装飾品工房、販売店舗などを需要に任せて経営している。ブータ伝承地域は白檀を特産としている。紅い縞紋様の入った白檀は、その香気とともに貴重なもので珍重されている。

ビシュヌカルマとされた人びとが、白檀の採集に優れていたことが暗示されている。農耕に携わるよりも山の仕事に赴くことが主であった人びとであったことをうかがわせる挿話だ。

民俗神の像を捧持することになった人びとに、シヴァは、ブータの式次第を授け、演奏楽器の小太鼓を与えた。ナリケ・ブータという呼称を持つ共同体が創始された。

伝承B

ある女が、朝、川辺で踊っていた。女は、ある男に出会った。そしてその男に踊りを見せたいと願っていたのだ。

男がやってくると、女はいい寄って、求婚した。男は「おまえは魚・カルミンKarminを食べるから、結婚できない」と断った。女は、これからはけして食べない、と約束して結婚した。女は、いまもカルミンを食べないことを守っている。

男は、後にジャニワラJaniwara肩紐を食べてしまった。そして、その後、ナリケになった。

女神ウラルティになったナリケ

読み解き

川辺で踊る女は、魚を食べる。菜食主義ではない。ヒンドゥイズムの教義に生きてはいない、ということだ。ヴァルナ（カースト）の階層で高い位置を占めている存在ではない（『序章3　ダキシナ・カンナダ（南カルナータカ）郡』ならびに『第1章2　トゥルー語共同体プージャリPoojaliと地域社会』参照）。

男が女を受け入れる条件は、魚を食べないことだ。女は、条件に従った。ふたりは結ばれた。非常に象徴性に満ちた物語は、急展開する。

女と生活をする男は、ジャニワラを外し、食べてしまったという。ヴァルナの最高位ブラーマンは、その自己証明の印として、常にジャニワラを肌身につけている。外すことはない。それを捨て去ったのだ。ヒンドゥ教義を捨てたということである。男は〝俗〟に還ったのだ。というより、違った枠組みに至ったのだ。彼は、ナリケになったのだ。ナリケは、俗を装う〝聖〟なる存在なのである（『第1章4　ブータを演ずる人びと』）。

この挿話には、ナリケとブータを担う人びとの激しい自己主張がある。そこに〝踊る女〟が絡んで、ブータの儀祭礼が女性を排除していないことを示唆している。

論点・開題2
『女神、半神女、神女』

女神

キリスト教やイスラム教には、女神とされる存在はない。一神教の世界観には「聖女」はいても、女神は存在しないのだ。

マリアは、処女懐胎でキリストを生んだ宗主ともいえるほどの崇敬をあつめているが、女神ではない。聖母なのだ。

太陽神アマテラスのような女神は多神教のもので、ひとつ（ひとり）の神を崇める宗教思想には存在しないのだ。

仏教では〝神〟は存在しないのだが、ときに菩薩を神に擬《なぞら》えることがある。しかも菩薩には、本来、性別はなく、男女どちらにも偶像化されている。

たとえば観音は、中国やインド亜大陸では鬚を蓄えた図像が古くからあるが、日本では、琵琶を抱えた観世音菩薩で色香をたたえた弁財天だ。ヒンドゥ教になるとサラスヴァティとして女性神の代表になっている。

転じて、ギリシャ神話にはたくさんの女神が登場する。神としての女性が、さまざまな活躍をする。女神たちは、美を競い、嫉妬に狂い、人間の持つあらゆる醜さを備え、同時に豊穣を約束し、人間たちの危機の救済に赴く。

女神だけではなく、神格が両義的性格を持つのは、多神教信仰の特徴でもある。ヒンドゥ教、日本神道などは、ギリシャに淵源があるのではないかとおもえるほどだ。

半神女（人）

そもそも〝神女〟〝半神人（女）〟という分類は、ギリシャ研究にはじまったのである。主神ゼウスは、旺盛な精力で人間の女との間に多くの子どもを産している。これらの「神の子」は、半神人、あるいは半神女、Demigod, Demigoddess とされている。また、ヒロイン、ヒーロー Heroine, Hero とも訳出されることがある。

人間と神の間に生まれた子どもたちは、インドをはじめ日本でも数多く、語られている。女神トヨタマヒメと山幸彦の間に生まれたウガヤフキアエズノミコトは、叔母タマヨリヒメノミコトと媾合《まぐわい》し、皇祖カムヤマトイワレヒコノミコト、すなわち神武天皇を末子として生んだと語り伝えられている。

ギリシャ神話研究の視座からは、カムヤマトイワレヒコ神武は半神人であり、ウラルティ・ブータの伝承譚は、シヴァ神に愛された女性が生んだ姉妹であり、女神というより神の血筋の半神女ということになる。

ギリシャ研究の視座からみると、「シリ」や「ウラルティ」は半神女、ヒロインということになる。

神女

神女は、神に仕える女御を指すとされているが、天女ともされる。

沖縄、奄美、そして鹿児島地方の「ノロ」は、神女と称されることが多い。この地方では、祭礼をつかさどる神主の役割を神女が務めている。女司祭である。神に憑依する巫《かんなぎ》でもある。もとは広く日本の全域に伝播していた存在であった（序章　論点・開題1『日本における巫女・神がかり、依り祈祷、そして民俗の変貌』）。神に仕えるということが、神に憑依するということに発展することになる。いずれにしても多神教世界では、擬人化された神がみと人間は近しい関係にあって、いうなれば共生、Symbiosisしていたのである。神と人間の饗宴が、祭礼なのである。

南インドのブータやヒロイン・シリは、はたして正確に女神と呼ばれる存在なのか、それとも神女として司祭する神と人間を繋ぐだけの存在なのか、明確な規定は浮かんでこない。神の血筋を引く半神女を〃女神〃と崇め、懼れているのだろうか。儀祭礼を挙行する地域の人びとは〃神〃の祀りをおこなっている、と疑うことなく信じている。

もとより、ギリシャ研究の方法論をブータやシリに当て嵌める必要はない。ギリシャ神話研究は、大部分が文献研究であり、ブータやシリのように、現代の日常生活に浸潤しているものではない。しかし、女神や半神女とはどういう概念のもとにあるのかは知っておかなければならない。ブータやシリの信仰と儀祭礼が、人びとにとってどのように実在しているのかを、考察し論じていく前提として、知っておくだけの必要は、充分にあるのである。

ブータを信奉する人びとには、半神女や神女の存在はない。両義的な崇敬の対象である神格化された女神なのである。

シリは、信仰者たちにとって身近な存在ではあるが、神女とはいえない。限りなく女神に近く、しかし女神そのものとはいえない女たちの「見本」「モデル」なのである。

参照　Ⅰ部　第2章『地域に伝わるブータ伝承譚』
Ⅱ部　『奇跡の信女シリと女たちの饗宴』

（3）ブータの演技

ブータの演技は、大きくふた通りがある。ひとつは、踊り、舞うことである。すでに触れたように、儀祭礼では、踊り舞うことが主要な部分を占めている（『Ⅰ部　第1章3（2）ブータ、儀礼芸能の次第』）。

そして、もうひとつが、詠唱、主催者への問いかけ、さらに託宣などの声と詞《ことば》の演技だ。

演技は、各祭礼に招かれるブータによって、いくらかの差異がある。個人差があるのだ。すべてのブータがおなじというわけではない。しかし、おのずと演目を演ずる項目には、全体的な統一感がある。ブータによる個性的な振舞いは、統一感を外すことなく演ぜられている。統一感を保ちつつ演者の個性が発揮される。それが観客の興味や関心となって、惹きつける魅力を倍加しているのである。

ここでは、統一された演目の内容を項目化することによって、ブータの演技の質実をあきらかにする。

①踊りと舞い、そして「躍り」

ブータの身体行動には、原則として音楽はつかない。自らの体内から発せられるリズムと振りの流れによって生みだされる旋律に身を委ねていく。

A　登場と拝礼

化粧と簡単な装束を身につけたブータが祭壇の前に立つ。脇に従った老女、ブータ一家の姑が、小太鼓を打ちながら低く朗誦する。ブータ一家がこの地に招かれ、どれほどの歴史を持つかなど、来歴を朗誦する。これがブータの登場である。

ブータは登場すると祭壇に拝礼する。額ずいておこなう場合が多い。姑の朗誦が終わると、立ち上がり、両手を広げ、あるいは上半身を捩って、神への崇敬と讃歌を捧げる。ゆっくりとした振舞は「舞い」といえる。このとき、ブータには神が宿ってはいない。

足に輪になった鈴をつけ、仲立ちをするプージャリから、宝剣、笏などを受け取る。するとその場で、手、上体、脚などが順次、小刻みに震え、やがて全身が痙攣してくる。演者であるブータの身内に〝神〟が降臨してきた、と理解できる。足を踏みだすことはなく、祭壇の前に釘づけのような様相である。これも舞いといえる。

B　踊り、やがて躍り

突然、足を踏み、踊りになる。祭壇前の広場いっぱいを踊りの場として展開する。やがて、回転、跳躍が昂ぶりとともに混入してくる。設えられた主催者たちの席をはじめ、遠巻きにする観客（見物客）たちに近づき、挑発するような振舞いをする。あきらかに憑依したとみられる。取り巻く人びとに、脅威と侵犯性を発揮する。踊りであり、躍りでもある。躍りは、整った踊りを離れて、現在では、そのすべてを観ることはできなくなった田楽などの日本の民俗伝統にあった跳躍、曲芸的な舞技を指している。

ブータは最初の踊りを終えると、主催者たちが横列に並んで迎える席に赴き、ひとりひとりに神託（お告げ）を与える。祭礼を組織したことに感謝の意を与え、この場にブータの身体を通して神が降臨したこと、それがどのような神で、人びとになにをもたらそうとしているか、などの神託を告げる。

多くの事例では、神の降臨を主催者に告げた後、ブータは祠堂、ヒンドゥ寺内の外周を行進する。寺内に入ることはしないが寺内を行進して、神格の威徳を誇示するのだ。

その後、次項に記す、語りや託宣を経て、再度、あるいは再々度、踊る。

参集した人びとは、ブータの踊りを、怖れ、脅威などの複雑な感情が交錯する緊張とともに、味わい楽しむのである。

ブータによる舞い、踊り、躍りには民俗歌舞劇『ヤクシャガーナ』[10]の影響が下染めになっているといわれている。

②語り、詠唱

姑による朗誦については前節に記した。主催する地域の人びとに神託（お告げ）を与えることも記した。この神託は、祀られる神の詞として、祭礼を催したことへの感謝と返礼としての恩恵をこの地に施すことを宣する。しばしばこの宣旨は謡い、語るようにおこなわれる。そういう技を発揮するブータを見物する人びとは尊ぶのである。あからさまに上手、下手を批評する見物人も多い。

ブータは神聖な儀礼をともなった祭礼であるが、地域の見物にとって、芸能としての娯楽性も持っているのである。詠唱のように節付けされた語りは、主催者、そして見物と技芸を発揮するブータとの地域における自己証明をあきらかにする手立てでもある。優劣は重要なのだ。「今年は良かった」「今回は、いつものようではなかった」といった評言は、ただちに見物席に満ちるのである。

③問いかけ、託宣

女神や英雄神になったブータは、祭礼のなかで、しばしば主催者や見物と対話をかわす。ブータは、人びとに問うのである。収穫はうまくいっているか、集落はうまく運営されているかなど、共同体である村落の様子を尋ねるのだ。参会者たちは、簡潔に短く、応えていく。神となったブータはすべてを見通している、という感覚が参列者にはあって、ブータの見通しと外れないような解答が与えられるのだ。ある意味では、合意が出来上がっていて、確認のための駄目押しのような対話でもある。

ブータの反応は、「ほっほう」とか「あ。おおっ」といった大げさな賛意で、これも事前に予測できる出来上がった対応だ。しかし、地域の人びとは、ブータの反応に、安心感を与えられ、安堵する。

A　共同体への託宣

ブータによることばは、託宣がある。神託である。参集する人びとにとって神勅そのものなのである。未来に起こる気象や共同体内の争い、農業作柄の良し悪し、流行病、老幼の疾病など、ブータの託宣には、なにがでてくるか予測不能なのだ。地域の人びとは、日常生活を共にすることはない特殊な處外人を「神の宿ったブータ」として、近未来を委ねるのだ。

B　信者個人からの問いかけと託宣

ひと通りの儀礼が終わると、参会者たちは競ってブータの前に列を作る。それぞれがブータへの供物を盆に載せている。個人的な託宣を受けるための行列である。「出稼ぎにでている主人は無事だろうか。あちらで別の女にうつつを抜かしていないだろうか」「子どもが最近、元気がなく、病気だろうか」「舅、（あるいは姑）は長生きできるだろうか」「夫が農作業で怪我をした。後遺症は残らないだろうか」などなど、細々とした生活上の問題を尋ねるのだ。神の名を冠して与えられる神託は、人びとに絶大な説得力を持っていて、長蛇の列ができる。

一部の地域では、ブータは占星師を業としている。おのずと儀祭礼の形式も変わっている。信者個人からの問いかけ、相談が祭礼のかなりの部分を占めているのだ。そして、地域からの支持、人気は大きく、ブータでありながら逸脱して、神託よりも卑近な生活上の卜占に傾いている。

5　訪問するブータ

ブータの祭礼は、通常、夜間におこなわれる。常に、徹宵である。ときには、二日、三日と続く祭礼もある。夜、九時近くにはじまるのが普通だが、ブータを演ずる者たちが祭礼の場に現れるのは、朝の早い時間である。

一家でやってきたブータ

忽然と現れる。ひとりではない。家族全員で訪問してくる。二世代の場合が多い。妻、舅、姑、主人の兄弟、そして子どもたちだ。集合家族だ。

ナリケ、プラヴァなどの呼称が、ブータを演ずる一族に与えられたものであることは、すでに記した。彼らが、常に親族とともに行動しているのは、ブータが一族全員の仕事として位置付けられていることを意味している。

彼らは、毎年、決まった場（祠堂）と日付の祭礼に招かれている。一〇月から翌年の五月中旬までのほぼ七ヶ月、ブータの一家一族は、ときには連夜、演ずる場を移動していく。巡演は、近隣ではあるが、まさに、旅の巡業で在地に戻ることは稀なことになる。

ブータが祭礼のおこなわれる場に到着しても、出迎えるものはいない。沈黙のうちに祭礼の場に座を占め、居住まう。ほとんどしゃべることはなく沈黙のうちに、すべてが運ばれていく。彼らの営為は、あくまでも静寂のうちに冷静におこなわれていく。

すでに述べてきたように、ブータはブラーミンが司祭する寺院の境内には入れない。ブータの祠堂ですら境内には設置されることはない。

彼らに与えられる楽屋は、境内の外、参道を外れた端に、仮設の粗末な小屋が設えられ、そこに主を中心に一家全員が座を占める。小屋掛けの楽屋で、一夜、あるいは二、三日の祭礼を過ごすのだ。

彼らがどこからやってくるのか、誰も知らないし問わない。当然、仲介者であるプージャリ共同体の世話役は知っているが、すべてを秘匿して語らない。多くの場合、仲介者が降臨するブータを呼びたてる禰宜の役割をすることはすでに触れた。彼らは、ブータを迎えた時点で、儀礼の登場人物なのだ。舞技を導きだす共演者なのである。午後、衣装や冠になる檳榔樹の葉を削り、白色の芯を剥きだし、揃えて細工しやすいように並べていく。ブータ親族の男たちによる共同作業だ。衣装として仕上がるまでには、数時間を要する。

夕刻になると、ゆっくりと化粧をはじめる。

6　衣装と装束、そして化粧

すべてはアレカナッツ、檳榔樹の葉にはじまる。アレカナッツは、ブータ儀礼をおこなうものにとって聖性をたたえた植物だ。実は、ブータばかりではなく、後述する神女シリでもアレカナッツの雌花・雄花は、重要な役割を担っている。信女たちは、重ねて束ねた雌雄の花を振りたてて物語を朗誦する。南インド、カルナータカ州中南部のアラビア海沿岸、そして北部ケララ州の人びとにとって、アレカナッツとココナツは、祭礼や儀礼の主役に寄り添う欠かせないものなのである。

アレカナッツ檳榔樹は、地方の代表的な産物を産みだす植物で、山間農業の中心にある。その実は「パーム」と呼ばれる嗜好物になる。口中で貝の粉末と化合させ、真っ赤に変色したものをチューイン chewing することで、食後の内臓活動を推進するといわれている。近年、若者たちは、口中が血の色になることを嫌って、嗜好品としての人気は下落している。現在では一部の熟年男女にのみ愛好されている。

パームの人気は下落しても、農産品の主力であるアレカナッツの人気は衰えることはない。化粧品や医薬品の原材料として、最近では輸出も多くされている。

山間の水路を配した耕作地は、この他方の林間に適している。海岸線に近接する西ガーツ山脈の駆け上がり地帯は、豊かな森林に覆われている。この地勢に適応した山間農業が主力農業を育んでいる。アレカナッツ、ココナッツは主力産品なのである。農業生活の経済を支える産品は、神の恵み、そのものなのだ。

アレカナッツとともにココナッツもまた、人びとには聖性をたたえた産物になっている。、ココナッツの葉はもちろん、その果実もまた、神とひとを結ぶ儀礼には欠かせない採り物・装束、あるいは衣装になっているのだ。

（1）装束・採り物

特別に重要なのは、足環の鈴である。基本的な化粧を施した後、祭壇の前に立ち、主催者たちの登場を促し、プージャリを経由して鈴が渡される。ブータは祭壇の前で、環になった鈴を踝の上に巻きつける。とたんに、身内に身震いが走り、痙攣して、神が降臨し憑依する。

演目によって何種類かの剣が遣われている。ブータが祭場に持ち込むことはなく、祭神の持ち物、トリモノとして地域・主催者に伝わっている。儀祭礼の開始に際して、主催者はプージャリに託し、プージャリは神の神威を体得し、多くは憑依して、ブータに渡す。ブータは、神威とともにトリモノを受ける。

すべてが、神威を持つものではないが、弓矢、棒状の鞭、矛など、神の武器を表徴するトリモノも、演目によって登場する。

特にブータだけに使われる払子《ほっす》は、演技のはじまりから手にしている。舞い踊り、託宣の口上など、ブータは払子を手放すことはない。

ブータには、いくつかの仮面、胴衣がある。野猪を表徴する神格パンジョリや太陽神スリエなどは、顔をすっぽりと覆う仮面をつける。兜のようでもある。本来は、銅合金、あるいは青銅製だったが、近年では、銀や金の鍍金を施したきらびやかなものが増えている。仮面は、膨大な数の演目のうち、数種類のみに施される。

装束には、竹や藤を骨組みにして、ココナツや檳榔樹の葉と葉脈を編みこんだ巨大な光背、前垂れ、膝上卓子な

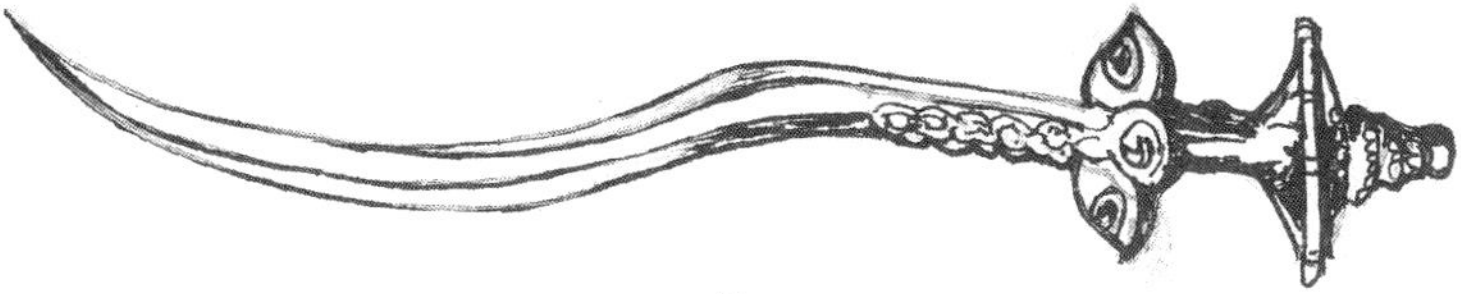
剣

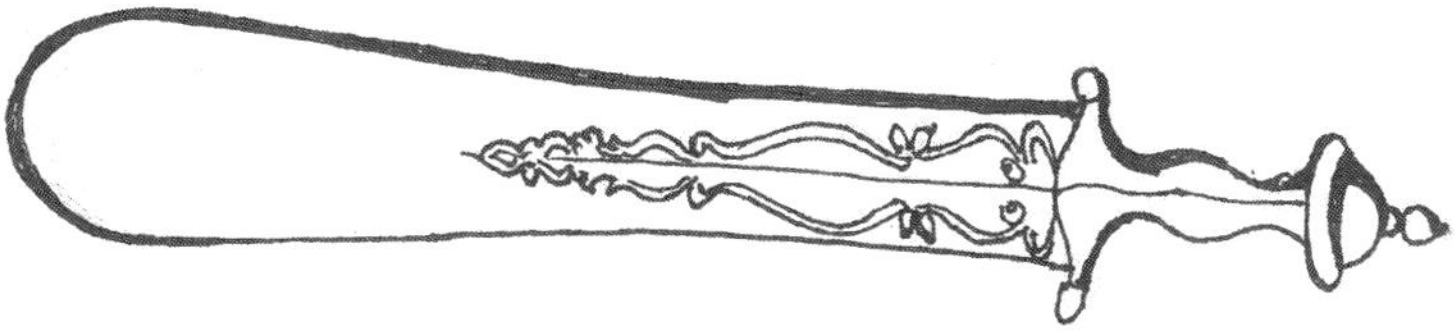
矛

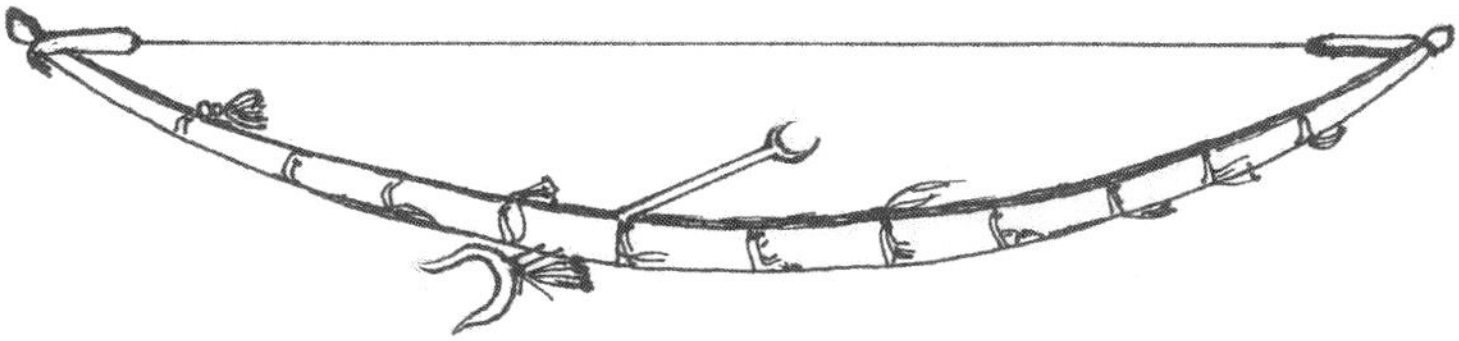
弓

払子

どが装着される。

ブータ一族によって製作され、現場に持ち込まれる。装着するのも、一族の者たちが、おこなう。ブータは、共同体内の選ばれた一族に伝承されていることはすでに述べたが、彼らは、実は、忙しく立ちまわっているのである。

光背はアニ Ani と称され、ブータが憑霊する神格の威勢を驚異とともに見せ付け、前垂れは光背とともに装いを際立たせる。最近、子ぶりながら銀製のラクジャラニと呼ぶ輝きを誇示する豪華なアニも経済的に成功した主催者から提供されている。

スカートの上部には、ジャッカラニと呼称される膝上、腰の辺りに卓子を着ける。ジャッケは、膝のことで膝の上の卓、といった意味になる。ココナツや檳榔樹の葉で組み上げられたものが本来だが、近年では銀製の卓も登場して贅沢を誇っている。寄進された食物や供物を仮置きして、提供者への感謝の口上を

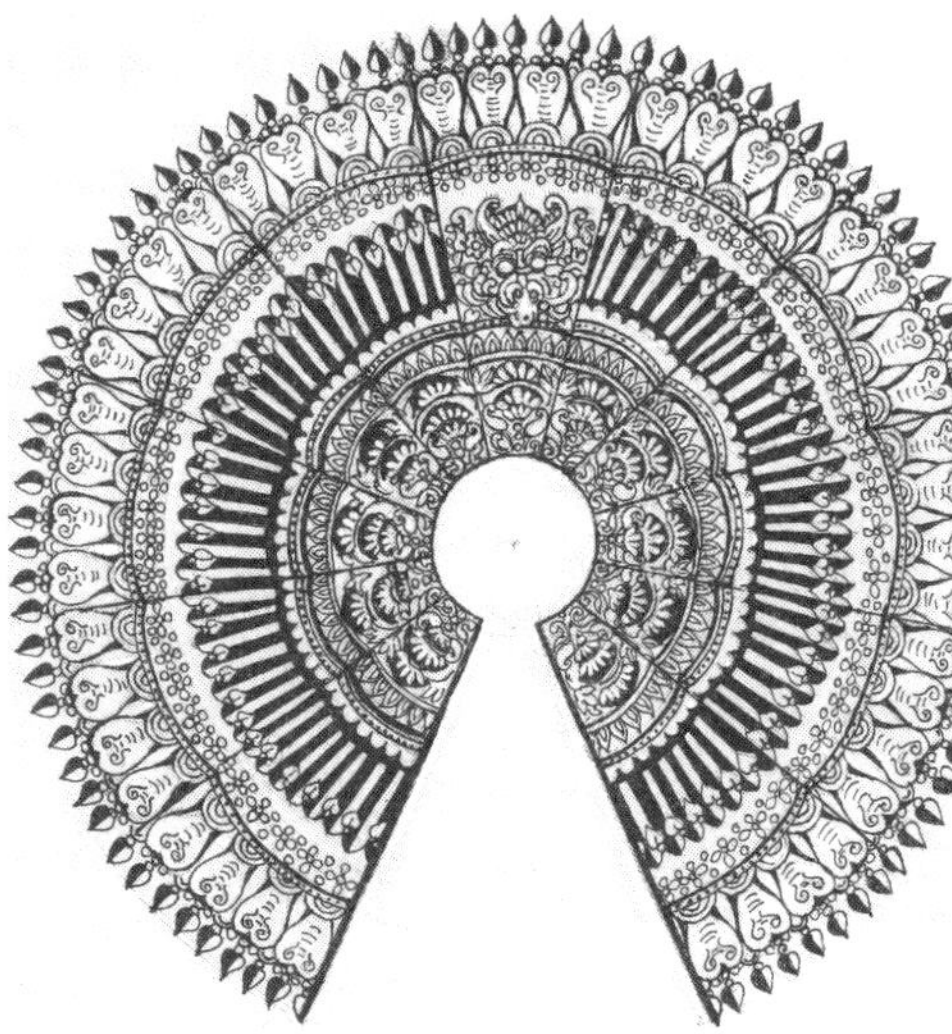

図7　腰着け卓子ジャッカラニ

表明する。口上の後は、ただちに取り払われる。

(2) 衣装

基本の定型ともいえる上下の着衣がある。色は、濃く沈んだ赤。長袖の上着と細めの足裾までの長いパンツを着ける。

腰には、演目によって長短のスカートを巻く。ココナツの葉で作られている。

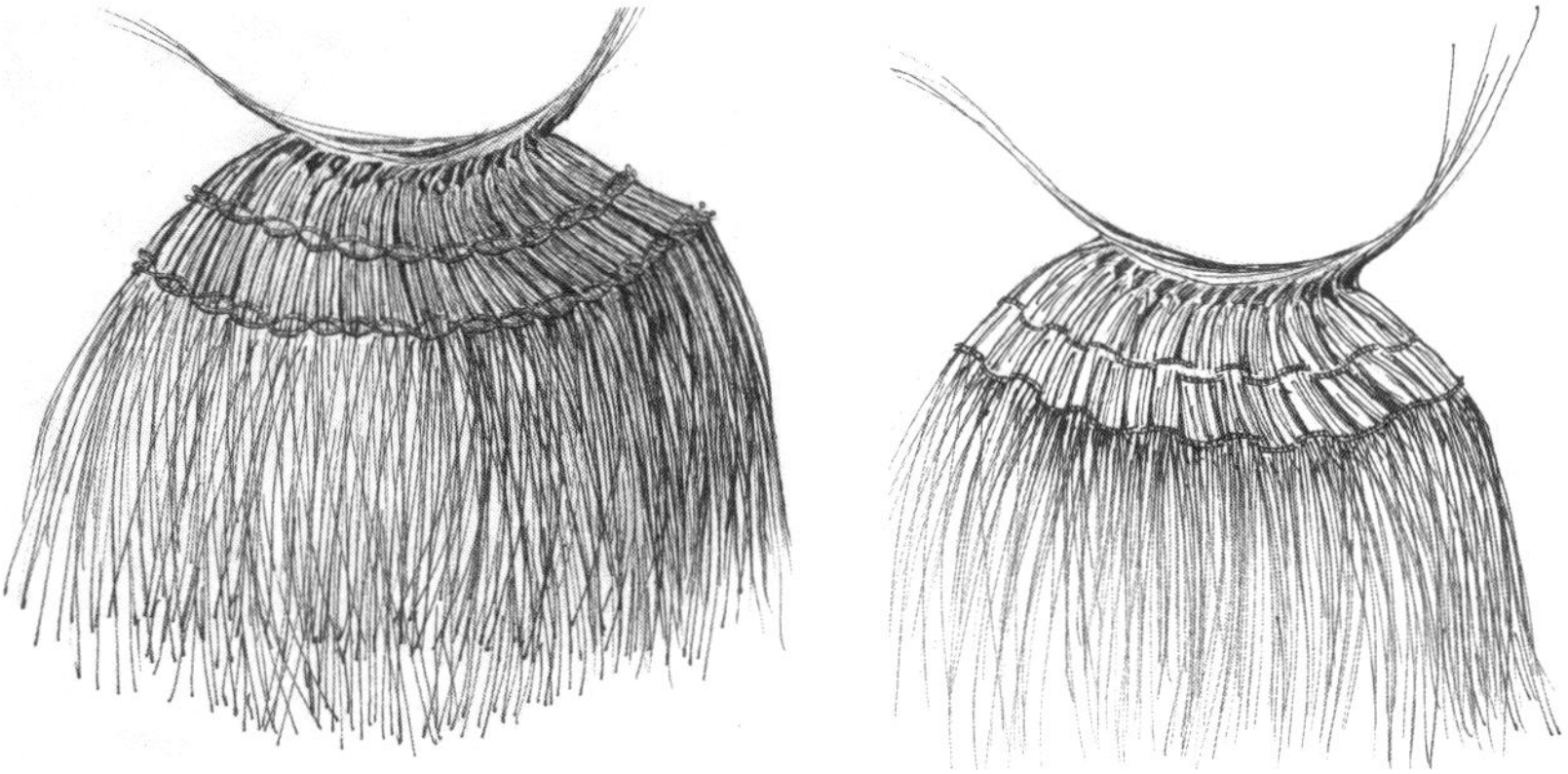

檳榔樹の葉でつくられたスカート

縦長のココナツの葉を、一枚一枚、緑の表皮を剝いて白い芯をむきだして揃える。丹念で根気の要る作業だ。二、三時間を費やす。ブータに同伴する一族の若手が、この仕事をおこなう。最後に、ブータの腰に装着し、裾の長さを切り揃える。

化粧を終えたブータは、儀礼の開始に先立って、衣装を調える。赤い上下の着衣にチョッキ・袖なしの上着、上腕や手首に腕輪、首にネックレス・首飾りなどで装飾する。

下着になる赤い上下服の形態を含めて、装飾品の多くは、歌舞劇ヤクシャガーナの影響による、と多くの人びとが指摘している。近年、いちじるしくその傾向は高まっている。光背の替わりに背中に赤い旗をいくつも装着したりもする。本来、聖性を敬われるココナツや檳榔樹のアニが、たくさんの旗で賄われのだ（I部　第2章、論点・開題8『英雄コティ・チャナヤの一五〇〇年』）。

(3) 化粧

ブータの化粧は、顔全面を彩ることが基本になっている。

もっとも多いのは、顔全体の下地を黄色に塗る化粧だ。アラダーラと称されている。黄色は、日本での〝面白〟に対応して、顔をあかるく際立たせるためにおこなわれる。ブータの演目によって、下地の上に目鼻の縁取り、白線での強調、隈取風の装いなど、多様に施される。細いヒゴダケに

衣装・化粧の整ったブータ

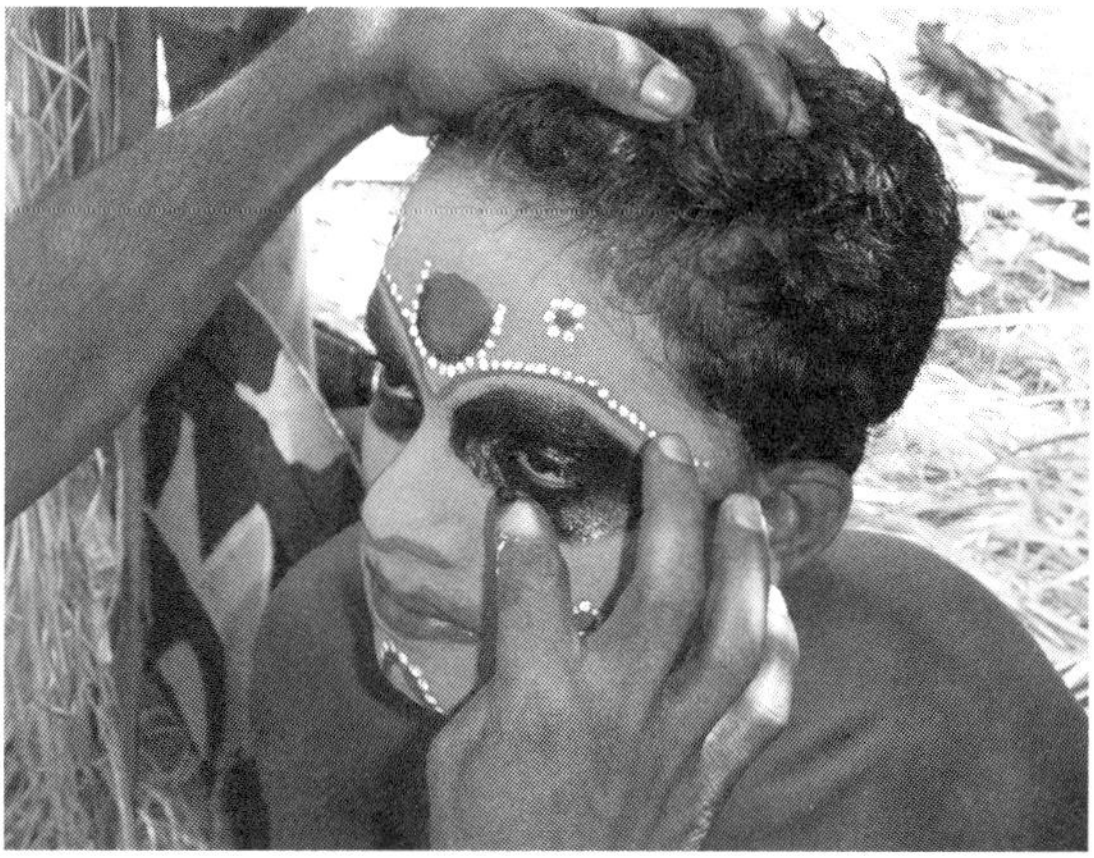

化粧する若いブータ

顔料をつけて描く。ゆっくりとたっぷりと時間をかける。このゆっくりとした、しかし着実にひと筆ずつ進めていく時間に、ブータは彼岸から訪問する呪霊へと変容する。それは、演者自身の精神性を養っているともいえる。

そのほか、黒、白、赤に染める。

黒は、グリガと呼ばれる共同体を出自とするブータがおこなう。黒に白い点を配したり、目の周辺を隈取で飾ったりする。

赤は、南部のケララ州境界地域によく見られ、ケララ州のブータ、「テイヤム」に合体してテイヤム・ブータと呼ばれることが多い。代表的なピリ・ブータは、虎を形象している。例外的にイスラム教徒ムスリムによる「アリ・ブータ」は、黒く染めた化粧で顕われる。

白は、黄色とおなじように広範な演目に応じている。白い下地を施したブータは、総じて、呪力を発揮する両義的な存在に比べて、緩やかで温順であることが多い。また、中心になるブータにつき従う存在であることも多い。

7　ヒンドゥ神と行き交うブータ

前節に詳述したように、民俗信仰であるブータは、バンツ共同体の支持と提供によってプージャリが実働し、慮外とされる人びとが招かれ、演ずる儀祭礼である。すでに述べてきたようにバンツ共同体は、ヒンドゥを標榜し、ヒンドゥイズムを信奉している。

プージャリとバンツはダキシナ・カンナダの人口の多数を占める共同体で、調和と親和性を発揮して、争うことなく平穏な地域生活を営んできた。現代、より強い緊縛と調和を保ち、親和力を発揮して地域生活を営んでいる。それでも、それぞれの宗教観や生活習慣は異質なものを孕んでいる。そこには、ヴィシュヌ神やシヴァ神、遠く深い民俗信仰への歴史的な背景がある。遠い時間は、現代を生きる背後に厳然と生き続けているし、その深みに、彼らの自己証明があるのだ。

(1) 野猪パンジョリとヴィシュヌ神

トゥルー語ではパンジョリと呼称する野猪の神格がある。ブータの祭礼にたびたび登場する。演者は、真鍮(黄銅)製の被り物(ヘルメット)を装着して神格になる。数キロの重みがある。

ブータに登場するパンジョリの演目は、地母神、女神、蛇神や精霊の前段、あるいは最終で踊られる。パンジョリが主神の祭礼はない。

ヒンドゥ教には、ヴァラーハ Varaha と称される野猪の神格がある。一〇の神格に変容するヴィシュヌ神が三番目に化身したとされている。

ブラーマニズムによるヒンドゥ教では、シヴァ神とブラフマー、そしてヴィシュヌ神が三大神で世界観を構築している。

ダキシナ・カンナダ郡、ならびにケララ州北部では、古くからヴィシュヌ神の信仰が伝播されていた。

ヴィシュヌ神は、もともと偶像としては存在せず、その一〇種の変身像が信仰の対象になっていた。ヒンドゥ教の古層を伝えているといえるのだろう。

その三番目の変身神であるヴィラーハは、水中に沈んだ大地を救いあげるためにブラフマー神の呼気とともに鼻の穴から生まれでたという伝承がある。
ヴィシュヌ神の変身したヴィラーハとダキシナ・カンナダのパンジョリが同一のものであるかを問うことは、容易ではない。とはいえ、古代にさかのぼるヴィシュヌ神信仰が、ヒンドゥ教宇宙観の根幹にあり、ダキシナ・カンナダの民俗的な相貌を湛えるパンジョリ、野猪の神格が崇敬されている事実には、ヒンドゥ教の古層と通いあうものを見出さざるを得ない。ヒンドゥイズムが民俗的思惟を吸収したのか、ヒンドゥ教義の思想を民俗が混淆したのかは、研究者の間でも定説に至っていない。

野猪パンジョリになったブータ

ヴィラーハ、すなわちパンジョリが、たびたびブータに登場することは、ヒンドゥイズムとは一線を画しているブータが、その背後に古ヒンドゥの影を擁していることを示唆している。少なくともヒンドゥと通底する心意を持っていることは確かなことなのだ。

猪にはもうひとつ、触れなければならないことがある。織豊時代から江戸前期にかけて武士、大名の間に大流行した摩利支天信仰がある。日蓮宗、禅宗など宗派を超えた寺院に祀られ、現代に受け継がれている。

インドの Marici マリーチの音写である摩利支天は〝陽炎〟の神といわれ、転じて強烈な光線、陽光、月光を司り自在の通天を現わすとされた。この摩利支天は疾駆する数頭の猪を乗り物としている。日本には、猪に乗る図像が多く残されている。インドに起源しながら、インドではマリーチと野猪の図像は、ほとんど敬われていない。パンジョリとは別の猪の存在と考えられる。

マリーチは、ヴィシュヌやシヴァのヒンドゥイズムとは別の思惟から生まれている。聖典『リグ・ヴェーダ』に収められているが異質性に満ちている。風雨、雷光、雷鳴などの自然を畏怖、あるいは崇敬する自然信仰に起源が求められる。

ヒンドゥイズムがアニミズムである高度な自然崇拝を習合していることはいうまでもないことだが、マリーチ神がそうした自然神の集合体であるマルト神群を出自にしていることがすべてを語っている。日本に伝えられて流行した摩利支天信仰の猪は、ヴィシュヌ神が変身したヴィラーハとは違う思想性のものなのである。民俗的でヒンドゥ神学の古層に触れるものなのである。ブータに現れるパンジョリは、そういう香気を振りまいている。

(2) 山の神シヴァと南インド

ダキシナ・カンナダの郡都マンガロールの市内に所在するカドリ寺は、一二世紀、仏教からヒンドゥ・シヴァ寺院へ転換したと伝えられている。現在でも、本堂内には四面観世音菩薩像が、安置されている。一一世紀の鋳造とされている。

祭神は「モンジュナータ」で、シヴァ神の変容名である。モンジュ、ナータは山を統治する、という意味になる。カドリ寺は、マンガロール最大の寺院で、周囲には広大な荘園を擁していた。現在は大規模な宅地開発によって往時を偲ぶのは難しいが、バナナ、ココナツ、檳榔樹などの田園が広がっていたと伝えられている。小振りなバナナを地域では「カドリバナナ」と称している。カドリ荘園の産物だったのだ。

カドリ寺本堂の門前から長い階段を登ると、森を越えて僧院のような建物に出会う。現在は寺院とは別組織になっているが、創建した聖人などを奉っている。

周囲の森には、僧庵とおぼしき祠堂が点在し、多数の廃墟になった土台が残っている。ネパールやヒマラヤ連邦を望む山麓の仏教小寺院を髣髴させる。カドリ寺は、山の神を祀る日本の神仏習合の社寺を想起させる。

ある歴史家の著書に、ダキシナ・カンナダの多くの人びとは、山の神への信仰がシヴァを主神とする教義宗教ではないとおもっている、と半ば冷笑に近い記述を施している。モンジュナータとシヴァが繋がっていない、というのである。ブラーミン研究者と地域の感性の大きな隔たりである。

南インドには、一三世紀、シヴァ信仰に関する歴史的活動があった。現代のアンドラ・プラデッシュ州に発し、北部、中央部カルナータカを席巻した宗教運動だった。リンガエット Lingayat 運動と称している。リンガエットは、北部インド、デカン高原以北から降ってきたヒンドゥ教義に対して、シヴァリンガを捧持し、その眷属神を信仰の中心に据える民俗との混淆思想だ。

インド亜大陸の中央を占めるデカン高原地帯には、古代からリンガ Lingam とヨニ Yoni を信奉する民俗思想がゆきわたっていた。増殖、豊穣、子孫繁栄などを授ける神聖な力を恃んでいたのである。ヒンドゥイズムではリンガ・ヨニ信仰は、シヴァにまつわる女性（神）たちの聖なる力を敬うシャクティ Sakti の思想ということになるのだが、デカン高原から南インドにかけての地域には、その原初的な信仰があったのである。

リンガエットは、熱烈なリンガ・シヴァ信仰による宗教共同体を形成しようという運動だった。それはカースト、ヴァルナに規定された階層とは別種の社会組織を求めたものだった。職能共同体ジャティの社会的緊縛を否定しようというものでもなかった。中世末期当時、南インドに起こったあたらしい宗教共同体を求めた闘いだった。組織的な協会 Institution であり連合組合 Association でもあった。

北方から降ってきたブラーミニズムに対する激しい闘争だった。ブラーミニズムによるリンガ信仰の教義化を許さなかったのだ。

ダキシナ・カンナダ郡の人びとは、リンガエット運動を受け入れなかった。もともとブラーミン階層と対抗する意思は持たなかった。彼ら、トゥルー語共同体の地域性、バンツやプージャリは、ヴァルナ第四階層シュードラで、

踊るドゥマヴァティ・ブータ Dhoomavathi Bhuta 2017

けして高位ではなかったのだが、カーストからの疎外を畏れることはなかった。むしろヒンドゥ教学に関心を寄せず、きわめて怠慢に対応することで、ブラーミン階層との関係を希薄化したのだ。ダキシナ・カンナダの人びとは、ブラーミニズムをやわらかに包み込んで、無力化する道を沈黙のうちに選びとったのだ。ということは、ダキシナ・カンナダのドラヴィダ族の多くの人びとは、自らのジャティを社会的緊縛と捉えるよりも、出自職能を誇りとして生きることを選んできたのだ。リンガエット運動を展開した他のカルナータカ地域とは、似て非なる対応だった。

　ブータの所在地であるダキシナ・カンナダは自らのトゥルー語圏文化を強固な基盤として、その維持、発展を生活の中心に据えて日常を営んできた。宗教生活と経済的充実を対立させることなく、その均衡を獲得してきたのだ。急激な変貌を遂げる現代インドにあって、古い井戸から新しい生活のための水を汲みだすことは、けして容易なことではない。それをいとも軽やかに飛び越えて活き活きとした力学《ダイナミズム》に書き換えている。

　ブータはこういう土壌に成立しているのだ。

注

1　By V. K. Rai『Tulu Folk Literature』（Kannada）1985. マンガロール大学出版局。ほか多数。二〇一四年マンガロール大学を退任。

2　K・チンナッパ・ゴゥダ K. Chinnapa Gowda『Bhuta-Worship:Folkloristic Study.1990. 私家版（Kannada）マンガロール大学提出博士論文を上梓したもの。By K. Chinnapa Gowda『The concept.Structure of Bhuta Worship』国際交流基金報告書（英文）。二〇一六年、マンガロール大学を定年により退任。

3　キショール・クマール・ライ・シェニィ Kishore Kumar Rai Sheni『Ullalty : Worship, History, Epic and performance（Kannada）ウラルティ：信仰、歴史、詞章、そして演技』二〇〇三年、マンガロール大学カンナダ学科博士論文

4　ヴァナマ・ナンダヴァラ Vanama Nandavara『コティ・チャナヤ　民俗的研究 KOTICHENNAYA　A Folkloristic Study English Translation Shankara Narayana Dooja PoojariKarnataka Tulu Sahya Academy 2015. なお、同書に先行するオリジナルのトゥルー・カンナダ語版は、同書名で、マンガロール大学へ提出された博士論文であった。二〇〇一年に上梓されている。

5　アベイ・クマール Abhay Kumar『A Study of the community and folklore of Mugera ムゲラにおける共同体と民俗の研究（Kannada）』博士論文 1997.『Mugera Community and its Folklore ムゲラ共同体とその民俗』マンガロール大学紀要、二〇〇五年。

6　U・P・ウパディヤヤ Dr. U. P. Upadhyaya/スシーラ・P・ウパディヤヤ Dr. Suseela Upadhyaya『FOLK RITUALS』R.R.C. for Folk Performing Arts, Udupi 2002.

7　シヴァ・ビラヴァ Shiva Billava『Legendary Twins KOTI-CHENNAYA』（English）Retold Published by Gurubharati Adhyayana Kendra 1998

8　ボンナジ・バブ・アミン Bonnaje Babu Amin『SAMAGRA KOTICHENNAYA』（Kannada）Published Janapada Prakashana 2014.　ほか、多数

9　By B.Surendra Rao『Bants in History and Culture』2010. GovindaPai 財団刊（英文）

10　森尻純夫『歌舞劇ヤクシャガーナ』而立書房、二〇一六年。

〔Ⅰ部　第1章　参照〕

A　ドイツ・ハイデルベルヒ大学インド研究専科、交換留学、ならびに教員スタッフの特任教授交換などをおこなっている。フランス・ポール・ヴァレリー記念大学研究科。ノルウェー・ノルディック文化研究所。早稲田大学坪内記念演劇博物館などなど。

B　本文中「マンガロール Magalore」と表記しているが、二〇一〇年代以降、「マンガロール Magalure」と表記、音読することが広まってきている。「ボンベイ」→「ムンバイ」、「バンガロール」→「ベンガルール」、「マドラス」→「チェンナイ」、「カルカッタ」→「コルコト」と表記、音読するようになっている。これは一種の国民的な運動で、公的機関も、順次、従ってきている。本書では、従来からの読者に混乱を与えないように配慮して、旧呼称で統一することにした。

C　ビラヴァ共同体は、一九〇〇年代初期に至って、四姓上では第四階層シュードラに属することになった。歴史に残る不可触からの転換については、『Ⅰ部　第2章4（8）階層を越えたビラヴァ』に詳述した。

D　たとえば『インド神話伝説辞典』菅沼晃編（東京堂出版、一九八五年）では「幽鬼、悪鬼」とされ「人間をあざむいてその肉を食らう邪悪なる精霊」と記している。　背景には、インド宗教（ヒンドゥ教）の最も古い神格であるヴィシュヌ神と世界の創造主シヴァ神の存在が見出される（『ヴィシュヌ・プラーナ』）。ダキシナ・カンナダのブータが、教義ヒンドゥやブラーミニズムの関連を断ったところから発想されていることについては、後に詳述する。

E　『Tulu-English Dictionary トゥルー英語辞典』by A. Manner 1886. Asian Educational Service, Delhi によるブータの項は、悪鬼、邪な精霊、悪霊、死霊などに続いて、出来事の実態、過ぎ去った過去などと、ヒンドゥイズムとは異質の哲学的な言質が記されている。ヒンドゥ教義の神格関係や伝承神話は、一切、影を潜めている。そして「癒し」「魔神の踊り」ともあって、脈絡がない。この辞典は、無文字のトゥルー語をカンナダ文字で表記し、英語訳を施している。一九世紀に編纂された名著といわれている。それにしても、編著者はその記述から推察すると、ブータの実地調査はおこなわず、伝聞で記述したとおもわれる。

第2章　地域に伝わるブータ伝承譚

ウラルティ・ブータ・ケリンジャ

すでに述べてきたようにブータの事例は二六〇以上が収集されている（『第1章1　先行研究と現在』）。それぞれの事例には、それぞれの伝承譚がある。地域に伝播された儀祭礼ブータには地域特有の伝承がある。それがブータを支える人びとの存在証明になっているのである。おなじ女神の信仰がいくつかの地域に伝承されていて、しかし、各地はそれぞれ独自の地域伝承譚を持っているのである。この章では、多様多彩なブータ伝承譚のなかから代表的な女神伝承の二例と双子の民俗英雄を取りあげる。

1　女神ウラルティ

女神ウラルティのブータは、ダキシナ・カンナダの内陸部に分布している。アラビア海沿岸のケララ州カッサルゴドの二ヵ所に例外的に所在していて、トゥルー言語共同体のバンツ（『I部　第1章2（2）指導的共同体バンツBants、（3）補完しあうプージャリとバンツ』）の人びとが儀祭礼をおこなっている。総計で近年に加えられた一ヵ所を含めて二六ヵ所を数えることができる。

分布図には、ダキシナ・カンナダの代表的な六ヵ所とケララ州、二ヵ所の在地を記している。さらにその周辺でも、小規模な儀祭礼がおこなわれている。それらはウラルティの物語を共有して、さらに地域独自の伝承譚を持っている。

八ヵ所にはそれぞれの伝承譚が伝えられているが、ウラルティ創始の物語はいずれの地でも語られている。その上に自らの土地の地縁が語られているのである。地域の人びとにとって伝播と伝承は、一体感を持って自己のものになっているのである。

(1) ウラルティの始祖譚　ウラルティ・ブータの伝承神話

ヴィタルの王にはプンニャワティ Punnyawaty という娘があった。

彼女は、森で花を摘むのが好きだった。大木になるオーパティ Oupati の花が好きだった。バンダニゲ Bandanige ともいった。

その様子をたびたび、姿を現さずに見ていたシヴァ Shiva 神は、彼女を試してやろうとおもった。彼女が森にやってくると、シヴァはその身にまとわりついている大蛇を彼女の近くに遣った。

彼女は、驚き、おののいた。その愛らしい姿に、シヴァは、ただちに狩人に変身して、蛇を追いやった。そしてふたりは、愛し合う時を持った。プンニャワティは、森へ赴くたびにシヴァと愛し合った。

やがて、彼女は恐れを抱くようになった。もし、このことが父王に知れたら、わたしは殺されてしまうだろう、と。そこで、いっそ、自殺してしまおうと考えた。

彼女がおもいつめていると、どこからともなく、シヴァ神の声が聞こえてきた。

「心配するな。おまえは、特にいい名前を持つ五人の娘を授かる。」

そして、やがて彼女は五人の娘を生んだ。

五人の娘は成長して、ケリンジャにやってきた。上の娘と末の娘が、此処に住むといいだした。末娘は、姉がここに住むなら、自分はアナンタディ Anantady にいくといいだした。上の娘は、怒って末娘を蹴った。末娘は、そこに倒れてしまった。

ケリンジャのブータで、末娘のウラルティが、最後に倒れ込むのは、この話に因んでいる。

ほかの娘たちは、ケプー Kepu にいった。

結局、五人の娘は、アナンタディ Anantady、マニ Mani、オッケトゥル Okketoul、ケリンジャ、バナード Banard（Puttur）に散った。

これが、ウラルティ・ブータの分布する地域になった（七五頁のウラルティ・ブータの分布図を参照）。

[読み解き]

森で花を摘む少女がシヴァ神の子ども生んだ。この挿話がウラルティの誕生譚である。

少女はあたりを治めるラージャの皇女だった。すでに述べてきたシヴァ信仰の伝播を参照する必要がある。（『第1章7（2）山の神シヴァと南インド』）。

ヴィタルの王の皇女が産んだ五人の娘たちはウラルティと名付けられた。娘たちの父であるシヴァは「特にいい名前の娘」たちを授ける、と約束していた。

ウラルティは、男性格であるウラウァの女性形尊称で、通常、女神と理解されている。ウラウァは、平たく「旦那」あるいは「殿・領主・大御所、ロード Lord」などとともに神格化された擬人にも、たとえば〝ロード・クリシュナ〟というような呼び方をする。

女性形であるウラルティにも、おなじような意味合いが込められていて、女君主、女王が発展して「女神」になる。神と領主や君主は、きわめて卑近な存在なのである。

「いい名前」とは〝女神ウラルティ〟ということで、後に詳述するが、ギリシャ神話的な半神女ではない「女神」として、また一個人を離れた存在としての「神格」を与えられたのである（論点・開題2『女神、半神女、神女』）。シヴァが領主の娘に産ませた五人の姉妹は、周辺の地域に散った。隣接するプットゥル、バントワールなどの地域は、「ウラルティ・ブータの分布図、ならびに一覧表」（七五頁）のA1、2、3、4に該当し、ケプー、マニ、オッケトゥルなどは、その隣接地域の小村になる。

ヴィタルは中、近世に開かれた街道沿いの古い市街で、マンガロールの南東二五キロほどの近郊である。独立以前はラージャ（王）が納める小王国の中心地であった。といっても、こうした小ラージャは大地主といったほうがふさわしく、独立後もラージャ（地主）家系の世襲の徴税地域、タルクTalukとして行政機能を与えられている（論点・開題3『藩王国とタルク（Taluk・郡）、そしてパンチャヤット（村議会）』）。

ともかく、このウラルティ誕生物語は、ウラルティ・ブータの伝承地すべてで語り伝えられている。ときには、ブータ自身が、祭礼のなかでこの物語を詠唱することもある。その上に、各地域に伝わる伝承譚があるのである。こうした伝承に生きることが古い井戸に身を委ねることであり、あらたな水脈との均衡に生活することが、現代インドの実態なのである。

論点・開題3

『藩王国とタルク（Taluk・郡）、そしてパンチャヤット（村議会）』

タルクTalukは、インド固有の行政上の呼称である。辞書には、「世襲の徴税地域」とある。実は、こうした徴税制度はイギリス植民地以前から、数百年にわたって継承されてきた歴史がある。

インド解放独立以前は、大地主、小ラージャ（王）が治める村落を指して現代の行政制度とは異なっていた。

言葉としての表現だけを旧来から使用している、といえば正しいだろう。

徴税対象村 Taluk と自然村 Natural Village

地域差が非常に多様で、たとえば、州によってタルクの規模は一様ではない。それもそのはずで、藩王国の領主、あるいは大地主が統治していた地域そのものを〝タルク〟と呼んできたのだ。徴税者は領主だった。徴税対象村であるタルクとは別に「自然村 Natural Village」といわれる集落があった。藩王、あるいは大地主である小ラージャが治世していたのがタルク、その統治から外れていたのが自然村、と種別されていた。自然村は、単一の職能共同体が形成する村落とは違って、ジャティである職能共同体が複雑で、大地主の支配が及ばなかった地域性が特徴である。一般に、このような職能ジャティをカーストと言い換えてしまうのが、間違いなのは随所に指摘してきた。

一八〇〇年代末期、独立解放運動が盛んになるにつれて地主、ラージャの存在は希薄になり、やがてはその統治力も空洞化してきた。それでも地域の人びとは、ラージャの治世した〝村〟に自らの精神性、自己実在感を求めてきた。現代に至っても、多くの郡部の人びとはその精神を〝ラージャの村〟として自らを規定してきた。すでに述べたように、言葉としてのタルクは現代インドの行政体制にも生きていて、通常、「郡」と訳されている。徴税の実施は、州政府がおこなっている。

徴税対象村は、独立解放後、現代の行政区分に則って制度化されてきた。慣用句としてタルクは生き続けている。村落の人びとからラージャが支配した地縁、タルクへの回帰意識が消えることはなかった。祭礼、儀礼をおこなう精神を誘導するのはラージャ支配の地域性に従うことが多いのだ。タルクは、マハラージャ（大藩主）をいただいていた地方では、それが「州」を形成する基礎になるほどの力を持っていた。現代の州の一部には、藩王タルクの支配にその発祥を見出す例も少なくない。

ダキシナ・カンナダのタルクとパンチャヤット（村会議）

現在のダキシナ・カンナダ（南カルナータカ）郡は、五つの行政区（地区・管区District）で成り立っている。小藩王の支配下にあった地域が独立解放後、州政府の行政区になったという歴史は、すでに触れてきた。

地域の人びとは、タルクと藩王国を重ね合わせて、その精神性を大切に保持し続けている。ウラルティ・ブータのような民俗文化が衰えることなく現代に継承され、地域の自己証明になっているのは、そのような精神性の強固さにある。

港湾都市マンガロールは、現在のダキシナ・カンナダ郡都だが中世から発展してきた。この港湾都市を中心にダキシナ・カンナダは、いくつかの小藩王、地主たちが割拠する地域性を保ってきた。

北カルナータカ・ハンピーを拠点に広く南インドを統治したヴィジャヤナガラ帝国時代（一三三六～一六一四）、そしてイギリス植民地時代も、支配下に置かれることなく独立を守ってきた。各地区を支配してきたラージャと人びととの緊密な関係性が、他の介入を許さなかったのである。すでに述べてきたように、タルクは固有の文化、言語や民俗を発揮する場、地域性でもあったのだ。五つの地区は、それぞれの人びとにとって、固有の文化を発揮する自らにとってのラージャをいただく〝タルク〟だったのだ。現代の行政区とは異質の精神性と自己証明を保ち続けているのである。

パンチャヤット・村議会

その精神性の強固さには功罪半ばという局面もあって、地方選挙や行政への参加意識を消極的にする面もあった。独立後、およそ半世紀、一九〇〇年代に至って、中央政府は、タルクの底辺に最小の自治組織を形成することに努力してきた。

古くから農村にあった地域親族組織〝五人組〟を活用して「パンチャヤット（村議会）」の設置を法制化して

きたのである。パンチャヤット村議会は、世界最大の民主主義国といわれているインドの、その民主主義の基層部を支える組織になったのだ。古い井戸にあらたな水を注ぐ試みなのだ。

もともと、パンチャは五、あるいは五人を表し、日本近世の農村にあった五人組のような地域集団だ。五軒、あるいは五親族の意味である。〝五戸〟あるいは〝五人〟を象徴的な単位としたのだ。そんな統一された規格であるはずはないのだが、大小にかかわらず、村議会のような組織としてタルク、あるいは自然村の下部に制定されてきた。しかし、古い井戸からあらたな水脈を掘り起こすのは容易ではなく、たびたび改革を繰り返し、二〇一〇年代に至っても、法整備の不備を整える政治活動は続いていて、なかなか定着できないのが現実だ。

中央政府は、一九九〇年代以降、各州政府に村落の行政能力を高めるための組織として、パンチャヤットと称する下部組織「村議会」の制定を要請、強力に推進してきた。旧来の文脈を新制度に書き換えようという試みであることは、すでに述べた。多くの地域住民は〝パンチャヤット〟という呼称に歴史的親しみを大いに感じて、抵抗なく受け入れた。

しかし、この中央政府の方針は、州政府によって実施されることが要件だ。おなじように新制度として施行されたタルクの成立には、地域それぞれが持つ歴史を無視することはできず、速やかな実行にはさまざまな困難を克服しなければならない現実がある。パンチャヤットの制定は、それを解決するためにでもあった。

ダキシナ・カンナダのように、強い地域意識を以って祭礼、儀礼を組織する人びとは、ラージャの支配地であった地縁性を失うことはなく、多くのブータもそうした精神的動機を保っている。

自らの固有の文化を誇り、継承している地域こそ、新制度であるパンチャヤットと旧来のそれを区分することができず、結局、古い井戸の水を汲みあげて、住み心地のよい環境に身を置くことを選択しているのである。

［余話］『ウラルティ・ブータの調査とパートナー』

一九九七年、マンガロール大学の博士課程の研究生だったキショール・クマール・ライ・シェニィが、ウラルティ・ブータを題材に論文を書くという話題が学科を駆け巡った。もとより彼をよく知る著者は、早速、出向いて、その意向を確かめた。

「関心があるなら、いっしょにフィールドに赴いてくれないか」という返事に、ただちに同行調査に賛同した。彼の計画は、ダキシナ・カンナダの内陸部に伝播するウラルティ・ブータをすべてフィールドしたいとのことだった。壮大である。ざっと二〇数ヵ所ある。

キショール君とわたしは、前任地ハンピーのカンナダ大学で出会っている。彼はカンナダ大学修士課程の研究生だった。二年の間に闘鶏に関する論文を書き上げた。その後、マンガロール大学の博士課程に入学していた。わたしは、三年の任期を終えて、マンガロールへ赴任した。彼より半年ほど遅れてアラビア海沿岸のマンガロールへ赴いた。目的は、歌舞劇「ヤクシャガーナ」と「ブータ」の調査、研究だった。

わたしは、喜び、勇んでキショールとのフィールドに臨むことにした。それから、旬日を経ずにふたりの調査行がはじまった。ブータ儀祭礼の開催は夜間が主なので、大抵、それぞれ夕食を済ませて、八時頃、大学付近の彼は下宿、わたしは借家を出発する。彼の一〇〇ＣＣバイクの後部座席に乗せてもらった。帰りは払暁、ときには翌日の昼前になる。

ウラルティ・ブータのシーズンは、乾季のほぼ六ヵ月と限られていて、とても一年でやり遂げられるとおもってはいなかった。一年一度の同日と決められた儀祭礼は、地域によっては、おなじ日におこなわれている場所も多いのだ。二ヵ所を廻ることは不可能だ。

始めてみると過酷な調査だった。三日に一度、ときには連日ということにもなった。主催者や地域によって、一週間ほど日程が空くこともあった。

午後八時前後に出発して、現場に着くのは九時か九時半、場合によっては、六時頃発つこともある。現場が遠く、あるいは深い山間の場所には、到着まで、二時間以上かかった。

果てしなく降り下りた谷底の集落、なだらかな丘陵の尾根を走り、いくつかの峠を越えて辿り着いた祠堂、などなど、鮮やかな記憶になっている。到着すると、「えっ」と絶句するほどのたくさんの人びとが、儀祭礼のために集まっていた。好奇心に溢れた熱烈な見物人ばかりだった。

真っ暗な山間の、けして快適ではないでこぼこ道の行き帰りは、いろいろな動物に遭遇する。早朝の薄闇で、鹿に出会うのは毎度のことである。暗闇に双眸を光らせて大きな山猫が、行く手を横断するのはたびたびのことだった。真の闇をヘッドライトの一筋だけを頼りに走った先には、狐、猪、山犬などが横切っていった。

突然の急ブレーキに前傾して、身体を保つと、「蛇！」と彼が小声で知らせる。行く手には、巨大な大蛇がうねるでもなく道を占拠している。ふたりは、しばらく息を殺して大蛇の横断を見送った。

このような危険や困難を克服すると、直後にわたしが「エクセレント・ライダー」と叫んだという。わたしは覚えていないのだが、キショールはその叫びに、いつも勇気を与えられた、と二〇年も経ってから告白してくれた。

現場では、キショールは聞き取りをもっぱらにした。いつもカセットテープを持参していた。

彼の母語はトゥルーである。ウラルティの主催者は彼とおなじ共同体のバンツ、見物たちも、郡部の山村ではほとんどがバンツだった。なぜ確認のためのテープが必要なのか、疑問におもった。「ブータのしゃべるトゥルー語は、訛りが強く、ときに聞き取れない」。周辺の関係者たちにも訛りがあるという。この地方の言語の複雑さを知って驚いた。

彼が聞き取りに精をだしている間、わたしはブータの衣装や冠つくりを写真に取り、日本語で記録した。儀礼がはじまると、パフォーマンスの意味するものがどのようなことか、その読み解きを記録していった。おのずとふたりの役割は決まっていった。

一九九九年、ふたりの調査はほぼ終えることができた。二年と数ヵ月だった。その後、キショール君は補足調査をおこなっていた。わたしは、文献の収集と読解に追われていた。

彼は博士課程の学年終了後も大学に居残り、外国人訪問研究者のための資料製作などのアルバイトをしながら論文執筆を続けていた。そして二〇〇三年、博士論文を完成させた。

その後、予科大学へ専任講師として就職、助教授として学部大学へ転職を繰り返し、やがて教授になった。教授になった頃、彼は最高の伴侶を得た。マンガロール郊外に生まれ育ったおなじ共同体の女性だ。私立の予科大学の教員だった。

美人で聡明な女性で、いわゆるお見合いのアレンジ婚だった。こんな理想的な結婚がアレンジされるのかと、驚嘆した。結婚報告に、わたしが、当時、住んでいたマンガロール市内のマンションを訪ねてくれたのは嬉しかった。双方の共同体は女系制度を守っている。キショールは妻側の家庭に同居していた。女系では普通のことだ。そして男の子ふたりを得た。

二〇一五年、彼はマンガロール市内の有名学部大学の学院長に栄進している。四〇代半ばの若い学院長である。この間、わたしは彼を、彼が当時、勤務していたある大学の研究室を訪ね、ウラルティ・ブータに関する再確認を申し出た。快く応じてくれた。

二〇一二年三月から七月の間、わたしは彼の研究室を数回にわたって訪ね、自らの疑問をぶつけ、彼もまた、わたしの考えを質した。彼は、いつも自分の博士論文を傍らに置いて、お互いの疑問箇所を読み返しながら議論した。彼の変わらない研究者として真摯な態度に、深い感動を覚えた。通常、インドの学者たちは、就職し、功成り名を遂げると、自らの昔の研究などに関わらないものだ。わたしは、この年若い友人、客員教授の立場からすれば学生研究員だった彼を誇りにおもっている。

彼の学歴は、ダキシナ・カンナダのエリートコースそのものを進んできている。一般に、インドの研究者は、フィールドワークを好まない。自分の出自、郷里の見知った限りで論文化する。しかし、彼は、わたしとの共同作業に敢えて立ち向かってくれた。そういう彼に感謝するとともに誇りたい。誇るべき異邦の友人である。

(2) ウラルティ・ブータ分布図とその解読

ウラルティ誕生の伝承は、すでに触れてきたように「ブータ」という神格の儀祭礼に成長していく。儀祭礼は各地に伝わる個別の伝承譚とともに地域、それも凝縮された密度の濃い地域性によって保持されている。

次節以降には、特に表Aにまとめられた地域の伝承を詳述していくことにする。ダキシナ・カンナダの内陸部に集中するA1、2、3、4の地域は、古代以来、おなじ小藩主のもとにあったと伝えられている。

(3) ケリンジャ Kelenja のウラルティ

夜は、ケリンジャ・ウラルティにとって最良の時間だ。昼は熱く、腰を痛めているウラルティにとって良くないからだ。それで、夜に儀祭礼(Kola コーラ)をおこなうようになった。プットゥルのウラルティもケリンジャのために請願し、自らもおなじように、夜、祭りをおこなうようになった。

[読み解き]

あまりにも短い言い伝えだが、示唆に満ちている。

姉に腰を蹴られたウラルティは末妹だったのだろうと想像できる。ケリンジャにやってきて祭礼をおこなうということは、ここがウラルティ・ブータの発祥地ではないかとも想像される。ヴィタルに生まれたウラルティ姉妹は、ケリンジャに辿り着いて、ブータの儀祭礼 Kola コーラを組織したということだ。

そもそも、なぜ腰を蹴られたのだろうか。容易に推察できるのは、腰が痛み、動くことができず、その場に居ついてしまったということだ。そして、巧妙に話者が変わっていることである。腰を痛めたウラルティには温度の高

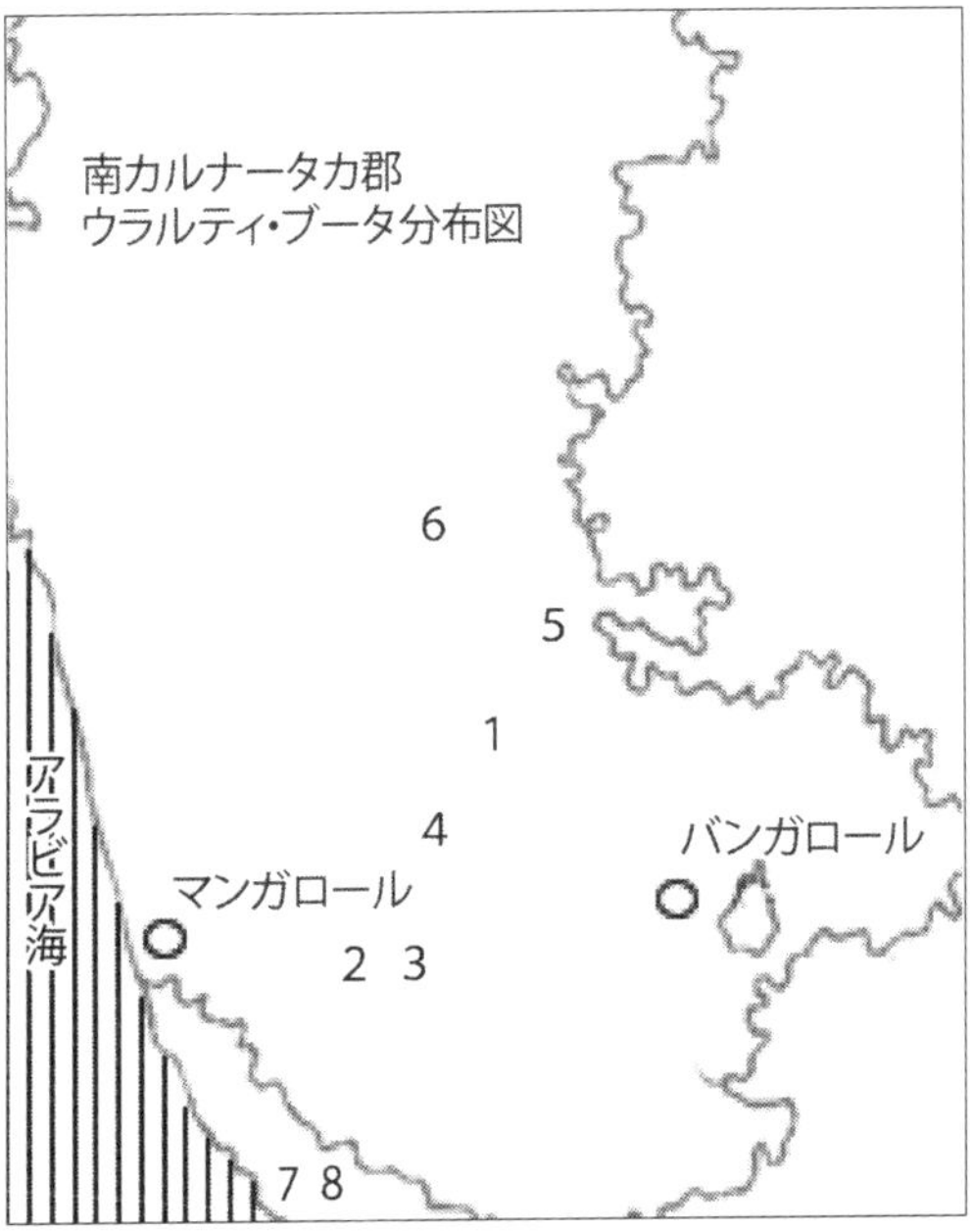

A.　女神ウラルティと発祥地と周辺伝播地域

1	ケリンジャ Kelenja	女神ウラルティ、発祥の地
2	中世からの街道町ヴィタル Vittal	シヴァと皇女が恋をし、ウラルティを生んだ所
3	プットウル Puttur	ヴィタルからの伝播地、アナンタディ Anantadi の隣接地
4	バントワール Bantore	西海岸から内陸への要衝地、1,2,3 と同タルック

B. 聖地ダルマシュトラ

5	ダルマシュトラ Dharmastala	聖域の山内に分布するウラルティなどブータ

C. 街道沿いの要衝地

6	ベルタンガディ Bertangady	南カンナダから他域への旧街道、要衝地

D. ケララ州、カッサルゴド周辺

7	クムブレ Kumble	現代ではケララ州、ウラルティ・ナリケ・ブータ
8	ペルラ Perura	同ケララ州、パラヴァ一族によるウラルティ

い昼は不向きで「夜に儀祭礼をおこなう」ようになった、とのことだが、女神ウラルティと演者ブータが巧妙に使い分けられている。居ついた主体はブータであり、伝承物語に語られるウラルティの末妹ではないということだ。ウラルティを演ずるブータ側からの叙述になっている。

夜の祭礼というのには、必然的な理由がある。早朝から夕刻にかけて、ブラーミンが司祭する寺院内での礼拝がおこなわれる。寺院の祭礼である。大抵は、寺院の例祭にブータが挿入されるのである。すでに述べてきたように、ブータはブラーミンが支配する寺内には入れず、通常、寺の境内を外れた祠堂でおこなわれる。参集する地域の人びとは寺儀礼に参加するのだが、ブータの信仰者でもある。寺の儀祭礼とブータを両立させるためには、昼と夜に分けることが必要なのだ。

ウラルティ・ブータの登場する祭礼は、松明をかざし、火による浄化をおこなう「炎の祭典」ともいわれている。ブータの上演には夜間の方がたしかに効果的で、その神秘性を昂進させる。場内の緊張を高めるには〝夜の闇〟が不可欠だともいえるのだ。

また、腰を痛めたブータに、参集した人びとは必死になって「負」を背負う切実さを感得するのだ。見えざる演出力といえる。

プットウルのウラルティもケリンジャに準じて、請願し、夜の儀祭礼をおこなうようになったとのことである。誰が、誰に「請願」したのだろう。あきらかに主語が入れ替わっている。地域の主催者、信仰者たちが、直接にはブータを演ずる人びとに「請願」したということである。背後にヒンドゥ教の古層にあるシヴァ信仰が存在するとみられるのだが、人びとは、シヴァよりも顕現する女神ウラルティ、そしてブータの両義的儀祭礼に酔い痴れることになる。

また、留意しなければならないのは、短い挿話でありながら後段に至ると女神ウラルティは、個を離れた存在としての「神格」として語られている。ケリンジャとプットウルは別格のウラルティであり、巧みに言説を差し替えている。

(4)ヴィタル Vittal、ケリンジャ Kelenja に伝わる伝承譚　その1

ケリンジャ・ウラルティは、あるとき、牝牛と虎が仲良く並んで、泉の水を飲んでいるのを見た。

彼女はゴリマラというおいしい実のなる大樹に、ブランコをつくり、揺られていた。

そこへ、プージャリ Poojali 族の五人の息子たちとひとりの娘が通りかかった。彼らは、できあがった椰子酒トディ Todi の壺を頭に乗せていた。

ウラルティは彼らに、少しトディを分けてくれるように頼んだ。すると「これは、あなたにはあげられない。」と怒りを込め、「これは、わたしたちの同族のものなのよ。」と答えた。

この話を聞いたウラルティの配下(同心、ガナ・パイヤタヤ GanaPaiyataya)たちは、ひそかに娘の後をつけ、壺の在り処を見つけるとすべて飲んでしまった。壺には泡だけしか残っていなかった。

ウラルティには千人ものガナ(後家人・郎党)がいたのだ。

プージャリの娘は、怒り、兄たちを呼び立てようと自分の家に飛び込んだ。そのとき、娘は、入り口の木枠に頭を打ち付けて倒れ、死んでしまった。

兄たちは悲しみ、火葬する積み上げた薪の上に娘の遺骸を置いた。

ウラルティのガナたちは、その娘の死体を盗み出し、ばらばらにして食べてしまった。食べられない髪と爪だけを、布に包み、村長(ガウダ Gauda)に託した。

村長は、その包みを台所の入り口に吊るした。人びとが火葬後の灰や骨を包んで裏口に吊るす習慣に倣ったのだ。

村長の妻は、ある異変に気がついた。台所の入り口に吊るされた包みが、風もないのに揺れていたのだ。不思議におもい、それから怖くなった。

村長の妻が、井戸をのぞいて見ると、水は血の色に変っていた。ご飯を食べようとすると、爪や髪の毛が混じっていた。

彼女は、村中の者たちに、異変はないか、尋ねた。すると、村中の井戸は、おなじように血の色に変っていた。

[読み解き]

すでにたびたび述べてきたように、ヴィタルとケリンジャは隣接域で、藩王国時代から行政支配者も同一だった（論点・開題3『藩王国とタルク（Taluk・郡）、そしてパンチャヤット（村議会）』）。

プージャリとウラルティ、あるいはブータとの関係については、すでに記述してきた（I部　第1章2『（1）多数派プージャリ Poojali』）。プージャリ共同体は、ブータ上演の場では、「さ庭」の役割を演じ、バンツ共同体の後盾もあって現代の南カンナダでは社会的には好位置を占めている。

しかし、この挿話は、そうした好位置を獲得する以前のプージャリ共同体が語られている。椰子酒トディを醸造するプージャリがウラルティと争った物語である。ウラルティ・ブータの儀祭礼で重要な役割を与えられ、尊敬を集めているプージャリが、どのようにウラルティ、ならびに信仰者たちの信頼を得るに至ったかを伝える物語、伝承譚でもある。

ウラルティとプージャリは激しい相克の歴史を持っていたのだ。あたかも多数派ヴァルナ、すなわち地域氏族と浸潤してきた勢力ウラルティの戦いのような挿話である。ウラルティのガナ（戦士）たちはプージャリ共同体を屈服させ、征服したかのような物語になっている。

また、女神ウラルティが両義的な性格を持ち、祟り神でもあることを如実に伝えている。

「娘の身体をばらばらにして食べた所」「内臓（腸）を捨てた所」の二ヵ所では、ブータの儀祭礼がおこなわれている。プージャリの娘の霊を慰撫する祭礼である。

また、食べることのできない髪と爪は、村長の家に託した。村長は習慣に従って、髪と爪を袋に入れて軒につるしたのだが、異変が起こる。村中の井戸の水が赤く変色していたというのだ。血の色である。「髪を捨てた所」すなわち村長の屋敷内にも祠堂を建て、ウラルティを祀り、ブータを催した。村内の祠堂は三ヵ所になった。

村長は、彼の姓、ガウダからプージャリと同等の共同体とおもわれ、彼らの共同体が、すでに述べてきたように、人口比では地域の最大多数派なのである。四種姓ヴァルナでは第四位、シュードラに属している。ウラルティへの信仰は、地域最大の共同体を領導していくのだ。この挿話は、その過程を寓意して語っている。

プージャリの娘の死とその後のウラルティとガナの所業は衝撃的だが、冷静に挿話を読み込むと、残酷だが寓意に満ちていることがみえてくる。プージャリ共同体は、やはり「さ庭」の役割を担わされていることに気付く。村長をはじめとする村落の生活（井戸）と祟る女神ウラルティの間を媒介しているのである。〝死〟を賭して女神ウラルティの実在を認知させ、村落での調整をしたのだ、といえる。

翻って、この挿話のはじめに戻ると、ウラルティは牝牛と虎が仲良く並んで水を飲む光景を、ブランコに揺られながら眺めていた、という件がある。

虎は、地域では恐ろしく、しかし身近な存在だった。牝牛は、聖なる動物で、民俗社会はもとより、ヒンドゥ教義にも受け継がれて、人びとに浸透している。その虎が牝牛を襲うこともなく「仲良く並んで」水を飲んでいる。のんびりとした平穏な風景である。ウラルティが望むのは、共存する平和な地域なのだ、と主張している。

残酷で苛烈な闘争の向こう側には、協調と均衡の穏やかな世界があり、ウラルティはそれを求めているのだ。女神ウラルティの根本的な思想の所在地点を示唆している。

(5) ヴィタル、ケリンジャに伝わる伝承譚　その2

村人たちは、こうしたウラルティの所業を恐れて、占星術師にお伺いをした。占星術師は、「やがてウラルティが村にやってくるから、社（やしろ）を建て、そこに祀るように」といった。

人びとは司祭（トゥルー・ブラーミン）に頼んで祭りをおこない、祈った。

予言通り、ウラルティがやってきた。

ウラルティはグエランナ家Gueranna を選び、そこに棲み着いた。

その後のあるとき、七人のブラーミンが、グエランナの親族に会いにきた。

グエランナ家の近くに滞在した。グエランナ家の親族マナルヴェ Manaluve、マダナルヴェ Madanalve の兄弟が、接待した。七人のブラーミンは、それぞれひとつずつ、七つの経文を持ってきた。そして誦経した。

グエランナ家に棲み着いていたウラルティは怒り、七人のブラーミンを殺してしまった。

グエランナ家は、土地を追われ、四散した。グエランナの家、土地、財産はタンパナンナ・ライ TannpanannaRai という金持ちの人物が買い取った。グエランナ一家は、ある程度の支払いを受けたのだ。

タンパンナは、あるとき、夢でお告げを受けた。ウラルティが、祀り（儀祭礼 Kola）を望んでいると告げたのだ。

タンパンナは、ただちにおこなう、と答えた。

土地を追われたグエランナの一族は、ウラルティの祀り Kola がおこなわれる頃、南の方に隠れ住んでいた。

グエランナの一族であるヴェーダ・アルヴァ Veda Alva とクンニャ・アルヴァ Kunnya Alva の兄弟の夢にもウラルティが現れた。タンパンナのところで祀りがおこなわれるとき、お前たちもいくがいい、と告げた。

彼らは、早速、出発した。

彼らが藩王の館にさしかかると、王がでてきて、ジャックフルーツの実を取り入れるように命じた。兄弟は王に逆らうことができず、一生懸命、取り入れた。そして、その実をすべて切り分けて差しだした。

王は、すべての実が切り分けられ、山のように積まれたのを見て、怒った。実は、ひとつかふたつ切り分けられれば、彼には充分だったのだ。王は彼ら兄弟を捕え、屋敷内の牢に閉じ込めた。

［読み解き］

村長をはじめとして村はウラルティの所業を恐れ、占い師にお伺いをした。インドでは現代に至っても、生活のなかに占いは浸透していて、結婚や祭礼の日取りなど、事ある毎に占い師に宣卜を頼む。結婚相手の最後の決定は占いによるのが通例だ。村の井戸水のすべてが血の色に変わったという異常事態の解決策を示すことができるのは、卜宣師だった。

一部の地域では、ブータを演ずる人びとが占い師である場合もある。

村長と村人たちは、地域のトゥルー・ブラーミンに頼んで祀りをおこなった。そして、占い師の宣したとおりウラルティを迎えることになった。

ウラルティは、グエランマGueranna家に住み着いた。グエランマは、大きな井戸のグエとアンナAnna、米、飯の意味で、地域の富裕な家柄を表している。そして、バンツBant共同体だ。バンツについては、すでに詳述しているが、プージャリ共同体とともにブータ信仰を支える有力な共同体だ（『第1章2（2）指導的共同体バンツBants』）。大きな井戸は、大家、地主の象徴で、近隣の村民は、地主の井戸から水の供給を受けるのが普通だった。

バンツであるグエランナ家に、七人のブラーミンが訪ねてきた。七人は、占星術師の占いを司祭したトゥルー語族のブラーミンとは違って、ヴェーダを信奉するヒンドゥ教の最上階層とされる僧侶たちだ。寺社を巡り歩く旅の僧侶たち、いわゆるサドゥとは違って、彼らは、組織化されて布教活動をおこなっていたと理解できる。

バンツ共同体がブラーミンと交流があったことは、すでに述べてきた。グエランナ家では、迎えた七人のブラーミンの世話を一族の兄弟に任せた。一族の兄弟の世話になっていた七人のブラーミンたちは、ひとりがひとつの経文、ヴェーダ・マントラVeda Mantraを持っていた。彼らはそれを、それぞれ唱えた。あきらかにブラーミニズムの教化と浸透を意図した集団だ。

グエランマ家に滞在していたウラルティは、怒り、七人のブラーミンを殺してしまった。

バンツ共同体を挟んで、ヒンドゥ・ブラーミニズムと民俗女神ウラルティの激しい相克が炙りだされてくる。

グエランマ家は没落し、その財産はタンパナンナ・ライが買い取った。ライ家もまた、有力なバンツ共同体の成員である。ウラルティは地域共同体バンツをブラーミニズムから引きはがし、その手の内に納めた。

タンパナンナ・ライは、あるとき、夢でウラルティのお告げを受けた。ウラルティの儀祭礼をおこなえ、というのだ。南の辺地に追われていたグエランマの一族、アルヴァ兄弟にもおなじお告げがあった。アルヴァ兄弟はタンパナンナ家でおこなわれる儀祭礼に参加しようと出発した。

アルヴァは、南カンナダの古代以来の歴史に登場する氏族で、豪族でもあった。バンツ共同体であり緊急時にはただちに勇猛な兵員になった。

アルヴァ兄弟は、藩王（小ラージャ）の支配地を旅する途次、王の命じるままにジャックフルーツ波羅蜜ハラミツ[1]の実を採った。兄弟は、大樹の実をことごとく採りつくし、剥いて果肉を山盛りにして、王に捧げた。王は、ひと房の実を望んでいたので、怒って兄弟を牢に閉じ込めた。王は、遠来の兄弟とひと房を分け合って食べたかったのだ。

王家とバンツ共同体の間には、当時、親密な交渉がなかった。王は、いまは不遇な状態に見舞われているアルヴァ家と親交を結びたいと願ったのであろう。しかし、お互いに立場を理解しあうことができなかったのだ。

（6）ヴィタル、ケリンジャに伝わる伝承譚　その3

王は、眠りについた。夢にウラルティが現れた。彼女は、王に告げた。あの兄弟を解き放て、と。恐れおののいた王は、ただちに彼ら兄弟を牢から解き放った。

兄弟は、ウラルティの祀りの場にようやく着いた。

疲れ果てた兄弟は、祀りの場で眠りこけてしまった。するとウラルティが現れ、眠っていると死神ヤンマ

Yamma がきて、お前たちをあの世へ送ってしまうぞ、と脅した。

驚いた兄弟は、飛び起きて祀りに加わった。

祀りのなかで、ウラルティは主催者タンパナンナ・ライに、祀りにきている元の土地所有者グエランナ一族のアルヴァ兄弟にすべてを返せ、と託宣した。

タンパナンナは、金を払って手に入れたものだから返せない、と抗弁して、自宅に帰り寝てしまった。

タンパナンナの夢に、大蛇 Kalisalpa がでてきて、一族をかみ殺す、と宣した。

タンパナンナの妹のベッドにも、大蛇 Kalisalpa が襲ってきた。彼女はベッドから転げ落ちて、遁れた。

タンパナンナは驚いて、祀りの場に戻り、ウラルティに託宣に従う、と約束した。

大蛇カリサプラは、田植え前の水田に、身体に石をつけてやってくると伝えられている。田圃の内端をぐるりと巡って、水の流れる道をつけるのだ。

大蛇カリサプラに嫌われ、憎まれると、収穫がなくなり、家が傾く、と伝承されている。

タンパナンナは、その後、アナンタディ Anantady に移って、そこに暮らした。

ヴェーダ・アルヴァ、クンニャ・アルヴァの兄弟は、帰還した一族とともに、タンパナンナから譲り受けた土地を治めた。

その後、ふたりの兄弟の孫たち、マダナ Madana・アルヴァ、デイヴァ Deiva・アルヴァが後を継いだ。いまも連綿と受け継がれている。

後継話

数代を経た一族のグッダ・アルヴァ Gudda Alva は、あるとき、ベッドで足環の鈴の音を聞いた。目を開くと、ベッドの傍らにひとりの女が立っていて、「これはわたしの寝床よ。」といって、去っていった。夢だった。

足環の鈴は、ブータや巫女がつける振鈴（神鈴）で聖なるものだ。グッダは、ウラルティの顕れに違いないと、最大級の供物Manchaと寄進をした。黄金のウラルティの仮面と胴衣、銀製のおなじもの、などを捧げた。そして新たな祠堂を建て、祀りをおこなった。

グッダが九九歳で亡くなると、ブラーミン司祭がその祠堂を守るようになった。

[読み解き]

ウラルティは王の夢に顕われて、アルヴァ兄弟の解放を依頼した。王はお告げに従って解き放った。兄弟はようやく祀りの場に到り、しかし、疲れがでて眠ってしまった。ウラルティは兄弟の転《まろ》び寝《ね》の夢に顕われ「眠ると死神が、……」と告げた。兄弟は飛び起きて祀りに戻った。

祀りでウラルティは託宣する。祀りの主催者タンパナンナに取得した土地、財産を元の所有者グエランマに返せ、というのだ。タンパナンナは対価を支払っているのだからと拒否し、祀りから抜けでて家に帰り、寝てしまった。タンパナンナの夢に大蛇（蛇神）がでてきて一族を噛み殺す、と脅した。タンパナンナの妹の夢にもおなじ大蛇が顕われた。

儀祭礼での「託宣」と「夢のお告げ」が交互にタンパナンナ家の者たちを襲ってくる。儀祭礼での託宣は、当然、ブータを通している。グエランマ一族であるアルヴァは、以後、連綿と土地支配の歴史を継承することになった。アルヴァ一族は、何代かの後、黄金の仮面と銀の装束を寄進し、ブータの儀祭礼をより盛んにした。現在でも、黄金と銀の装束（胴衣）は受け継がれている。グエランマ・アルヴァ家は、ブータの主催者として、装束の修復や時代ごとにあたらしく造り替えたりしている。ウラルティ・ブータの儀祭礼が、成熟し発展してきたことを如実に語っている。

タンパナンナ家は、近郊に居を移している。

2　ダルマシュトラに伝わるウラルティ　Aradhana: Dharmastala Ullalty

昔、一六歳の娘を持つジャイナ教徒の一家があった。

家族は、適齢期になった彼女を嫁入りさせようとおもった。地域では、スイート・シックスティーンSweet Sixteensといい慣わしている。家族と親類は、新郎を探し求めた。運よく、とてもいい男、ジャル・アロヴァJalAlovaがみつかった。結婚のための計らいをすることになった。

この頃、結婚式には、花嫁は黄金の装飾で飾らなければならなかった。そこで、金持ちのジャルプラJalpuraに、装束一切を貸してもらうことにした。よくあることなのである。

従姉のダラッカが、ジャルプラの屋敷に出向いて頼むのがいいと親類たちがいった。しかし、彼女は、道を知らないし、どう頼んでよいかわからない、といった。

「もし、誰もいかないのなら、」とすでに結婚している姉のアッバカが、いくことになった。

アッバカは、歩いたがとても遠く、親類に教えられたとおり、道端に生えるつる草をロープのように引っ張って、つる草を道案内のようにしてたどりながら、ジャルブラの屋敷に着いた。

アッバカは、家族の者から、どのように屋敷に入るかを教えられていた。屋敷に着くと、いわれた通り門の柵タダメTadameが閉まっていた。そこで、いわれた通り柵を乗り越えて屋敷の門前に行った。

彼女は、黄金の装束を借りにきました、と、三回呼び立てた。しかし、誰も返事をしない。

ようやく、ジャルプラがでてきた。彼は、アッバカに、どこの誰か、すべて話しなさい、と問うた。彼女は、自分の一家のことや嫁入りのことをすべて話した。

ジャルブラは、それなら、と応じて、婚礼用のサリー、首飾り、腕輪、耳飾り、などなどすべて、あらゆる装身具を貸し与えた。

アッバカは、結婚式には、ぜひおいでください、とジャルプラを招待して、帰ってきた。

花嫁は、ジャルプラの装束をつけて、化粧し、きれいにできあがった。

きれいに着飾った娘は、突然、かき消すようにみんなの前から消えてしまった。花嫁が消えてしまった。マヤカMayaka幻《まぼろし》、幻惑だった。

花嫁は、実は、ウラルティ・ブータだったのだ。そして、託宣した。毎年、この地でウラルティの祀りをするように、と。人びとは、いまもそれを守っている。

[読み解き]

聖地ダルマシュトラについては、ウラルティ・ブータ分布図5に記した。ダルマシュトラはモンジュナータを祭神として捧持するヒンドゥ寺院だが、寺の教主、官長はジャイナ教徒のヘガデ家が任じている。約六〇〇年の歴史を育んできた地域最大の寺院である（I部　第2章・論点・開題4『インド固有の宗教、ジャイナ教』）。

モンジュナータは、山を統治するという意味で、シヴァ神の変容である山の神を主祭神としている。モンジュナータ神は、マンガロールの市街地にあるカドリ寺から勧請されたと伝えられている。カドリは、一一世紀までは、仏教寺院だった。現在でも、寺内にはブロンズ製の四面観音像が祀られている。

ダルマシュトラ山内にはウラルティばかりではなく、ダルマシュトラの縁起歴史を知ることのできるブータも所在している（I部　第2章・余話『ダルマシュトラ・クッキンタヤ祠堂のブータ』）。ダルマシュトラには、ジャイナ・ブータと民俗ヒンドゥのブータが共存しているのである。

ダキシナ・カンナダのジャイナには、ウラルティ・ブータの類話をいくつか見出すことができる。ここに採集したのは、その典型的なジャイナ教徒共同体に伝わるブータの挿話である。

新婦になるジャイナの女性は、花嫁衣装の一切を共同体の金持ちに借り受けることにした。従姉が金持ちを訪ねることになった。金持ちの屋敷への道程は簡単ではなく、従姉は苦労して尋ね当てる。この件《くだり》はジャイナ教徒共同体内部の濃い関係密度を示唆している。たとえ面識はなくとも、金持ちは豊かでない者たちを助ける習慣が、いわば義務としてあるのだ。

やがて着飾った花嫁は、しかし、一瞬、消えてしまう。彼女こそウラルティで、毎年、祭礼をおこなうように、と託宣する。ジャイナ教徒共同体にウラルティ・ブータが定着することを望んでいたというのである。ブータの挿話と儀祭礼が民俗ヒンドゥを越えて、ジャイナ教徒に及んでいることをあきらかにしている。そして、ジャイナ共同体が、その内部では、強い緊縛力を以って存在し、しかも地域社会、ならびにヒンドゥ共同体とは親和的な調和力を保っていることを明確に伝えている。

3　ウラルティ・ブータの地平

女神ウラルティとそのブータを渉猟して、ダキシナ・カンナダの凝縮された地域性に高い密度を誇りつつ存在していることをみてきた。

ウラルティが地域に浸透していく過程には、すでに述べてきたプージャリ共同体、バンツ共同体への激しい働きかけがあり、異教徒ジャイナ共同体にまで及んでいる。ときにそれは、闘争といえるものでもある。

プージャリ共同体は、ウラルティとの血なまぐさい争いの後に制圧されている。現代、ブータの儀祭礼におけるプージャリの役割は、激しい闘争の後に育まれたものなのである。また、バンツ共同体は、それまで緩やかな関係を保持していたブラーミンとの関係を遮断され、はっきりとブラーミニズムとの決別を促された。ウラルティは、ひとつの強力な勢力として地域に磁場を拡大したのだ。

ウラルティの背後には、原初的なシヴァ信仰があることは想像に難くない。そもそものはじまりが、シヴァが森に遊ぶ皇女に恋したことが発端なのである。本来的な古ヒンドゥにあった民俗的なシヴァ信仰、それはアニミズム、自然崇拝に近い〝山の神〟信仰ともいえるのだが、山の恵みと農産の豊穰は生態系における人間の営みそのものを表現している。

しかし、それが何時、どのような形で歴史として語ることができるのか、その問いに解答を与えることはできない。より深刻なのは、シヴァとウラルティの物語を辿っていっても、時代を設定することができない。まるで実証することを拒んでいるかのように伝承の物語性は寓意と暗喩の底に沈んでしまう。たとえば、ダルマシュトラのモンジュナータ神は「山を統《す》べる」神、すなわちシヴァの変容神なのだが、それがどのように成熟して寺院の主祭神になったのか、しかもブータの儀祭礼に登場する神格として、どのような史的変遷を辿ったのか、考察するための情報は提供されないのである。

列記した1、2、3の順列が編年化を促しているように推察できるのだが、それと女神ウラルティの信仰が順序だてて伝えられてはいないのだ。

物語は、強く逞しい語り口によって、各地のブータの儀祭礼で限りなく再生され続けている。儀祭礼は、最下層とされ、社会的には差別的処遇におかれている共同体の人びとを〝女神ウラルティ〟と恃み、階層社会を超越した呪力《ダイナミズム》に満ちた〝庭〟を創りだす（『第1章4（1）踊る家系』）。地域は、年ごとに、祭礼のたびに、絶えることなく再生を繰り返していく。

まるで、歴史の流れを拒否しているかのようであることはすでに述べた。民俗の生命力とはこのような再生力であり、再現と再発見が祭礼でもあるといえるのだ。民俗にある「野のもの」は、そのまま静かに野に沈んでいるかにみせながら、常に、人びとに臨場感を以って生き続けるものなのである。

論点・開題4

『インド固有の宗教、ジャイナ教』

ジャイナ教は、紀元前五～六世紀、仏教成立時代からの歴史を誇るインド固有の宗教である。始祖マハーヴィーラは現在のビハール州、マガダの出身といわれている。当時、ようやく整ってきた四姓ヴァルナのクシャトリア階層なので、武人ということになる。

インドの西部、現在のグジャラート、ラジャスターン州、ならびに経済都市ムンバイに伝播し、マッディヤ・プラデシュ州と南インド全域に教徒共同体が現存している。

南インドでは裸行派（空衣派）と呼ばれる保守的な流派が主流で、西部インド地域は、白衣派と呼ばれる、やや緩やかな信徒たちが多数だ。しかし、どちらも敬虔で禁欲的な生活態度を保ち、厳格な菜食主義を守っている。とはいえ、他宗教、他の共同体との融和性、協調性はインド社会に溶け込んで、その二五〇〇年に至る長い歴史を育んでいる。インド全体のジャイナ教徒は、総人口の一％に満たない四五〇〜五〇〇万人とされている。

南カルナータカの多くのジャイナ教徒は、そのほとんどが農業に従事しているが、西部ムンバイや北部デリーの周辺地域には、社会貢献（サービス）に勤しむという教義に従って、信徒としての自らの生き方を規定している。地方官僚、ジャーナリスト、交通、流通機構などに従事するとともに商業、宝飾業などで成功している。カルナータカ南部の教徒は例外だが、一般には土地を所有することはない。それが、サービスを業とすることになり、商業活動に進むことになったとおもわれる。

南カルナータカでは、ジャイナ教徒共同体が拠点とするいくつかの地域が存在する。彼らは、農業に勤しむことで、やがては広大な土地を所有する大地主、小ラージャとしての社会的位置を占める存在になった。

南カルナータカ、ダキシナ・カンナダは、ジャイナ教徒の拠点地域でもあるのだ。地域は、すでに述べてきたようにトゥルー語が多数派で、ブータはその代表的な民俗文化である。しかし、ジャイナ教徒はカンナダ語が母語で、通常、他宗教共同体と通婚することもない。にもかかわらずブータや他の民俗を受け入れている。協調と親和がジャイナ教の目指す道なのだ。

南カルナータカ（ダキシナ・カンナダ）郡、ウドゥピー郡、ハッサン郡など、この地域には、いくつかのジャイナの寺院、事績の場所がある。代表的なそれらを収集してみた。

モデビィドレ Mudbidri 千本柱寺院

モデビィドレはすでにたびたび登場しているアラビア海沿岸の都市、マンガロールの近郊に所在している。内陸を北部カルナータカに抜ける街道に面している小さな街道町である。もともとはダキシナ・カンナダ郡だったが、近年、ウドゥピー郡として分離されている。現代、医科大学など教育機関が集中し、各地からの学生たちを迎えている。古くからのジャイナ共同体の拠点地域でもあり、全土的に知られた「千本柱寺院」(一四二九年建立)がある。始祖マハーヴィーラの尊像を捧持し、石造りの厳かな寺院で、やはり石造りの柱が寺内の全域に廻らされている。

モデビィドレには、千本柱寺院を中心に、宿坊(マータ)を兼ねた寺院群が参道沿いに建ち並んでいる。全体を統治する代表は、従前は長老が感得した啓示によって幼少の少年が選出されていた。チベット仏教のダライラマとおなじ選出方法である。

現代では、長老たちの合議によって選出されている。代表に目通りするのも、全国から巡礼にやってくる信徒たちの目的のひとつになっている。

カルカラ Karkala・ジャイナ、ゴーマテシュワラの大裸像

ゴーマテシュワラとは、ジャイナ教の中興の祖とも讃えられる聖人で、南インドのジャイナ共同体では、特に崇敬を集めている。

多くの寺院にはゴーマテシュワラの裸身像が建てられており、数メートルから一〇メートルを越えるものもある。大抵は、長い階段を登った丘上に設置され威容を誇っている。

カルカラは、モデビィドレの北、ごく卑近距離で、おなじ街道沿いのウドゥピー郡に位置している。カルカラには、近隣では有名なゴーマテシュワラの大裸身像がある。

ジャイナ暦によって、一二年から一四年に一度、盛大な祭礼がおこなわれる。裸身像の頭上から、色とりどりのスパイスや穀物を溶いた液体を次つぎと浴びせるのだ。その光景は壮大な視覚効果を与えるもので、大きな反響を呼び込む。裸身像ゴーマテシュワラへの敬虔な信仰は、日頃からの信者の行にもあらわれていて、街路を裸身で行進する男たちのおこないを、しばしば目撃することができる。

ジャイナ教の特異な修行や祭礼は、教徒共同体に固有なもので、閉鎖性を疑わざるを得ないのだが、すでに述べてきたように、地域社会との親和と協調を尊ぶジャイナ教の在り方が、社会に溶け込んでいて、忌避感を持たれずに存在している。

おなじカルナータカ州で、ダキシナ・カンナダ郡の東側に位置するハッサン州のハッサンには、ゴーマテシュワラの裸身像があり、裸形派信徒の拠点のひとつになっている。全国からの巡礼も、必ず立ち寄る事跡になっている。

聖地ダルマシュトラ、モンジュナータスワミー寺 Monjunatha

聖域であるダルマシュトラは、ヒンドゥ神モンジュナータを奉戴する寺院であるが、最大の特徴は、管理者であり、教主とされる世襲の家系がジャイナ教徒であるということだ。聖地ダルマシュトラは、ヒンドゥとジャイナが共存する宗教環境にある。

寺院には多くのブラーミン僧侶が日常の儀礼、拝礼を怠らず、参詣するモンジュナータ神への信徒たちを迎えている。寺内には、ゴーマテシュワラの裸身像が聳え立っていて、整序されたジャイナ寺院も活動している。完全なダブルスタンダードである。それが、調和されていて争いは一切ないのだ。

寺院活動は、実に活発で、常に千人単位の参詣者を迎えている。参詣人たちのための安価な宿坊は数千人分が用意されていて、二泊までの宿泊が許されている。バスセンターが併設されていて、参詣者は周辺都市から来訪し、またバスに乗って帰ることができる。

山内には幼稚園から小学校、近接地には学部大学も設置されている。全寮制の農業専門学校、病院、養老院など、そして高い水準の奨学制度もあって、生涯を預けることのできる体制が整っている。

ダルマシュトラは、広大な山林、田畑を領有していて、父祖以来の農民たちはそれぞれの家を持ち、労働生活に勤しみ、ひとつの村、あるいは町を形成している。その内実は、小さな協同組合が無数にあり、それぞれの自治と生産活動が保障されているのである。住民であるジャイナ教徒、ヒンドゥ教徒とともに、ダルマシュトラと彼らの小協同組合は、ダルマシュトラ本部と経済関係を結び、生産物の買い取り、管理を任せている。伝統的な宗教文化と経済を賄う現代生活が、強い緊縛のもとに成立していることがダルマシュトラの運営の基礎にある。近隣の人びとは、ダルマシュトラの本部を第二の州政府、と称している。

ダルマシュトラには、ジャイナ・ブータとともに民俗ヒンドゥのブータも存在している。その意味では、ヒンドゥ教モンジュナータ寺院ばかりではなく、民俗ヒンドゥの信仰までも許容しているのだ。ダブルを越えてトリプルスタンダードともいえる。

［余話］番外　ダルマシュトラ・クッキンタヤ KukkinthayaBhuta　祠堂のブータ

二〇〇二年五月三〇日　この日、ダルマシュトラの教主（官主）ヴィーレンドラ・ヘガデ氏に招かれた。理由は分からなかったが、参上した。特別な招待だろうということだけでダルマシュトラに赴いた。中央事務所から自動車でダルマシュトラの裏道に入った。自動車が通れない深い森の小道を降った谷のちいさな小祠に着いた。ブータがおこなわれる、とヘガデ氏から告げられた。
広大なダルマシュトラの山内のハルパディ村 Harpady Village、クッキンナドカ Kukkinadka　集落だとヘガデ氏は告げた。ブータは通称クッキンタヤ祠堂のブータ KukkinthayaBhuta と称されているとのことだ。

集落といっても、谷間の地に人家はなく、清冽な小川が流れていて、その際《きわ》に小祠が設えられている。小さいけれど、よく整備されて手入れが行き届いている。大切な場所として扱われていることが分かる。

小祠に到着したのは、午後三時一〇分過ぎ、ブータ一家、数人はヘガデ氏の来臨を待っていた。参会者は、主宰者であるヘガデ氏を除くと、わたし、ひとりだ。

次第

1 まず、扮装したブータが現われ、一家の姑とおぼしき老女の小太鼓と合の手に乗って、集落とペルカデ家の由来を語る。ペルカデとは、ヘガデ家との婚姻関係ができる以前、この山間農地の地主の姓である。広大な山間農地はペルカデ家のものだった。ジャイナ教徒であるヘガデ家が婿養子のように入ったのだ。この地域は、古くから女（母）系制度が中心で、ヘガデ家がペルカデ家に入ることは、自然なことだった。ただ、ヘガデ氏族がジャイナ教徒だったことは、あまり例のないことだ。ペルカデは、ペルデュとも発音される。続いてペルカデのもとに示現した民俗神のことを語る。

2 語り終えると、ブータは引き込む。川端に椰子の葉で覆った小屋ができていて、ブータはそこで家族の助けを借りて、化粧、装束をまとい、支度をする。楽屋であり、控え室になっている。ブータの家族は、この小屋に終日、籠っている。

3 小規模の楽員による間奏があって、再びブータが現われる。ペルカデが如何にダルマシュトラを聖域として変貌させたか、また、どのような経緯を経て、寺院を設立したか、などを語る。

ヒンドゥ教のモンジュナータ神が勧請されて寺院の主祭神になったことにも触れる。ヒンドゥ教の教義神であるモンジュナータに、格別のこだわりはないようだ。ここには、寺院のブラーミンも来臨していない。ヒンドゥ教義とは離れた〝山の神〟シヴァへの古い信仰が看て取れる。

4　ブータは、参列するヘガデ氏の前に立ち、「ペルカデ、コーチャナ、……」と呼びかけると「おーっ、おーっ」とブータはペルカデになって応じる。このブータは、ヘガデ家に仕えているのではなく、ペルカデの先祖神を招来し憑依しているのだ。ヘガデ氏は、ペルカデ・ブータにココナッツの実を捧げる。ヘガデ氏は、ブータに触れず、距離がある。

5　受け取ったブータはヘガデ氏をお祓いする。その後、米、果物など数十の供物が続く。

6　「ジャナパデガー、コンプリー、アンチャナ、ペルカデー、……」ブータは、図案化された目を描いた冠をつけて唱えごとをする。

7　杖のような枝と檳榔樹の花（莢）を船のような器にしてココナッツを捧げ、空足《から》を三度踏んで回転する。まるで延年だ。

しばらく休憩があって、青銅の仮面をつけたブータが登場してパンジョリ（野猪）・ブータがはじまる。ひと踊りして、あ゛ーっあ゛ーっ、と供物を要求する。供物をいただくと口を上に開けて、がーっ、がーっ、と食べる真似をする。

すでに述べてきたようにダルマシュトラはジャイナ教と民俗ヒンドゥ、教義の整ったブラーミニズムによるヒンドゥ教が混交して、親和性を発揮している。その親和性が、聖地の実態なのである。

ブラーミニズムとは相容れない民俗ヒンドゥのブータが少なくとも五〇〇年以上の歴史を刻んでいるのである。ペルカデ家は、現在のダルマシュトラには存在していない。その痕跡さえ、日常的には見出すことができない。にもかかわらず、ペルカデ家が聖域としてのダルマシュトラを成立させたであろうことをあきらかにするブータが、儀祭礼を続けているのである。

ペルカデ家からヘガデ家に継承された聖性は、絶えることがない。この地域の民俗ヒンドゥは、母系制Matriliny が主流でジャイナ教徒共同体は父系制 Patriliny のため、ペルカデ家の痕跡が、現代、見えにくくなっているのは事実だ。しかし、現在の教主（官主）であるヴィーレンドラ・ヘガデは、ペルカデ家を讃えるブータを継承、儀祭礼を欠かさないのである。わたしは、その場に招かれたのだ。

付記すれば、ダルマシュトラが主催する民俗歌舞劇ヤクシャガーナにも、このブータの物語は挿入されている。「ダルマシュトラ縁起物語」である演目は、信者集団を巡り旅する劇団のいちばんの人気になっている。

コティとチャナヤ・マンガロール、ガロディ寺

4　双子の英雄コティとチャナヤ Koti-Chennaya

カルナータカ最南部、ケララ州との境界に発祥した双子の英雄コティとチャナヤは、ダキシナ・カンナダ郡を中心に、北はウドゥピー郡、南はケララ州カッサルゴドに分布している。伝播地域では絶大な人気とともに、崇敬と畏怖を与えられている。

英雄コティとチャナヤは、格闘武技ガロディと一体化していて、地域では〝ガロディ〟といえばコティ・チャナヤを指している。武技ガロディは、各地で寺院の名前に冠せられている（論点・開題5、6）。

中世からの港湾都市マンガロールの南域郊外にガロディ寺がある。ガロディ寺は、コティ・チャナヤを奉戴する儀祭礼寺院なのである。まさしく双子の英雄コティ・チャナヤへの信仰と武術ガロディが重層した寺院である。

双子の英雄コティとチャナヤは、彼らの生涯の有縁の地、有縁の日によみがえりをする。あの世からブータの身体に仮託して人びとの眼前に見顕れるのである。

すでに、前章の冒頭（『I部　第1章1（2）連鎖するブータ研究』）で触れたが双子の英雄コティ・チャナヤに関するもっとも詳細で緻密な研究を進めたのは、ヴァマナ・ナンダヴァラ Vamana Nandavara で、氏の著書はフィールド調査と参照するのに、多大な恩恵を与えてくれた。

コティ・チャナヤが活躍したと伝えられる道場であり住居

(1) コティとチャナヤの伝承譚

コティ・チャナヤの物語は、劇的な展開に満ちている。しかも具体的である。物語は信仰地域の人びとに愛され、語り継がれている。伝承譚と祭礼は、かなり凝縮された、けして広い地域とはいえない市街、農村に存在している。そして物語は地域によって異同があり、地域固有の特色に彩られている。

ここに採集した物語は、双子コティ・チャナヤの出身共同体であるビラヴァ Billava に属し、もっとも一般的な支持を得ているとおもわれる採集者のものを中心に記述した（第1章・注参照）。その上に各地の特徴を加味し、補足しながら物語の全体が理解できるようにしてみた。

ビラヴァは、本来は、椰子酒つくりと予備兵員の共同体である。分布地方では、けして上層に位置される共同体ではないが、闊達で積極的に独特な民俗生活を営んでいる。現代にいたっては、旧来の生活形態、ジャティを保つ人びとは稀少になっているが、職業は変わっても、出身の共同体の儀礼や祭礼は厳しく継承している。彼らはまた、男子である自己発現の基層にあるともいえる武術ガロディをもっともよく継承してきた共同体なのである。

①誕生

コティとチャナヤは、領主の王宮で生まれた。母は、アユール・ヴェーダ（古印法）、すなわちインド伝統医薬をよく知る女性だった。王が足裏に棘を刺した折に、召されてハーブ薬で治療を施した。そのとき、母はすでに妊娠していた。父は、椰子酒つくりを業とする共同体、ビラヴァだった。

②双子の成長

母は、王宮で双子を産んだ。双子の誕生を、王はことのほか喜んだ。実父を宮殿に呼び寄せ、酒宴を開いた。コティとチャナヤと名付けられた。ふたりは、王族とおなじように処遇された。実父は、やがて滞在していた王宮で死んだ。

こうした双子への王の厚遇を快くおもわない者もいた。なにかにつけてふたりを冷遇し、ときには罵った。ふたりはひそかに、成人した後には報復することを誓っていた。

コティとチャナヤは、父母の地へ帰った。彼らは王宮で生まれたが、父母の地が郷里なのだ。

③王宮内での争闘

兄コティは弓を習得し鍛錬した。弟チャナヤは剣道に熟達した。

コティは物静かな青年になり、チャナヤは激しい気性を隠さない青年になった。

あるとき、ふたりはあらためて王に招かれて王宮に赴いた。

ふたりにはすでに多くの弟子と支持者ができていた。コティとチャナヤは、弟子や支持者が組織した音楽隊と弟子たちの長い行列とともに王宮に赴いた。

王は、ふたりの習練を奨励し後援者になった。また、ふたりを王家の王子として処遇すると宣言した。

その後のある日、王はコティとチャナヤをふたたび召した。ふたりに領土の一部を与えると申し渡した。

コティとチャナヤは与えられた農地を開鑿《かいさく》した。田畑を整備し水路を施して、旧に倍する収穫を得た。

コティとチャナヤの耕す農地に隣接して、なにかとふたりを目の敵にしてきた重臣が農地を獲得していた。王に願いでて、取得したのだ。そして、例によって、ふたりの仕事をなにかと妨害する。

ふたりが拓いた水路を巡って争いになり、おとなしいコティは我慢を続けたが、チャナヤは剣《つるぎ》をふるって、ついに彼を殺害してしまった。

王宮では、事件後、コティ・チャナヤの伯父、母を含めて会議が開かれた。重臣殺害の是非を問うものだ。伯父は、不吉な予感を抱いていた。

王は、殺された重臣を尊重していたわけではなかったが、コティとチャナヤを許せなかった。王は、逞しく成長したふたりに懼れを抱いたのだった。自らの立場を冒されるのではないかと懼れたのだ。

事態を察知したふたりは、王の元を去って、出自の地を目指して出発した。

④幽閉からの脱走

王宮で生まれ育ったコティとチャナヤは、父の出身地であり、家系出自の地である彼らの「郷里」にむかって旅をした。道ゆく先ざきの人びとは、ふたりの存在を知っていた。人びとの間では、ふたりがおこなった農業改革や重臣との戦いは、すでによく知られていた。それは、人びとにとって尊敬すべき勇敢な行動だった。人びとは、身分や階層《カースト》、そして宗教信条に関わりなくコティとチャナヤに信頼と敬愛の心を寄せた。

やがて王は、ふたりが帰郷したことを知った。早速、郷士を治める大名に、ふたりが戻るように説得せよ、と手紙を書いた。ふたりは、もとより聞く耳を持たなかった。

王は、大名に計略を仕掛けてコティとチャナヤを捕えるように命じた。大名は、臣下を使って、待ち伏せと策略を弄して、ふたりを一室に閉じ込めた。

コティとチャナヤは、真っ暗になった闇夜に行動を開始した。ふたりは異常な腕力を発揮して壁を破壊し、夜陰にまぎれて深い森に逃げ込んだ。

翌朝、ふたりの脱走を知った大名は、その勇猛さを怖れ、慄《おのの》いた。

⑤郷土と境界

コティとチャナヤの伯父の妻は、夫が王宮に行って不在であり、また、双子のふたりが幽閉から脱走したことも加わって、郷土に居続けるには、大名の監視を受け入れなければならなかった。大名の監視を嫌った伯母は流浪の旅にでた。やがて、隣国の縁者のもとに至って、やや平穏を得た。この地で逃亡してきたコティとチャナヤに再会した。

コティとチャナヤは、伯母の話を聞き、郷里の人びとの窮状を知った。幸いにも、隣国（邦）の領主は、ふたりに好意的だった。彼らふたりが、人びとの絶大な人気を得ていることをよく知っていた。この領主は地域の人びとからの信頼も厚く、治世はとてもうまくいっていた。

コティとチャナヤは、王が設置した境界の石碑を隣国領主の了解を得て、移動し設置しなおした。あらたな境界は、ふたりの郷土を越えて隣国に浸潤していた。あらたな境界が、以後のコティとチャナヤの活躍の地域になった。

領主はコティとチャナヤに居住する村を与えた。ふたりは一生懸命農地を墾したので、村の人びとはふたりに従って、学び、農作業に励んだ。

⑥野猪退治と戦争

隣国の領主が容認してくれた土地は深い森に近接していた。森には野猪が生息し、たびたび畑地の作物を荒らしにやってきていた。コティとチャナヤは、領主の許可を得て深い森にはいった。チャナヤは野猪に矢を射った。野猪は、手負いになって王の領地とコティ・チャナヤの活動地域を逃げ惑った。人びとは、野猪が流す血を辿って、境界を探索した。村びとたちは、コティとチャナヤの郷土であった王の領地との境界を侵すことになった。王の配下の将軍は、コティとチャナヤが村人たちの背後にいて、領土侵犯を指図している、と王に讒言した。

ふたりを庇護する領主は、充分な軍団を持っていなかった。コティとチャナヤは、領主に「王の軍に対抗して戦っても、あなたへの支援は怠りません。」と確約した。

コティとチャナヤにとって、はじめての戦争になった。領主は人びとに語りかけた。「戦力は充分ではないが、コティ・チャナヤとともに戦いに挑むことになった。『真実を実現させよ』」と訴えた。戦闘開始の喇叭は領内すべての角辻に響いた。

勇猛な王家の将軍は、しかし、胸に受けたチャナヤの剣に倒れた。七日間の戦争は終わった。人びとは歓喜の叫びをあげた。

⑦悪夢と最後の戦い

兵士として働いた領民は、皆、自らの農地へ戻った。王は、勇猛な将軍を失った。引き換えて兵士として働いた領内の農民たちは、彼らの「敵」を殲滅した。

コティは、翌朝の目覚めはすこぶる憂鬱だった。悪夢を見たのだ。

彼はチャナヤに告げた。「神愛なる兄弟よ。気をつけてくれ。不吉な夢を見たのだ。」コティの夢は、血まみれになった野牛が北方に消えていく不吉な予兆に満ちていた。しかし、チャナヤは無視した。

勝利の日以前、将軍を失った王は、コティと直接、対戦した。しかし、剣を取り落とした王は、馬から落ちた。そして、慌てて逃走した。王の恥ずべき臆病な振舞いにコティは怒鳴った。

「王よ。怖れる勿れ。わたしは、わたしに屈伏した者の命を奪うようなことはしないのだ‼」

⑧ふたりの死と臆病な王

逃げた王に大声で呼びかけていたコティは、背後から矢を射られた。木陰に隠れていた王が、背後から射たのだ。

「王よ。これが武士《もののふ》のすることか。背後に隠れて、低劣な屈辱にまみれたやり口だ。われらはなんと不幸なことだ。わたしたち兄弟は、あなたの王宮で生まれ、育った。兄弟は、あなたに邪悪な計略を図ったことはない。」

王は、コティのことばを聞いて、自らを恥じ、闘いを続けることはできず、兄弟を庇護した領主と和解した。

チャナヤは、兄弟が死んだ後、自らの生に希望も目的も失った。彼は、岩に自ら激突して命を絶った。歴史に残る双子の兄弟の生涯は終わった。彼らの伝説的英雄譚は忘れられることはない。人びとは現在も語り伝えている。

物語の記述にあたって、

①すでに述べたように双子の英雄の物語は、けして広大な地域に分布するのではなく、ある意味では限られた地域性に設定されている。物語の逐一は、その限られた地域の名称にこだわりともいえる詳細さを発揮している。地域、あるいはカルナータカのトゥルー語圏の読者には、当然、現実感とともに伝わるのだろうが、ここに再話する際には、煩雑さを免れ得ない地名は、すべて省略した。

②登場する人物は、すべて固有の名詞を冠されている。王であり領主である肩書きに、姓名が称されている。ここに収集、記述した再話では、肩書きによって識別できるように配慮しながら、姓名を記すことは避けた。たとえば、領主、重臣、大名、将軍などである。

(2) コティ・チャナヤの生誕と終焉の地

双子のコティ・チャナヤは、カルナータカ州の南部、ケララ州に手が届きそうな地域を郷土として生まれ、終焉を迎えている。彼らの支持者、信仰者は、ふたりが生きた軌跡を実在感に満ちた「現実」として、伝えている。人びとがふたりの生涯を語るとき、虚構性は排除され、実像を語るという切迫感にみちた口調に終始する。

ごく限られた小地域に生涯の軌跡を残しているのだが、彼らへの熱烈な信仰と支持は、かなり広範な地域に及んでいる。彼らの出自共同体ビロヴァを越えて支持され、信仰されている。ダキシナ・カンナダ郡スリヤ Sulya 地方を生誕の地としながら、その信仰はダキシナ・カンナダ郡、そして現在のケララ州カッサルゴド、さらに北部ウドゥピー郡などに分布している。

一九七〇年代に制度化された現在のカルナータカ州を越えて、彼らの言語であるトゥルー語圏が大きく存在していたことを語っている。カルナータカ州成立以前から、トゥルー語圏はダキシナ・カンナダを中心に、ケララ州北部カッサルゴド地方に浸透し、北部ウドゥピー郡に及んでいるということだ（『第1章3（1）ブータの言語と文化圏』）。

双子の英雄コティ・チャナヤへの支持と信仰は、トゥルー語圏各地に設けられたガロディGarody寺、祠堂などを拠点にして儀礼、祭礼がおこなわれている。

コティ・チャナヤが生まれたと伝えられる王宮内茅屋

①コティ・チャナヤの生誕地

コティ・チャナヤの活動は、ダキシナ・カンナダの南部、スリヤ地方を中心点として、半径七、八〇キロの円周圏に成立している。ふたりが生まれたのは、すでに妊娠していた母が、王に招聘され王の治療にあたっていた、その王宮だった。現代の地図表記では、プットウルPuttur、クムブラKumbla地区ウラクルに所在したパドマレ王宮跡Ullacre Padmale King Palaceと伝えられている。プールマニ・キンニマニPoormani-Kinnimaniと別称されている。

パドマレ王城は、すでに廃墟になっており、随処に石垣の跡とおもわれる低い石積が残っている。森が拓かれた後に要塞のような館が配されていたとみえる。整地されたかなり広大な平坦地があって、館、あるいは城の跡地と想像できる。平坦地の外れは低い崖になっていて、堀が廻らされていたのではないかとおもわれる。反対側は森を拓いたとおもわれ、山の駆け上がりの森を拓いた辺りは、小さな城下の家並みが存在していたことを知らされる。

コティとチャナヤが生まれたとされる場所は、要塞の跡地を一段上がった、森を拓いた小さな城下と目される日当たりのよい土地で、何軒かの御家人長屋が並んでいたとおもえる。生地の跡とされる場所は、記念する建物を設えようとした痕跡がある。しかし、建て替え作業は中断されていて、日干し煉瓦の壁だけが露わになっていて、見る影もない。

②コティ・チャナヤの終焉地

コティとチャナヤの活動圏については、すでに触れた。彼らの終焉の地は、彼らの活動の拠点となった場所に重なっている。パンジャPanjaという小さな町の最寄りにガロディ寺がある。なだらかな耕作地帯が開けていて、あたかも館のような平屋の大きな建物がガロディと通称されている。灌漑用の堀川の橋を渡ると寺の門前に立つことになる。寺というよりは、館、それも武技訓練場と邸宅がひとつになった建物だ。生誕地とされるパドマレ王城の荒廃した姿とは全く異質の佇まいだ。現代に引き継がれたコティ・チャナヤの信仰の確かさが、支えているに違いない。

農耕地帯のど真ん中に設営された館、寺院は、すでにふたりの生涯物語で触れているように（『第2章4（1）コティとチャナヤの伝承譚』）、王家の庇護と支援のもとになりたったことをうかがわせる。それも、一度きりではなく、王は折に触れてコティ・チャナヤの協力、助力を仰いだことへの報奨を与えたと想像できる。この館、寺院は、ふたりの活動の拠点であり、その生涯を過ごした事跡なのである。

地域の人びと、あるいは信仰者たちにとって、現代にいたるまで聖地として重要な意味を以て運営されているのだ。ふたりの終焉の地というよりも、活動の拠点であり、信仰の中心的聖地なのである。人びとが、此処を「ガロディ発祥の地」といい慣わすのも、コティ・チャナヤ物語の根幹をなす場所、と言い替えれば、納得がいくのだ。

館、邸宅の背後には、ふたつの墳墓が設置されている。この地方では「ゴリ」と呼ばれる記念墓で、ふたつの建物があり、それぞれの遺骸が納められていると伝えている。ガロディ寺と称する内部にではなく、裏庭のような場所が墓所になっている。

一般に、ヒンドゥ教では民俗信仰を含めて、遺骸をそのまま土中に納めることはなく、きわめて異例の墓所（ゴリ）といえる。コティ・チャナヤが特別な存在であったことを示している。ふたつの墓所の傍らには、小さな祠があって、ふたりが生前に愛用した剣や弓矢などの武具が保存されている。普段は、公開されていない。この裏庭の建物は、一瞬の緊張感をたたえて、見るものに迫るものがある。

（3）コティ・チャナヤの祭礼・マンガロール郊外ガロディ寺の事例と祭りの次第

中世都市マンガロールは、アラビア海沿岸の中世以来の港湾を擁した商業交易地で、多種の共同体が住み着き活動している。北部ゴアから移住してきたカトリック・クリスチャン、中世期にアラビア海沿岸の各地に浸潤したイスラム・ムスリム教徒、ジャイナ、パーシー・ゾロアスター教徒などインドの宗教共同体のほとんどが居住し、商業活動を活発化している（『序章3　ダキシナ・カンナダ（南カルナータカ）郡』）。

そのため、言語文化も多様で、概ね五つの言語共同体が共存している。カルナータカ州の公式言語であるカンナダ、地域固有のトゥルー語、南部ケララ州との境界地帯ではマラヤラム語、ゴアに発祥したとされるコンカニ語、そして共通語としての英語などである。インドの国語であるヒンディ語の流通率は、この地域ではようやく45％を越える程度である。

補足すれば、すでにたびたび触れてきたように、儀礼ブータはこの地方の最多数派である非文字言語トゥルー語でおこなわれている。ブータはトゥルー文化を代表する民俗的信仰なのである。

マンガロールの市街の南部郊外に、ポンパウェルという大きな五差路がある。ロータリーだ。ケララ街道の起点であり、カルナータカ内陸部への入り口でもある。内陸部への街道を五〇〇メートルほど進んだ所にコティとチャナヤを祀る寺院がある。通常、地域の人びとは「ガロディ」寺と呼んでいる。

毎年、一月には五日間に及ぶ例祭が開かれていて、近隣に知れ渡ったガロディ寺だ。コティ・チャナヤの出身共同体である。この寺には、武技ガロディを訓練する教場はなく、ひたすら双子の英雄神を祀り、信仰する寺院である。

寺院の本堂には、コティ・チャナヤの像が安置されている。双子の英雄に挟まれて、子どもの像が立っている。伝承では彼らの甥といわれている。また、その装束からムスリムの少年だという説もある。特にその帽子はムスリム風だ。コティ・チャナヤの伝説的存在が、ムスリム共同体にも侵潤し影響を与えている、という信仰者たちの自信が反映されている。何処のガロディ寺院の本堂にも、このような三体の像がある。

境内には、母を祀る祠堂が配されている。彼ら双子と王家を結びつけた存在であることはすでに述べた（『第2章4（1）コティとチャナヤの伝承譚』）。

毎年、一月の吉日を新職たちが託宣によって選び出し、五日間の祭礼をおこなう。二〇一七年は、一月一一日から一四日だった。数年にわたって祭礼を訪れたが、行事、次第には変化はなかったが、期日は、毎年異同があった。

祭りの次第

第一夜・祭例開始の儀式・儀式の終了後、本堂の屋根の上に旗を掲げる。鳥（大鷲）を象徴するものでヴィシュヌの乗り物と理解されている。ヴィシュヌの来訪を仰ぐのだ。

第二夜・ヴィシュヌ・ムルティ Vishnu Murthi（ヴィシュヌ神）の来臨を言祝ぐ儀式。

第三夜・儀式とブータの登場。ブータによってコティ・チャナヤが見顕われる。ブータは、三人（三体）で顕われる。双子、そしてその伯父、あるいは義兄といわれている。

第四夜・コティ・チャナヤの母を祀る儀礼。母として見顕われたブータの儀礼的語り。
コティ・チャナヤのブータも見顕われる。
第五夜・本堂に掲げられた旗を降ろす儀式。祭礼の終了。

祭例の次第を辿って、ヴィシュヌ信仰が底部に深く根ざしていることを知ることができる。すでに述べた、シヴァ信仰がカルナータカに浸潤してきた中世後期の歴史の風潮が、コティ・チャナヤの流域ではきわめて希薄だ、ということができる。ケララ州北部一帯に及ぶ地域性では、シヴァ神に関連したヒンドゥ思想、山の神信仰などが前面にでることはないのだ。コティ・チャナヤの英雄譚は、都市市街、田園農耕地帯に所在していて、山間農業や採集農業とは異質の生産形態を持っていることが、大きく関わっている（『第２章４（１）コティとチャナヤの伝承譚』）。

また、ブータは、憑依することはない。憑依して狂気に似た行動をとることはないのだ。神懸かりの資質・要素が違うのである。足輪の鈴に啓発されて乱舞し、神の来臨を示唆して参会者たちの精神内部に侵犯し、日常性を剥ぎとって、託宣や神懸かった宣告に導くような行動はないのである。

ならば、コティ・チャナヤのブータは〝ブータ〟ではないのだろうか。参会する人びとが「ブータ」と呼びかけるのは、コティ・チャナヤが彼岸から甦り、眼前する顕われに呪的な力を体得するからなのである。他界から還ってきて、眼前に「見顕われる」双子の英雄は、人びとに畏怖と崇敬、限りない生存への呪力を授ける存在なのである。

コティ・チャナヤの祭礼は、ガロディを背景としてブータが登場する多層化された祭式になっている。

論点・開題5

『武術ガロディ Garodhi、そしてカラリ・パヤット Kalari ppayattu［その1］』

すでに述べたように、ダキシナ・カンナダ、南カルナータカ地方では「ガロディ」といえば「コティ・チャナヤ」を指すことになり、その逆でもあって、ふたつのことばはひとつの事象を表現している。伝統武術ガロディは、双子の民俗英雄コティとチャナヤの代名詞であり、その逆も表現として流通している、ということだ。

しかし、視野を拡げるとカルナータカ州のガロディは、伝統武術として小さくない背景を持っていることが見えてくる。コティ・チャナヤの信仰域を離れるとカルナータカ文化の大きな要素として武技ガロディは存在している。

ダキシナ・カンナダの「ガロディ」

ダキシナ・カンナダの郡都マンガロール周辺には、すでに述べてきたようにガロディ、すなわちコティ・チャナヤを奉戴する寺院がある。その祭礼は、近隣住民の大きな支持と信仰を得て、重要な地域催事になっている（『第2章4（3）コティ・チャナヤの祭礼・マンガロール郊外ガロディ寺の事例と祭りの次第』）。

しかし、マンガロール周辺域のガロディにはコティ・チャナヤと一体化したものばかりではなく、武技として、あるいは大道芸として地域の人気を掻き立てている集団もある（論点・開題6『武術ガロディ Garodhi、そしてカラリ・パヤット Kalari ppayattu［その2］』）。ダキシナ・カンナダの中心都市マンガロール周辺は、コティ・チャナヤ英雄伝説のガロディと武技としてのそれが重複している地域である。民俗信仰である双子の英雄神と武闘技であり、また大道芸化した〝ガロディ〟が重層して所在しているのである。それぞれの支持者、あるいは信仰者共同体は、他を侵すことなくそれぞれを認め、自らの支持、あるいは信仰を発揮しているのである。代名詞として〝ガロディ〟を称する双生児のコティ・チャナヤ英雄信仰と、武技、そして大道芸でもあるガロディは、お互いを侵すことなく共存しているのだ。

コティ・チャナヤ、ならびにガロディの支持者、信仰者は「ガロディ」発祥の地はダキシナ・カンナダだと主張している。武技ガロディとコティ・チャナヤ生誕の地とは、一体化を唱えながら、微妙に齟齬した主張になっている。

ガロディはどこから来た

南インドを席巻し「忘れられた帝国」と呼ばれたヴィジャヤナガラ帝国（一三三六～一五六五）の首都だったハンピーにつながる街道町ホスペットの近郊には、武術ガロディの道場を擁する村がある。ホスールというヴィジャヤナガラ帝国の藩王のひとりが所領していた村で、運河添いに一三の寺院を模した訓練場がある。ヴィジャヤナガラ帝国で軍事をつかさどっていたホスールが兵士養成を目的に奨励した訓練場だと伝えている。現在では、それぞれの町内の若者たちが練習に勤しんでいる。ガロディ拠点地のひとつといえる。

当然、ダキシナ・カンナダの人びとは、ガロディの発祥は、コティ・チャナヤの英雄譚とともに当該地域である、と主張している。次項に記す、ケララ州の事例を含めて、各地の人びとは、それぞれ自らの地域に強い自己証明を保有している。

ガロディと隣接するケララ州の武技カラリ・パヤット

ケララ州の最南端、州都トリヴァンドラムには、ＣＶＮカラリという武術技カラリ・パヤットの道場がある。ケララ州の公式言語マラヤラムで、カラリは教室、道場、訓練場などを表わし、パヤットは武術の意味になる。

現代の当主ゴーヴィンダ・サティナラヤンは三代目で、初代の曽祖父が、北部ケララから移住してきた。トリヴァンドラムがインド解放独立後の一九五〇年代にケララ州都に定められた時代にカラリ・パヤット道場として設立されている。

北部ケララには、すでに述べてきたように、現在のカッサルゴド地域にトゥルー語共同体が所在し、ガロディ、ならびにコティ・チャナヤの信仰も存在している。

CVNカラリが、日本でいう「名倉」治療院の役割を持ち、町道場から世界の舞台芸術家たちの身体技術習得の場になっていることは、後述する。

ケララ州マラヤラム語によるカラリ・パヤットがカルナータカのガロディとどのような歴史を紡いできたかは、あきらかにはできない。しかし、双方が持つ共通性を無視することもできない。いずれにしても、トゥルー語圏のガラディとカラリ・パヤットは、南インドの身体武技として大きな存在感があることには注目しなければならない。

(4) 武術と演技

インドは、多くの伝統武術を育んでいる。たとえば、東北インドには「タンタ」があって、子どもから若者たちが鍛錬に勤しんでいる。各地の強い地方性を保持しながら、現代のスポーツ感覚と重ね合わさって、大きな支持を得ている。また、ダキシナ・カンナダの近接地域であるケララ州北部のアラビア海沿岸には、カラリ・パヤットがある。ガロディに近似した武術技で、広く海外にも知られており、定期的な〝教室〟をヨーロッパに持っている。

注目したいのは、民俗劇カタカリ、おなじくケララ州の女性舞踊モヒニアッタムには武技カラリ・パヤットの身体技術が埋め込まれていることである。さらにはカルナータカ南域に伝播されている民俗歌舞劇ヤクシャガーナにもまた、その身体技法に武技ガロディの手法が潜んでいるのである。

地域伝統武術に身体技術の深層を見出しているのは現代演劇の創造活動に邁進している人びとである。たとえば、東北インドで劇団「コーラス」を主宰するラッタム・ティヤムは、地域の伝統武闘タンタの身体技と鍛練法を取り入れて作品をつくっている。

また、ケララ州のカラリ・パヤットは、K・N・パニッカルが主宰する現代演劇の劇団「ソーパナム」の諸作品に反映されている。カラリ・パヤットは伝統劇カタカリや女性舞踊モヒニアッタムに多大な影響を与えているばかりではないのである。

現代演劇に伝統武闘技が影響を与えるのは、ひとつには地域性がある。地域固有の身体とそこから発せられる身体的な論理とでもいうべき表現力が、観客と演者を結ぶ回路として有効なのだ。そして、もうひとつは伝統武術の持つ完成された訓練法が、現代演劇にはことのほか重要な説得力を発揮しているのだ。「身体をつくる」作業は、現代の俳優たちにとって最大の課題なのである。

日本の伝統演劇である歌舞伎、能狂言には、伝承された稽古、訓練法が存在している。少年は、物心ついた年齢から稽古をはじめる。しばしばそれを「血の所産」として認めていく。しかし、現代演劇には、そのような「血」に伝承された身体性と鍛練法はない。そこで、伝統芸能を参照しながら、そのもっとも具体的な所産である伝統武術の「身体つくり」に還ってゆくことになる。歴史と伝統を誇るインドにも、こうした考えと考察は必要なのである。

武闘技と身体性への問いかけは〝ガロディ〟につき纏って離れない。伝統武術は、誰もが可能性をはらむ兵役のための兵士予備軍の鍛練法だったのである。それを通して、民俗英雄と教条的ではない信仰へと繋がっている。それが、地域の平和と繁栄をもたらした原動力だったのである。

やがては、武技ガロディとコティ・チャナヤの見顕わしへと繋がる地域の思考なのである。憑依することなく、見顕われるコティ・チャナヤ・ブータへの解答を導くことにもなるのである。

論点・開題6

『武術ガロディ Garadhi、そしてカラリ・パヤット Kalari ppayattu ［その2］』

以下は二〇〇六年、早稲田大学演劇博物館の主催で開かれたシンポジウムで発表した論文である。ガロディ、カラリ・パヤットについて調査の詳細な論考になっている。長文ではあるが、ここに再録した。なお、当時在任した北カルナータカの転訛した発音に従って、ガロディ Garodi はガラディ Garadi と表記されているが、そのまま従った。

二〇〇六年散楽シンポジウム　武術と大道芸、その信仰
――南インド、カルナータカ州の武術ガラディにみる芸能と信仰

武術ガラディ Garadi

インドは武術の国でもある。各地域にそれぞれ違った形の武術が伝承されている。たとえば、西ベンガル州からミャンマーとの国境地帯マニプール州にはタンタ（Tantha）、アラビア海南端のケララ州にはカラリ・パヤット（Karali-ppayattu）と呼ばれる武術がある。ガラディはそのひとつで、カルナータカ州に広く分布している。伝承の中心地域はカルナータカ州内陸の北部、コッパル、ベラリ郡（District）だと伝えられている。

ベラリ郡の第二都市ホスペットには、十ヵ所の道場があり、寺院に付属する建物の半地下に施設されている。陽光を遮断し、粘土で固めた床は気温の上昇を防ぎ、身体への集中力を高め、密儀としての訓練を表徴している。この地域のガラディは隣のホスール村が発祥の地と伝えられ、ここには川端に茅葺き、土壁の道場が二ヵ所ある。

ホスールは、人名で中、近世（一四～一六世紀初頭）、南インドの大帝国だったヴィジャヤナガラの将軍だっ

た と伝えられている。地方豪族、あるいは地方大名（Raja）だったのである。

ホスペット、ホスールの道場は、地方大名、ラージャ（Raja）の領地で農業労働者として働く領民が、実は非常時の兵員でもあり、各隊それぞれが道場を施設していたと考えられる。

各道場は、寺院に付設されていて別棟になっている。そして寺院の主祭神に関わりなく猿神ハヌマンが必ず祀られている。訓練生は道場に入ると、まず、ハヌマンに拝礼し、それから半地下の道場に下りていく。

猿神ハヌマン信仰とヴァールミキ族

旧ヴィジャヤナガラ帝国の首府だったこの地域には、ヴェーダ（Veda）と呼称されている種族が多い。彼らは農業労働とともに、河での生活権を持っていた。淡水漁業、河川運輸に携わっていた。交通の守護神ハヌマンへの信仰が厚い。現代では、陸路の運輸、長距離トラックやバス、リキシャなどを生業にしている。

ヴェーダ族は、別称ヴァールミキ（Valmiki）とも呼ばれている。一般にはこの別称の方が流通している。神話叙事詩「ラーマーヤナ」の作者とされる人物とおなじ呼称である。ヴァールミキ族はアンドラ・プラデッシュ州南部からタミール州境地帯に広く分布している。そして「ラーマーヤナ」ではハヌマンが大活躍する。

猿神ハヌマンの出生地は二説あって、ひとつはアンドラ、タミール州境地帯、もうひとつはヴィジャヤナガラ王朝の地である。特に王朝の首府ハンピーは、古代の発音ではパンピーといわれ「ラーマーヤナ物語」の記述する地名と一致している。一、二世紀に成立したといわれる神話の時代にも符合する。

ヴェーダ・ヴァールミキ族は、武器を巧みに使う戦士たちでもあった。現在でも、ホスペット町内の十ヵ所の道場のいくつかは、ヴェーダ・ヴァールミキ族が主宰している。

伝説では、「ラーマーヤナ」の作者ヴァールミキは、強盗を働く悪者だったが、悔い改めて詩人になったと伝えられている。個人としてのヴァールミキというより、種族の社会帰順と再生を伝承しているのである。

もともと種族に語り継がれた物語は、中世末期、ブラフマナ（ブラーミン）たちによって神話叙事詩として大成されたとみられる。同時に民俗信仰としての猿神ハヌマンも、ヒンドゥ教義によって卑俗、猥雑を整除され、神の座を与えられたのである。

現代、この地域のガラディは、武器を使う訓練は少なく、グレコローマンスタイルのレスリングに酷似した格闘技になっている。訓練生には、州政府やその援助を受けた団体が主催する競技大会に出場するのが最大の目的になっている。また、毎年、マイソールで開かれるダサラ（Dashara）、一〇日間に及ぶ女神（ドルガDurga）の祭りでも競技大会がおこなわれている。

歴史を刻むうちに、身体技への考え方が変化してきたものとみられる。

南カルナータカ、マンガロール地域の武術ガラディとその芸能性

〈事例1〉南カルナータカ、ウラル地区トッコットのガラディ道場

道場名　ジャイヴィーラマルティ・ヴィヤヤマ・シャラ、トッコット aiveeramaruthi Vyayama Shala, Tokkoto

ジャイヴィーラマルティ……ジャイヴィーラ／勇者

……マルティ／ハヌマン・猿神

（勇者ハヌマンの意・ふたつの語による造語）

ヴィヤヤマ……身体訓練、転じてガラディのこと（カンナダ語）

シャラ……学校、クラス、教室

トッコット……地名、町名

主宰者　故シャンカラッパ　Shankarappa

ラジヴゥ・マンダム　Rajive Mandam
ヴィッタル・シュリヤン　Vittal Shriyan
訓練生　約一〇〇名　年額一〇〇ルピーの運営費を払っている
年齢は、子どもから四〇代まで、広範囲である
イスラム教徒、クリスチャンも参加している
地域言語　トゥルー、イスラム教徒はヴィアーリ、クリスチャンはコンカニ
道場での常用語はカンナダとトゥルーである

この道場は、三人の長老たちによって運営されていた。二〇一五年八〇余歳で亡くなったシャンカラッパ氏とラジヴゥ・マンダム、ヴィッタル・シュリヤンの両氏であった。現在は七〇歳、六〇歳の両氏が運営にあたっている。

ウラル、トッコットは、アラビア海沿岸の漁撈地域で一〇〇万都市、マンガロールの南一〇キロほどに位置し、隣のケララ州とも一〇キロ足らずである。

中世のガラディ

この道場に伝えられているガラディ発生の歴史は一三世紀に遡る。当時、南インドを席巻していたヴィジャヤナガラ帝国は、勃興期を過ぎて最盛期に入っていた。この時代、ウラルの地域がヴィジャヤナガラ帝国の行政下でどのような状態にあったかはくわしくわかっていない。

帝国の中心地域である北部カルナータカはカンナダ語、そして王朝王族の出身母語であるテルグ語も流通していた。しかし、ウラルはドラヴィダ五種語のうちのトゥルー語がメジャーで、言語文化も異なっている。

ガラリのはじまりは、ホスペット、ホスール地域で述べたように、ヴィジャヤナガラ王朝と緊密な関係がある。ウラルでは、言語や文化の異質性を越えてガラディの伝承を受けたことになる。

すでに述べたように、ベラリ、ホスペット地域のガラリ、ハヌマン信仰の担い手たちはヴェーダ・ヴァールミキ族である。彼らは交通にまつわる職能であったこともすでに述べた。彼らが伝承に携わったであろうことは充分に考えられる。

ヴェーダ・ヴァールミキがもたらしたガラリとハヌマン信仰を受け入れる素地は、当時、南カルナータカ自体がはらんでいた。一一世紀末から一二世紀にかけて、現在のアンドラ・プラデッシュ州南部からカルナータカ北部に、激しいシヴァ信仰運動が起こる。北部インドから南下してきたブラーミニズムに対する闘争だった。

その結果、北部、中部カルナータカにはリンガイェットと呼ばれるあたらしい階層が出現した。ブラフマナ（ブラーミン）と同等の階層になったのである。

カルナータカの南部では、階層による抑圧や差別が希薄だったために、あたらしい階層を生みだすことはなかった。しかしシヴァ信仰は、原初的な精霊信仰と結びついて急速に普及していった。そのシヴァ信仰と猿神ハヌマンは、深い関係がある。

シヴァは、山上の神である。カイラーサの山上に鎮座して世を統べると信じられている。その聖なる山を「ラーマーヤナ物語」でのハヌマンは、主であるラーマのために空を飛んで南インドまで運んできたのだ。すなわち、シヴァ神を運んできたことにもなる。南インドでは、シヴァの寺院にハヌマンが随神として祀られている。ここには、ラーマヤーナ物語より古い猿神信仰が、文脈として生きているのである。

ヴェーダ・ヴァールミキ族がもたらしたガラディと猿神信仰の受容には、南インドの熾烈な宗教運動が色濃く投影されているのである。日本では、猿楽から能の大成にむかう時節である。

取材中、ヴィッタル・シュリヤン氏はヴェーダ族の存在を知っていたばかりではなく、微妙な反応を見せた。

そこには後述するもうひとつの意味がこめられていた。

近世のガラディ

ウラルのガラディにはもうひとつ、近世の挿話がある。一八世紀、このアラビア海沿岸ウラル地域を治めていた女王アッヴァッカ（Avvakka）の兵士たちを訓練するためにいくつかのガラディ道場が組織されていたというのである。

アッバッカは、この地域では伝説化された女王で、その口承物語はトゥルー語による代表的なものになっている。トゥルー語には文字がないのである。

南カルナータカ地域、特にウラルは、職能、出自共同体の多くが母系性で、アッバッカは母系女神信仰の文脈に乗じて、より強く人びとに浸透している。アッバッカとその軍団は、沿岸にやってきたポルトガルの船団に海戦を挑み、撃退したと伝わっている。すでに北部ゴアや南部コーチンは、植民地化が進んでいた。アッバッカとガラディが結びついた伝承譚は、この時代のこの地方に、強力なトゥルー・アイデンティティが発揮されていたということでもある。

地域には、ヴィジャヤナガラ末期、すでにクリスチャン、それに先行するイスラム共同体がそれぞれの言語文化とともに定着していた。北部カンナダ語文化を受容しながら、トゥルー文化へと混淆、拡大再生産していったのである。猿神ハヌマン信仰が接着する役割を果たしたに相違ないことはすでに記した。

アッバッカ以後、ガラディがどのように伝承されてきたのかは、まったく伝えられていない。そうした歴史の空白に答える伝承譚がある。おなじトゥルー語圏のアッバッカとほぼおなじ時代、ガラディにまつわる英雄の物語である。

ウラルの南東内陸部プットゥルに双子の兄弟がいた。コティとチャナヤというふたりで、彼らはビラウァと呼ばれる椰子酒つくりの職能出身だ。ビラウァは、祭礼の神酒を司り、その共同体にはプージャリと呼ばれる下級聖職者、日本でいえば禰宜職のような人びともいる。一般には、慮外の民とされ日常は彼ら共同体だけの閉ざされた生活をしていた。聖職者だったから慮外にいたともいえるのである。

双子の兄弟コティとチャナヤは、剣技を磨き、弓道に勤しんだ。ガラディである。やがてふたりは、近隣に知られる戦士となり、彼らの共同体のために居住の境界を拡大し、その存在を公にし、王家（ラージャ）に認めさせた。だが、不幸にも戦いのなかで卑劣な襲撃にコティは倒れ、絶望したチャナヤは自ら兄の後を追った。

この悲劇のヒーローたちは、その死後、人びとの崇敬を集め、やがて神格化され、いまでもふたりを祀る寺は数ヵ所ある。祭礼には、ブータと呼ばれる憑霊の儀礼にふたりは甦ってくる。御霊である。

信仰者たちは戦士コティとチャナヤが、この地域のガラディの創始者と信じている。ブータが演ずる剣の舞、弓を射る演技（タリーム Thaleem）にガラディの原初的な姿が見て取れるのである。

現代、ガラディの再生

一九五〇年、ジャイヴィーラマルティ、トッコットの道場は現在地に設置された。通称ケララ道路と呼ばれる国道の街道沿いの土地は、州政府からの借地である。

故シャンカラッパはこの設置に携わっていた。彼は、衰えていたウラルのガラディ再生のため、発祥の地、北カルナータカを訪ね歩いた。現代の武術ガラディの実態を調査し、自らの道を模索していたのだ。現代の武者修行である。シャンカラッパが道場に持ち帰ったのは、グレコローマンのフリースタイル・レスリングだった。現在、ホスペット、ホスールでおこなわれているものとおなじだ。

一九五〇年代、独立解放直後のインドは、貧困と飢餓にあえぎながら「自立するインド」を求め続けていた。対英民族運動の勝利による開放は、疲弊していた地域文化の再生に政府は熱心に取り組んだのである。より正確にいうと、地域言語圏の確立とその文化の再生産がナショナル・インタレストだった。一州一言語、それが一七州（当時）の大インド亜大陸を統治する民族国家主義政策だった。インドは社会民主主義国だったのである。ガラディもその政策上にあった。シャンカラッパ氏は、ガラディ発生の地と伝えられるコッパル、ベラリなどの北部で、そうした動向を見聞、実際に参加してきた。

州政府援助によるガラリ競技大会の開催、競技ルールの統一化、後継者の養成と振興などである。現在の道場は、このような州政府の援助政策に乗って設置されている。道場では、地元の母語トゥルー以上に州の公式言語カンナダが流通している。

道場には地区大会、州大会などでの優勝、あるいは表彰の盾がずらりと飾られている。しかし道場には競技用のマットは見当たらない。バーベルなどのウエイトリフティング用器具で充満している。まったくのボディビル・ジムである。

「最近の練習生は格闘練習を好まず、ウエイトトレーニングばかりだ」。ヴィッタル・シュリヤン氏は嘆息し、自分はフリースタイルが好きだ、と二階に案内してくれた。マットが敷かれレスリングの練習場になっている。ここに、壁に立てかけられた古い武具があった。はじめてこの道場に伝統的な芸能に接近する用具を発見した。マンダム氏のフリースタイルが好きだという言質には、五〇年代、道場を設置した当時の志へのおもいがこめられている。

開放独立後、カルナータカ州はただちに成立したわけではなく、イギリス政庁のあったマドラス（現・チェンナイ）、マイソールと曲折してようやくバンガロールを州都とするカンナダ語・カルナータカ州が成立している。この現代史を、トゥルー語圏にあって生きてきた世代のおもいがこめられているのである。マラヤラム語・ケララ州との境界地帯のマイノリティで終わりたくないという意識が、当時の若者たちを強烈に支配していたのである。

かつての若者たちの熱いおもいは、伝承されるべき武術そのもの、「武芸」の要素を失わせ、変質させてしまった。武器を操り、身体技を外在化（Perform）させる、いいかえれば見せる技を失ってしまった。そして、いま、もう一度、フィットネスという健康志向に変りつつある。本来、武芸の身体は、不健康なもののはずなのに、である。

伝承者たちの職能ジャティ Jathi

この道場の創始者たちはどのような職能、種族が開いたか、ことばを替えて、なんどか質問したが答えは返ってこない。いい淀み、ときには抗議するように目を剥く。

「いま、道場にはあらゆる人たちが参加していて、出自（ジャティ）は問わないから、……。カーストは関係ないです」シュリヤン氏の答えはこれだけだ。

この道場の訓練生は、沿岸部の漁撈、船大工など海にまつわる職能の子弟が多い。現在では、沿岸漁業は衰退し、その小型船もグラスファイバーになり、多くは遠洋漁業や海産物加工業、そして建築関係に転じている。漁業関係にはムスリムも多く、建築設計や不動産取引にはクリスチャンが多い。海岸近くに南インド全域に知られたイスラム寺院モスク「バダニ・ジンマ・マス・ジット」があって、教徒ムスリムが多く居住している。この地域の多数派はムスリムだ。いずれにしても、もともと海に関わる仕事では宗教共同体は問われず共存している。そうした地域的特性もあって、道場にはムスリム、クリスチャンの訓練生も多数いる。それが創始者たちの職能、種族を語らないことになるのだろうか。

あるとき、訓練生のひとりで三〇代半ばの青年が、ひそひそと話しかけてくれた。彼は船大工の家系で、いまは建築業をしている。実は、亡くなったシャンカラッパ氏をはじめとする長老たちは、マンガロール・タイルに勤めていたのだという。

マンガロールは、屋根を葺くスレート瓦の産地で、現在でも全国シェア七〇％近くを誇っている。一七〇〇年代末から八〇〇年代初頭、イギリス人が創設した産業である。当時、イギリス人は、マンガロール近郊地域の良質な粘土土壌と盛んな土器つくりに注目し、会社を設立した。そのとき、雇用されたのが河辺で粘土を採集し土器をつくる人びと、ムーリヤ（Moolya）だった。ムーリヤはクラル（Kulal）とも呼ばれて農耕地帯の村落からは離れて生活していた。

彼らのつくる土器は、日用品であると同時に、寺院での儀礼に使われる灯明台や祭礼時の壷など、聖なる用具をつくっていた。彼らもまた聖職に連なる人びとなのである。

北部カルナータカの運輸を業とするヴェーダ・ヴァールミキと南部のガラディ創設者が見事に直線で繋がったのである。シュリヤン氏はヴェーダ族を知っていたのである。須恵器を祝部土器と呼んで、遠距離流通をしていた日本の歴史を想起する。

彼らムーリヤはイギリス人経営者の影響もあって、多くがカソリックやプロテスタントに改宗している。インド解放後、インド人の経営に移ったが共同体を問われることなく勤務を続けたのである。

シャンカラッパ氏ら現在の長老たちが、衰えたガラディを再興したとき、彼らは彼らの出自（ジャティ）を消していたのである。自らの共同体に伝わるガラディに、熱情を傾けながら、自らの共同体を消し去るという、現代インドの混迷が彼らにはあったのである。

猿神ハヌマンへの信仰と儀礼

道場の正面には猿神ハヌマンが祀られていて、信仰は厳格に守られている。毎週木曜日は儀礼の日で夕刻八時に必ずおこなわれている。ヒンドゥの神格であるハヌマンの儀礼に、ムスリムやクリスチャンの訓練生も、毎週参加し日常の稽古前には拝礼を欠かさない。ここでの猿神ハヌマンへの信仰は、先に述べた北カルナータカ、ホスペット、ホスールとおなじように個人の出自である宗教共同体を越えている。

ハヌマンへの信仰は、ヒンドゥ教の教義から発生したというより、貪欲なヒンドゥ・ブラーミニズムによって咀嚼され、習合されたといったほうが正しい。異教徒の人びとはこうした猿神信仰の下染めの文脈を敏感に感じとって拝礼へのこだわりを持たないのである。カルナータカ全域でのハヌマン信仰の素地は、このように養われている。

《木曜日の儀礼・プージャ》

1　午後八時、道場の天井から吊るされた鐘、八つをそれぞれ、綱を引いて鳴らす。

2　正面奥のハヌマンが祀られた祭壇まで、五〇センチ間隔で土器の小皿に入れられた樟脳が点火される。祭壇への道標のように見える。

3　長老ふたりが順にハヌマン像を炎で清め、線香を焚いて、礼拝する。

4　祭主役が、ハヌマンを清めた炎を、左右に立ち並ぶ訓練生すべてに拝礼させる。

5　鐘が鳴り止み、訓練生、ひとりずつ順に、ハヌマン像を拝礼する。

6　拝礼の後、長老の足下に礼を捧げ、訓練生、ひとりひとりと握手する。

7　すべての訓練生が拝礼と握手を終えると、マントラ（呪文）を唱えて終了する。

8　練習を再開する。

この儀礼のもっとも特徴的なことはハヌマンへの拝礼の後、ひとりひとりと握手することである。ヒンドゥの儀礼でこのような拝礼にはじめて出会った。

すべての参加者がそのすべてと手を握り合うというのは、個と神が出会うことを越えた組織化への意志がある。小さな結社だ。こうした集団性への文脈が猿神ハヌマン信仰に本来的に備わっていたものかどうかは定かではない。しかし、関係性の営みが芸能集団のものであるであることは間違いがない。人と人、個と個の関係を生産し、再生産を伝播、肥大化してゆくことが、身体と身体をことばとしてぶつけ合う芸能集団のイデオロギーなのである。

ハヌマン像の左右には、クリシュナ（英雄神）、ラクシュミ（財神）、デービー（女神）、ラーマ（ラーマヤナ物語の英雄神）などヒンドゥ神が祀られていて、異教徒はそれらへの拝礼はしない。当然だが、きわめて冷淡である。

現在の最長老ラジヴゥ・マンダム氏がそっと呟いてくれた。「昔はタリーム（剣技、舞）もあった。でも、あれをやって街を廻るのを、みんなが嫌がってね。辻ごとに金を貰うのを、物乞いだといって、嫌ったのだ。いまは、だから芸人のものになっちゃった。」

〈事例2〉南カルナータカ、マンガロール・アタヴァルのガラディ道場

道場名　シュリ・ヴァイディヤナタ・ヴィヤヤマ・シャラ，アタヴァル

Sri Vaidyanatha Vyayama Shala, Atavar

シュリ……尊称。聖、あるいは猊下、閣下など

ヴァイディヤナタ……精霊の名・民俗神格で荒神・祟り神

アタヴァル……地名、町名。マンガロールの古くからの下町

主宰者　故マスターA・サンジーヴァ　Master A Sanjeeva 調査した〇六年当時七六歳。

訓練生　約四〇名　ほとんどが一三、四歳までの地域の少年。六、七名の成人男子。

地域言語　事例1におなじ

アタヴァル道場は、一九三九年、現在地に施設された。サンジーヴァ氏の師匠はグル（Guru 先生・師）、タ

猿神ハヌマンを祀るジャイヴィーラマルティ道場

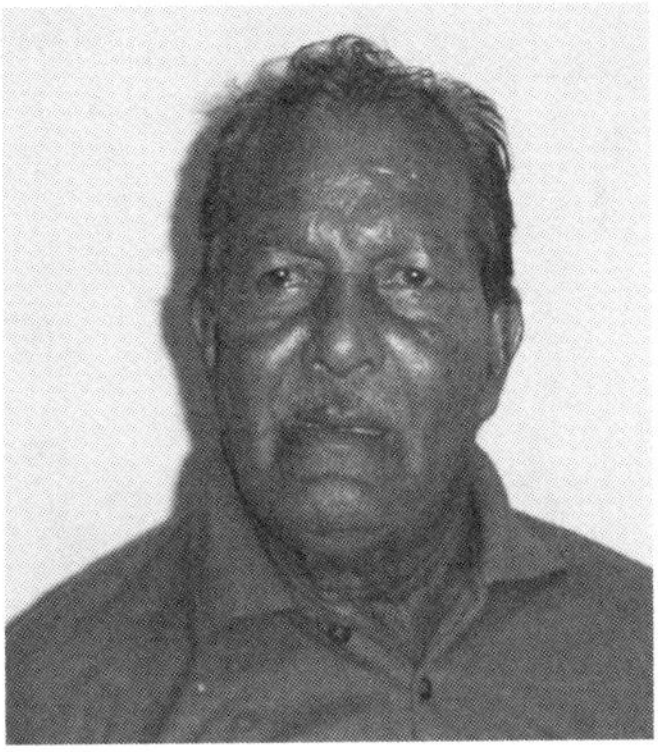

中世都市マンガロール・下町の道場主、故ガニガ

イガー・クリシュナッパと呼ばれた南カルナータカ一帯の地域に名を馳せた武道家だった。クリシュナッパ以前の伝承と伝承者についてはわかっていない。

現在のガラディはケララ州のカラリ・パヤット（後述）の影響を受けている、とサンジーヴァ氏には伝えられている。

古都マンガロールとジャイナ教領主（大地主）

南カルナータカ、アラビア海沿岸の古都市マンガロールのサンジーヴァ氏が主催するガラリ道場は、ジャイナ教徒の大地主に仕えていた。ガニガと称される種族共同体が伝えてきた。サンジーヴァ家もガニガ族である。

ガニガはジャイナ教徒ではなく、現在はヒンドゥ教に集合されているが、本来、民俗神の精霊や母神を信仰する種族で、その儀礼に奉仕する人びとである。儀礼のためのココナツ油を生産する職能だった。地域によっては占星術師などもガニガ族だった。サンジーヴァ家もココナツ油の精製をしていた。ジャイナにとってもココナツ油は、宗教行事での必需品である。マンガロール地域のガニガは、そうした聖なる職人仕事の傍ら、ジャイナ領主に仕えて、その農地で労働者として生計を立て、私兵でもあった。ジャイナは、教徒自身の信仰生活は厳しい菜食主義などの戒律に縛られているが、他の宗教に対しては寛容で、インドの多くの地域で共存のコミュナルを形成している。

南カルナータカのダキシナ・カンナダ、ハッサン、チックマグールの三郡にはジャイナ教の拠点が数ヵ所ある。ジャイナ中興の祖ゴーマタの巨大な裸像や千本の柱が林立する寺院など、ジャイナ教徒以外も訪れる名所、旧跡になっている。特に、ヒンドゥのモンジュナータシュウァラ（山頂のシヴァ）を奉戴する山岳寺院ダルマシュトラは小さな高野山のような聖域で、ここを主管しているのはジャイナ教徒のヘガデ家なのである。

ジャイナ教徒であるヘガデ家は、ヴィジャヤナガラ帝国末期から現代まで七〇〇年、世代を継いでヒンドゥ教の山岳寺院を守り、発展させてきた。広大な所有領地と年間数百万の参詣人からの喜捨を、州内四〇の大学、数ヵ所の病院、養老院などへの援助、経営、そして福祉活動への支援と寄付行為を恒常的におこなっている。人びとにとって、ダルマシュトラは税金を取らない行政府になっている。

サンジーヴァ・ガラリ道場は、ジャイナの地主領主を失ったいまも、年に一度、ダルマシュトラに赴き、演武している。

マンガロールは有史以来、藩を形成するような王（マハラージャ）はいなかった。マンガロールは古くからアラビア海に開けた自然港で、背後の豊かな農業地帯に支えられた商業交易都市だった。

ヴィジャヤナガラ帝国を支えた各藩への軍馬は、アラビアからここに陸揚げされたと伝えられている。帝国は、この地に支配のための戦乱を起こすことが、従属する藩王たちの離反を招くことを知っていて、避けたのである。原住マンガラ族の活発な経済活動としたたかな政治的バランス感覚も、帝国の支配を回避する力になっていた。ヴィジャヤナガラ崩壊（一七世紀半ば）後、経済活動を活発化したジャイナ教徒は、各地に領地を持ったのである。マンガロール市内のジャイナ領地は、反英民族闘争がヒンドゥイズムの思想改革とともに激化する一九世紀末まで維持されていた。マンガロールは自由都市だったのである。

門前町のガラディ

ガニガ、サンジーヴァ家が信仰する寺院はすぐ近くにある。ビシュヌムルティ（Vishnumurthi）とウーママヘシュワラ（Umamaheshewara）を祀っている。宇宙、世界を統べる神ヴィシュヌと破壊と創造の両義神シヴァが変容した二神である。そしてサンジーヴァ道場は、玄関の間が猿神ハヌマンの祠堂になっている。ガラディの祭神は、ここでも猿神ハヌマンなのである。

すでに見てきたように、異教徒クリスチャンもムスリムも、ガラディ道場においてはハヌマンを拝礼する。サンジーヴァ家も、地域共同体としてはヒンドゥの二神を捧持し、ガラディの主催者としてはハヌマンを奉戴しているのである。サンジーヴァ家では、ほかにも、精霊や御霊の信仰を持っていて、それらの儀礼にも参加している。

道場は、この地域の古い町家の形式がそのまま残ったものである。街路に面した間口八間ほどには、玄関のハヌマン祠堂に続いた土間が練習場になっている。およそ四〇坪ほどだ。壁際には、大小の剣、楯、槍、金輪などが置いてある。この道場がレスリングスタイルの格闘技を教科にしていないことがすぐに分かる。

練習場の奥には中庭が開けている。中庭は作業場でもあり、ココナツ油の製油のための大竈が設えられている。中庭を囲む左右の建物には、ココナツの倉庫、荷作り場などで、用具が積み上げられている。現在は製油業をしていないので、雑多な倉庫になっている。中庭の奥に大家族の住居がある。二階建ての建坪は一〇〇坪以上ある。中庭は、ぐるりと建物に囲まれているのである。往時は相当な事業力と財力を備えた豊かな生活をしていたことが偲ばれる。

〇六年九月、この古い建物の解体がはじまった。老朽化したのと、市街地再開発を奨められ政府援助資金を受けて、改築するのである。解体作業を寂しそうに見つめていたサンジーヴァ氏は「ハヌマンの祠堂の壁だけは、頑として壊れない。あすこだけが解体できないのだよ」と訴えるように語った。

自由都市の下町アタヴァルは門前町である。大小の寺が二丁ほどの道筋に九つある。住民はガニガ、コティ・チャナヤとおなじビラウァ、そして貴金属細工師、テーラーなどの職人と小商人が混在している。

旧ジャイナ領主以外の土地は各寺の支配地であった。各寺の設立後に勢力を伸ばしたジャイナ地主が、それを侵さなかったといったほうが正確だ。各寺の入り組んだ所有地の路地に、寺にまつわる人びとは住んでいた。銀細工師、灯心、樟脳を売る店、花や供物を売る店などだったという。インド独立後、寺社の借地は土地解放され、住民は土地所有者になった。しかし、各寺への信仰は失わず、それぞれの信仰集団を形成している。下町アタヴァルは自由都市のなかの一種の聖域、アジールだったのだ。

ガラディとカラリ・パヤット

アタヴァル道場の練習は、サンジーヴァ氏自身によるハヌマンへの礼拝からはじまる。

夕方六時、練習時間の最初は子どもたちがほとんどだ。灯明をつけ、香を焚き、炎でハヌマン像を祓う。練習生の子どもたちは、サンジーヴァ氏の背後で、床に額をつけて拝礼する。

練習は、すべて道具を使う。子どもたちは、主として棒術だ。短い棒を持った防御と長い棒での攻撃の稽古を繰り返す。ルールのあるチャンバラごっこだ。楽しそうだ。とはいっても、すこし経験をつんだ子どもたちは、楯を使い、防御や攻撃も複雑になる。たちまち汗みどろになる激しさだ。年長者は、剣、短剣、槍などの武器、そして金輪抜けなども稽古する。

サンジーヴァ氏は、この道場のガラディはケララ州のカラリパヤットの影響を受けていると伝えられてきたと語っている。カラリとガラリは同義語で、ケララのマラヤラム語でカラリ、カンナダではガラディと濁る。カラリの訛ったのがガラディだ、という説もある。ともにサンスクリットに発生を持つドラヴィダ語なので、どちらともいえないのがほんとうだろう。マラヤラム語のカラリには、練習場、演舞場、転じて教室など、場所を表わす意味がある。パヤットが戦い、戦闘の意味である。しかしカンナダ語のガラディ道場の正式名には、ヴィヤヤマ・シャラ、すなわちヴィヤヤマは身体訓練、シャラは教室、学校を表わす語が必ずついている。ガラリは通称なのである。

トゥルー語では、ガラディを称してパトラム・ゴッブ Patlam Gobbu、兵士の技、あるいは兵隊ごっこ、という意味の呼び名がある。こちらのほうが一般的のようである。

カラリ・パヤットは、ケララ州の北部から中部のアラビア海沿岸に伝播されている武術で、ナイヤールというケララでは最大多数の共同体に伝承されてきた。もとは藩王国の兵士訓練のためにおこなわれてきたと伝えられている。

一九三〇年代に現在の州都トリヴァンドラムに移住したCVNカラリの活発な活動によって世界的な存在になっている。

一九六〇年代末、世界各地に起こった小劇場運動に呼応するようにインドにも演劇復興の機運が沸き起こった。インドのあたらしい演劇への試みは、古典に物語の材を求め、民俗的な身体性に回帰することにあった。ケララの現代演劇は、カラリ・パヤットで若い俳優の身体を保障したのである。

インドの演劇復興が注目されるにつれて、やがてカラリ・パヤットも世界化し、フランスの太陽劇団（テアトル・デュ・ソレイユ）などが団員をトリヴァンドラムに派遣するようになったのである。CVNカラリの道場には、常時、世界からの訓練生が留学している。しかし本来の目的は、ケララの青年子女の身体情操を養うことにあり、早朝の道場は子どもと成人が入り混じって訓練に励んでいる。

もともとカラリ・パヤットの身体性は、ケララの民俗芸能カタカリやクディ（リ）ヤッタム、女性舞踊のモヒニアッタムなどに通低している。カラリ・パヤット自体が、芸能身体との近縁性を備えていたのである。あるいは、芸能が武芸の身体を透視（Perspective）することによって技能化（Technicalized）していたのである。

CVNカラリの訓練法は合理的に整えられており、身体バランスをとることからはじめる初動運動から、動物の形象を塑像する基本技、そして棒術、剣、楯と段階的に組み立てられている。バランスとジャンプが必須課題で、熟練者は四メートル近くを飛ぶ。カラリ・パヤットは競技であるよりも、演武へむかう武術、武芸なのである。

すでに触れたようにマンガロール、アタヴァルのサンジーヴァ氏は、自分たちのガラディにカラリ・パヤットの影響があると、伝えられてきたというのは、ウラル、トッコットの道場やベラリ、コッパル地域のカンナダ・ガラディとの異質さにあるのではなかろうか。

武術ガラディ、そして旅の芸能

サンジーヴァ道場が、マンガロールの下町で門前町に位置し、ココナツの製油を業として寺町に存在価値を誇りながら、インド独立後も州政府の援助、支援を受けずに自前で運営してきたことが、伝承された姿を保ってきた最大の要因である。それが、ケララ州のカラリ・パヤットのあり方と似ていることを、影響があった、と伝えられたのであろう。

現代のカラリ・パヤット、特にトリヴァンドラムのCVNカラリは訓練法を整除しシステマティックに改革している。サンジーヴァ氏に伝えられた、影響を与えたカラリ・パヤットは、システマティックに整えられる以前の、マンガロールから一〇〇キロほど南に所在した、藩王に仕えていたカラリ・パヤットだったのではないか。サンジーヴァ道場は、近世以来の古態を、その演武、練習法、そして信仰と組織に残していると見ていい。子どもたちは、棒術を遊び、経験が楯を持たせ、剣の攻撃へと昇華していく。ここには基本課題としての身体を塑像するための外からの形象モデルがない。テキストがないように見える。ルーズで、いい加減な、厳粛でも緊張感もないように見える。

しかし学年制やクラスのない教育は、師と弟子（生徒）が一対一で出会う伝統的な教育システムなのである。こうして育まれた身体性は個の内側に閉じ込められ、うずうずと外在化するときを待つ。その「とき」が、演武（Perform）であり見せる業《わざ》なのである。見せる業は、知育のバランスによって発揮されることはいうまでもない。

現在のサンジーヴァ道場が、最も重要な演武の場としているのは、町内アタヴァルのナヴァラトリの祭礼である。さきに触れたダサラとおなじ祭りを、南カルナータカでは、ナヴァラトリ、九日間の祭り、と称している。トゥルー語である。

女神ドルガが、世界を征するために九日間の戦いをした、という神話に基づいている。この祭礼の最後の日が、ガラディの出番である。サンジーヴァ道場のガラディ、そしてガラディの本来の姿を観ることのできる〝とき〟である。ガラディが猿神ハヌマンを奉戴する旅の「芸能」でもあり、その芸は百般の雑芸を身体化していることを観ることができる。

《前夜の儀礼》

1 祭礼八日目が終わった深夜一二時、道場を開け放ち、玄関のハヌマンの祠堂に明りを灯す。香を焚き、供物を捧げる。

2 神前脇、左右に吊るされた鐘を鳴らす。サンジーヴァ氏以下、練習生が神前に参集する。礼拝の開始である。

3 サンジーヴァ氏がハヌマン像にぬかずいて拝礼する。立ち上がったサンジーヴァ氏は、炎でハヌマンを祓い、参集者、ひとりひとりの頭上を祓う。

4 参集者、ひとりずつ、神前に拝礼する。全員の拝礼が終わると、マントラを唱和し、ふたたび激しく鐘を鳴らす。

5　道場の明りを消し、扉を閉める。玄関の祠堂だけは開け放ち、神前の明り、灯明を灯し続ける。サンジーヴァ家の若い女性が、灯明の火を保ち、ひと夜、伽をする。

《出立の儀礼と辻での演武》

1　祭礼最終日、午後六時半、寺から出迎えの楽隊がサンジーヴァ道場に演奏しつつ到着する。

2　サンジーヴァ氏の司祭で、ハヌマンに拝礼する。団員、全員参加する。昨夜の礼拝とまったくおなじである。

3　礼拝後、ハヌマン像を、主だった団員が厳粛に運びだす。戸外には、剣、槍、楯、金輪などの諸道具を積んだ荷車（リヤカー）が用意されている。そこにハヌマンを安置する。

4　楽隊の先導で、ハヌマンを戴いた荷車を先頭に出発する。

5　角に小寺のある辻で、剣の技（タリーム）を披露する。二、三の家から、ハヌマンへの供物とお金をもった住民が、ハヌマンを拝礼する。

6　ふたたび楽隊を先頭に移動し、次の角で演武する。

この日（〇五年一〇月）は合計三ヵ所でおこなった。

膨らんだ群集に囲まれて、ドルガの寺院に到着する。

《神前の演武》

門前に到着すると、楽隊は寺内に入らず、門前で演奏を続ける。ハヌマンを押し立てて、ガラディ一行は神前で参拝する。祭礼の司祭たち（ブラーミン）が彼らを迎え、拝礼の先導をする。

拝礼を済ましたガラディ団は、群集を円状に散らすと、演舞をはじめる。

1 まず、剣の舞いと演武。数組がつぎつぎと演ずる。子どもにはじまって、青年になる。曲芸的な剣のやり取りによる演技である。

2 火吹きと火の輪くぐり。いくつかのヴァリエーションがあり、火をはなった輪をくぐるもの、回転する火の輪をくぐり抜けるものなど。

3 裸で寝た男の腹に白瓜を置き、瓜だけを切り捨てる。日本では山伏姿の大道芸があった。

4 槍と楯の闘いを組み合わせたもの。数組がつぎつぎとおこなう。

5 その他、約一時間のパフォーマンスを終える。

6 終了すると、そっけなく、ハヌマンを先頭に、楽隊もなく帰還する。

7 道場に帰着すると、ハヌマン像を祭壇に安置し、拝礼する。サンジーヴァ氏の司祭で、全員がぬかずいて礼拝する。

終了の鐘を鳴らして、灯明を消し、すべての扉を閉める。

サンジーヴァ道場の祭礼でのパフォーマンスは、あきらかに雑芸、大道芸に類するものである。そして、出立の儀礼や町辻でのパフォーマンスに旅の芸能であったことを知ることができる。現在は、わずか2キロほどの旅程だが、ジャイナ領主に仕えていた時代は、乾期、あちこちの祭礼を訪ね歩いた長い旅があったことがうかがえる。

しかし、ただちに猿神ハヌマンを信仰する〝猿楽〟といった即断は許されない。猿楽が持っていたであろう物語性や文学的な文脈はまったくない。ものの見事に感情移入のない軽業であり、娯楽性に富んでいる。武術から発しているその芸能性は、散楽、百戯に近いものだ。われわれが持つ歴史観を錯綜させる。

文化の歴史は、一筋のまっすぐな道を走って迫ってくることはないのである。南インド、ドラヴィダの文化土壌に時間の可逆性を単純に求めることはできないだろう。しかし、そこに現われ、語りかけてくる営みには、迫真力がある。

道、忠義、友誼、果敢、勇気、などの記号性をハヌマンへの信仰に託してガラディが成立していることは明白である。人間を四種の色に引喩して区分けたヴァルナでいう戦士、武士階級であるクシャトリアよりはるか下層にこぼれでた人びとによって、猿神ハヌマン信仰は強烈に支えられ、その技能として武芸ガラディがあった。中、近世、その伝播力はカルナータカ州の南北、数百キロに及んでいた。

　彼らは戦士である以上に信仰者であり、武芸の練達者である以上に自己表現の巧者であった。さらにその集団性、組織化への能力は、鍛錬、訓練の方法論に裏打ちされていた。

　こうした文脈が、アラビア海、インド洋、そして南中国を辿る文化伝播を、旅する芸能者と道を拓く猿神に仮託して、思惟する回路を求めることは無為ではないであろう。

参照文献

ラーマカリタマーナサ　Ramacaritamanasa　2001年 Gobind Bhawan-Karyalaya,Gita Press,Gorakpur 刊

コーティ・チャナヤ　Koti-Chenaya 1998年 Shiva Billava 著 Gurubharathi Adhyana Kendra 刊

仮面、そしてメッセージ　The mask and the message　2005年　K.Chinnappa Gowda 著 Madipu Prakashana 刊

When the body becomes all eyes 1998年　Phillip B.Zarrilli 著 Oxford Press 刊

（5）双生児の英雄

武術ガロディと双生児の英雄コティ・チャナヤがダキシナ・カンナダの人びとには不即不離の関係で膾炙されていることを述べてきた。また、武術ガラディが、広くカルナータカ全域に伝播され、ケララ州北部に発生し、いまやケララ全域、そして世界的に評価されているカラリ・パヤットに通底するものがあることも把握してきた。

しかし、もうひとつの重要な局面に身を曝すことになる。というのは、双生児の英雄は、武技ガロディといい替えられる崇敬と信仰の対象であるコティ・チャナヤだけではないということである。双生児の英雄はほかにもあったのだ。きわめて狭い地域性と共同体の緊縛に支えられた双子の英雄譚を発見するのである。しかも、きわめて緊密な信仰が存在している。

先に挙げた研究者ヴァマナ・ナンダヴァラも、コティ・チャナヤ以外の事例を取り上げ、考察を施している。彼の執拗な事例研究が、やがては「双子の英雄」そのものの本来的意味に到達していく道筋を示唆しているのである。

ここには、多くの事例のなかから、特徴的で地域の現実に密着した数例を記述することにした。

A　異種共同体に支えられる英雄『カンタバレ・ブッタバレ Kantabala Buttabara』

マンガロール市街をウドゥピー方面に北上して、ほぼ一五キロでムルキ Mulkhi、キンニゴリ Kinnigoli 地区になる。双子の英雄カンタバレ・ブッタバレの所在地である。

コティ・チャナヤがその死に至る伝承にともなって、ブータによるよみがえりと神格化がおこなわれるのに対して、カンタバレ・ブッタバレは、永遠の生命を保ち、死世界から憑依して帰還することはない。したがって、ブータではなく、民俗的な雑神ではなく、永遠の英雄として地域民俗に生き続けている。双生児カンタバレ・ブッタバレの出自共同体は、コティ・チャナヤとおなじビラヴァである。いい方を替えれば、地域行政に関わる権力とは別次元の、神話的な精神的な存在感がビロヴァの人びとに与えられているのである。それが彼らの地域への自己証明になっている。

伝承譚：カンタバレ・ブッタバレには、三項の伝承譚がある。
①レモンライムの大木の大ぶりな枝に「揺り籠」がさげられ、そこに双子の男の子が捨てられていた。
②もとより素性はわからなかった。カンタバレ・ブッタバレと名づけられた。
③後に、ある女性が、双子について「知っていることがある」と名乗りでた。
「ふたりの子どもはレモンから生まれでた」という。女性は、ふたりの男の子の母、ならびに父親については触れなかった。


果実であるレモンライムは、その形状から子宮の象徴といえるし、その果実をつける大木は、父性を放出する生命樹、ヒューマン・トリーともいえる。

また、地域には、生まれて一一日目、赤子を揺り籠に入れ、女たちが取り囲んで、名付けの式をおこなう、という習慣が伝えられている。揺り籠に入れられて大樹に吊り下げられた逸話は、それを暗示する擬似行為なのだろうか。

伝承地を領有する農園地主であるガンガターラ Gangadhara は、自家領内のカンタバレ・ブッタバレの事跡伝承地のことごとくに案内板を建て、伝承を伝えることに努力している。双子の赤子が捨てられていた大樹、カンタバレ・ブッタバレが開発した灌漑用の溜池、開墾した農地などに案内板が施されている。

彼は自らの出自をプージャリ共同体だと主張している。後日、彼がカティール大寺院（森尻純夫『歌舞劇ヤクシャガーナ』第三章4ほか。）に出仕しているのに出会った。

プージャリがビロヴァの信仰、カンタバレ・ブッタバレに多大な信頼を寄せ、その継承に努力を怠らない背景には、ビロヴァ共同体と彼の出自であるプージャリとの緊密化した関係がある。

プージャリ共同体については、すでに述べてきた（『I部　第1章2（3）補完しあうプージャリとバンツ』）。彼らは、寺院の下層奉仕者として祭祀をはじめとする諸作業をおこなうことが一義的な役割の共同体だ。けして上層に位置されてはいない。ガンガターラ家は、インド独立解放後の農地解放政策によって、寺院荘園を分割され、地主になったとおもわれる。その農園にはビラヴァの農業労働者たちが双子の英雄を崇敬し、信仰しながら励んでいた。ガンガターラ家は、それを抱え込んだのである。ビロヴァによるカンタバレ・ブッタバレの信仰は、コティ・チャナヤより古い時代から継承されていたと伝えられている。新興のプージャリ地主は、双子の英雄を信仰するビロヴァを受け入れたのである。

地主であるガンガターラと彼の農園で働く農業労働者であるビロヴァ共同体の人びとが緊密な関係を結び、農地の円滑な運営を計っていることは想像に難くない。ふたつの共同体は、ひとつの社会を形成したのである。双子の英雄は、共同体の枠を広げ、融合し、共通の〝神話〟を獲得したのだ。いうまでもなく、それぞれの共同体の存在意義を守ることを放棄したわけではない。むしろ、強い自己認識を持ち、その上で、それぞれの存在を認識し、ふたつの共同体は、ひとつになった。社会化を推進しているのである。

B　ブラーミンが支持、支援するムゲラ共同体の英雄『ムッタ・カララ Mutta・Kalala』

マンガロール市街から空港へむかう道筋にナントール、シャクティナガール Nantor Shakthinagar と呼ばれる地区がある。街道を外れると田園地帯が広がっている。サティヤ・プラサドが所有する農地は、この地区の多くを占めている。

ここで農業労働に勤しむのはムゲラ共同体の人びとである。サティヤ・プラサド家がこの土地を領有したのは、彼の祖父の時代だった。そのとき、プラサド家は、おもいもかけぬことに遭遇した。

祖父は、土地の所有とともに勤労するムゲラの人びとを保有できる、と確信していた。彼らの働きの場を奪うことなど、念頭になかった。ところが、彼らが特別な信仰を持っていることに驚いた。双子の英雄ムッタ・カララとそのブータへの深い信仰だった。おまけにヴィシュヌ神の変身した野猪とおもわれるパンジョリ・ブータも彼らの祭礼には登場する（『I部　第1章7（1）野猪パンジョリとヴィシュヌ神』）。

プラサド家は、ブラーミン階層でヒンドゥ教のヴィシュヌ神は、家系の許容範囲にあるが、ムッタ・カララやブータは受け入れられるものではなかった。

しかし、ムゲラの人びととの誠実で辛抱強い働きぶりは、プラサド家にとって替え難いものだった。それどころか、祖父から父の代へと時を経て、彼らムゲラへの厚い信頼は、抜き差しならないものになった。

四〇代半ばの現在の当主サティヤ・プラサドは「この農園を彼らとともに運営することは、大変楽しいことだ。それになによりも、わたしは、この地域、この地域性が大好きだ。愛している。」とてらいもなく、淡々と語った。

サティヤ・プラサド家に隣接する庭には、ブータ祭礼の諸道具を収納する祠、バンダーラ・マネ（宝物殿）が建てられている。プラサド家が提供したものだ。農業労働に勤しむムゲラの人たちは、祠の前を通るとき、拝礼を欠かさないという。

前節に取り上げたカティール寺に出仕するプージャリ出自のガンガターラは、ブータや英雄神を許容する立場にはない。ブラーミンであるサティナ・プラサドも当然のことである。

ふたつの事例では、双子の英雄の伝承譚には、それぞれ違いがある。ブータや祭礼にも違いが顕著だ。

プージャリ出自のガンガターラでの英雄カンタバレ・ブッタバレは、永遠の生命を保って現代の人びとを見守っている。ここでの双子の英雄は、他界から見顕わすブータにはならない。ブラーミンであるサティヤ・プラサド家を取り巻くムッタ・カララは、コティ・チャナヤに近い伝承譚を持っている。ブラーミンにとっては、もっとも近づき難い存在感を発揮している。野猪や双子のブータが登場する祭儀礼をおこなっている。

ブラーミンであるプラサド家が、ムゲラ共同体の信仰に与することはできない。容認すらできない。にもかかわらず、この地を愛し、ムゲラの人びとと共同生活を営むことを積極的に選んでいる。

ダキシナ・カンナダの特殊性がここにある。おのずと多彩な社会構造が生まれてくるのだ。複雑で理解しにくいとはいわずに、多神教独特の価値観が創出されている、いうべきなのである。抽象的な言質ではなく、ごく具体的に均衡 Balance と調和 Harmony に生きている。ここに存在する、越境して生きる場を発見する人びとの営為を見逃すわけにはいかない。

C　ムゲラ共同体、ムッダ・カララ Mudda-Karala の祭礼[2]

郡都マンガロールの市街を東北に二〇キロほど山間部に進んだところにムゲラ共同体の拠点地域のひとつがある。この地で彼らの一年一度の例祭にブータがおこなわれている。

道路添いの小高い広場には祠堂が設置されていて、ムッダ・カララが祀られている。儀祭礼ブータのためのものである。その向かいには、一〇の石積みがあり、ひとつずつ神が祀られている。地域に伝わる民俗的な神格で、母神、野猪、女神などの一〇神である。野猪は、ヒンドゥ教のパンジョリではなく、むしろ供養碑に近いと地域では伝えている。やはり、森の恵みとして食用に供されていた、とみられる。母神や女神は、多彩な神たちで一様ではなくアニミズム、精霊、自然信仰に符合した存在である。

祭礼の次第を追うと、

1　きわめて自然に三人のブータが登場し、祠堂に拝礼し、主催者、主な参会者の拝礼を促す。

2　拝礼が終わると、三人のブータは、広場の端の階段を降って、祭礼の見物人が集う、やはり広場に立つ。ここにも一〇の神格が祀られている。また、英雄ムッダ・カララのそれぞれが手にした武器、戦闘装束がかざられている。ブータは丁重に拝礼する。

3　ふたたび階段を登って祠堂の前に至って、再度、拝礼をおこなう。2項に述べた階段下の広場は、見物の前で「パフォーマンス＝遊び」をおこなう場所であり、一〇の神格、英雄たちの武器、装束をかざるのは、見物の前に公開された〝旅所〟であることが理解できる。階段上の祠堂と階段下の広場は、公開の場と非公開の秘儀の場に設定されている。

4　祠堂に礼拝するブータに、選ばれた三人のムゲラ共同体の若者たちが従う。礼拝の後、若者たちが階段を降りかかると、階段上に、白い幕で身体を隠したブータが現われ、降っていく若者に「験」を投げかける。若者は、一瞬で憑依し、痙攣とともに常態を失う。三人の若者たちは、次々とブータの験に常態を失う。周囲の人びとが、ひとりひとり抱え込んで、旅所へ連れて行く。

ブータが祠堂への礼拝で神威を蓄えていたことが理解できる。

ブータによってムゲラの若者たちが憑依に導かれることが、この儀祭礼の最大の特徴になっている。ブータ自身は、憑依することはなく、ムッダ・カララの見顕わしを見物とともに遊ぶのがブータの目的になっている。

5　階段下の旅所に戻った三人のブータは、拝礼を済ますと、先に験を投げ与えた若者たちから太刀や弓などのトリモノを受け、踊りはじめる。憑依した若者たちの役割は、ブータとムゲラ共同体の仲立ちをすることだった。

踊るブータの出自は、ナリケである。この儀祭礼で唯一の異共同体から招かれている（『I部　第1章4（2）ナリケ・ブータ NarikeBhuta 共同体に伝わる伝承譚』参照）。

三人は、双子の兄弟と妹の夫だと伝えられている。

6　ムゲラの若者たちは、ブータの仕草によって、トリモノを取り換え、与えていく。

三人のブータの踊りは、単調だが、ときに腰を屈め、肩を外したような仕草をしたりといった飄逸感を漂わせて、見物人を飽きさせることはない。見物人は、椅子に座って、あるいは後方には立ち見もあるが、ブータを囲むように、ごく卑近な距離にいる。見物のなかに設えられた通路を通いつつブータは踊る。見物人は、その飄逸に笑いを発することもなく、静かな緊張感に包まれながら、踊りを楽しむ。実に不可思議な空間が出現する。喝采もなく、感嘆もなく、しかし倦むことのない静謐な緊張感に浸りながら、踊りを見詰めている。ブータは、すでに述べたように憑依することはない。英雄ムッダ・カララの見顕わし、すなわち双子の兄弟がこの世に甦った姿を眼前し、その空間に立ち会っていることのみが、見物を静かな緊張と深い参加意識に誘っている。直截で率直で、なんとも純粋な儀礼であり、祭礼である。

踊りは三時間以上に及ぶ。その間、立ち去る見物人はいない。仮設の楽屋では、双子兄弟の妹になるブータが化粧に勤しんでいる。やがて、踊りを受け継ぎ、祭礼は払暁に至るまで続けられる。

すでに述べてきたようにブータは憑依することなく、ムゲラの若者たちに験を投げ、彼らを憑依させている。ムゲラ共同体による儀祭礼は、ムゲラ自身が神威を得て、祭礼をつかさどっていく役割を持っているのである。自分たちの共同体に生きたムッダ・カララを自ら再生し、その功績を生きることにある。ブータは、そのための補完的な存在なのである。

見物人が、静かな緊張に委ねて疲れを知らずにいられるのは、双子の英雄が成し遂げた共同体の過去、現在、すなわち語り継がれてきたムッダ・カララの活躍の歴史を知り尽くしているからである。見物人自らも、再現する想像力を身内に蓄えながら見詰めているからなのである。

ムゲラ共同体の人びとは、ブータに神威の憑依を恃むのではなく、自らの内部から生まれでるものを対象にしているのである。

(6) 双子の英雄に託された共同体の実在

椰子酒つくりを本来の業とするビラヴァ共同体のコティ・チャナヤは、この地方のほぼ全域に分布する。発祥のビラヴァ共同体を越えて、絶大な支持層に支えられている。しかし、例示してきた三項の事例は、

①ブラーミンに支持、保護されている双子（ムッタ・カララ）、

②異なる共同体による熱心な後援、支援をあつめる双子（カンタバレ・ブッタバレ）、

③共同体自身が司祭する双子信仰（ムッダ・カララ）、
というコティ・チャナヤとは質を異にするものであった。

さらには、三例のそれぞれの神話的な伝承譚は同一ではなく、ブータの関わりもそれぞれ違っている。

たとえば②項に取り上げた事例では、死によって双子が異界に至っているという伝承はなく、「生き続けている」とされている。蘇りや見顕わしをおこなうブータの儀礼もない。他界と行き交うブータの役割は求められていないのだ。

双子の英雄伝承と信仰は、ほかにも多くの事例が存在する。

アラビア海沿岸から、内陸は西ガーツ山脈の裾までの地域に双生児伝承は伝播されている。内陸から海に注ぐ三本の河川が領地の境界を形成し、歴代、小王、豪族、大地主の支配者が入り乱れて、争いを繰り返してきた。

群雄が割拠して定まらない歴史のもとで、被支配者とされる下層で、ヴァルナ（カースト）の下方、いうなれば埒外にあって、カーストとは無縁の人びとが創出してきた〝英雄〟が双子だったのである。

時代を特定することはきわめて難しいが、南インドを席巻したヴィジャヤナガラ帝国（一三三六〜一五六五）の後半期に双子の英雄は誕生した、と研究者は想定している。帝国の崩壊が小藩王たちの治世を不安定にし、相剋がはじまっている。

反英闘争が激化する近代（〜一九四五）までと推察されている。そのおよそ四〇〇年間、小藩国を支配するトゥルー語民を治世する王、豪族は、互いに争いを繰り返してきた。

こうした歴史が、王、豪族、大地主など、治世する上層の支配をすべてとして従属しない独特の地方性が醸成された。彼らの共同体は、自立した原初的な自治体制 Communalism を彼らなりに創造していかなければならなかった。それが彼らの文化であり、彼らの世界観であった。

一般的には「不可触民」とされている人びとの共同体は、この地方に六群が数えられる。六つの共同体、それぞれに双子の英雄が存在する。

六つの共同体に、コティ・チャナヤを擁する椰子酒つくりビラヴァは入っていない。双子信仰の最大支持力を持つビラヴァは、いわゆる不可触民を脱却してヴァルナの最下層に位置されているからである。

(7) キリスト教の伝来と改宗

一五〇〇年代の半ば、フランシスコ・ザビエルの一行が、アラビア海沿岸のゴアにやってきた。アジアで最初のキリスト教布教活動がおこなわれた。数年を経ずに、彼らはアラビア海沿岸を南下しダキシナ・カンナダからスリランカに到達している。

彼らは、ゴアでの布教に倣って、ダキシナ・カンナダでも沿岸の漁民をクリスチャンに改宗する活動をしている。漁民は、当時、もっとも下層の民とされており、布教の対象として最適な存在だった。キリスト教によって抑圧から解放される、という思念は布教される側、活動する側の双方にあった。ゴアでは、七年間の間に三〇万人の改宗者を組織したと伝えられている。

ビラヴァ共同体は、当時は不可触民だった。そしてムゲラとともに最大級の被差別人口を誇っていた。ビラヴァ共同体は、カルナータカ南部、西ガーツ山脈の山裾からアラビア海海岸線までの地域に散在していた。

椰子酒つくりが本来の職能ではあったが、田畑地、山間農業、そして漁業と幅広い生業に携わっていた。ビラヴァ共同体からキリスト者への改宗は、けして多くはなかった。しかし、トゥルー語圏、ダキシナ・カンナダの歴史で、はじめて西欧の宗教、西欧の人間への認識が与えられた。それは、改宗者たち以外にも、大きな〝事件〟であった。

ヴィジャヤナガラ帝国が崩壊した一五〇〇年代は、南カルナータカ、ダキシナ・カンナダに双子の信仰が浸透してくる時期に符合している。

最下層の人びとが、自らの存在力を発揮した時代にキリスト教はやってきたのだ。歴史の必然であったかどうか、影響があったのかどうか、はアラビア海沿岸地域の歴史を詳らかにする上で、見落としてならない現実だったことは違いない。

ダキシナ・カンナダの郡都マンガロール地域には、四五〇の教区が現存し、市内には多くの教会がある。一五〇〇年代初期に設立されたものが多数である。

この地域のクリスチャンは、少数派ともいえない人口で、市町村によっては、二〇パーセントを越えている。広範な事業、商業活動を活発におこなっている。

彼らは、世界的な趨勢とは違ってイスラム、ムスリム共同体とも協働関係を保っている。イスラム共同体が出資した医学大学校、ならびに総合病院の事務局長にはキリスト教徒が採用されている。正確で誠実な仕事を望んでのことだ、とムスリムの有力理事のひとりは語っている。

キリスト教が伝来してすでに数百年、教徒は、この地域に、完全に定着して社会の有用な人材として働いている。彼らもまた、ヴァルナ（カースト）外の埒外（アウト・サイド）である自らを自覚しなければならない局面に、たびたび遭遇している。にもかかわらず、彼らは確実に地域の経済、産業、社会と文化を動かしている。

植民政策を推進すべく上陸したポルトガル、スペイン、そしてフランシスコ・ザビエルと当時のイエズス会が意図したインドが実現しているのかどうか、答えは、誰にもない。

（8）階層を越えたビラヴァ

あるとき、現在のケララ州からひとりの聖人がビラヴァ共同体を訪れた。ナラヤナ・グルと呼ばれていた。グルは先師、導師の意味で尊称である。正確には、ダキシナ・カンナダ在住のビラヴァ共同体の中心人物で実業家のサフカール・コラガッパ Sahukar Koragappa が招請したのだ。一九〇〇年代初頭のことである。グルは自らもビラヴァとおなじ階層の出身だと名乗った。

彼らの功績を尊び、その階層を引き上げたい、と共同体に伝えた。ダキシナ・カンナダはおろか、インド史上、きわめて稀なことだ。

ナラヤン・グルは、ケララ州の北部カンヌール近郊、シュワギリの寺院に所属していたと伝えられている。出自は、ビラヴァとおなじジャティ（職能階層）で、マラヤラム語でイーアラヴァ Eealava だった。

ナラヤン・グルは、ビラヴァの人びとに、宗教教育を施し、社会的存在としての条件を満たす知識を与えた。ナラヤン・グルの私塾は、ビラヴァの人びとがそれまでやってきた生活様式を劇的に変貌させた。その日暮らしの漁労や農業労働に明け暮れていた人びとは、自らの出自と社会的役割に生きることを見出したのだ。ナラヤン・グルの活動は、やがてビラヴァを支配する地域藩王、地主を説得することになり、不可触の階層から脱却させたのだ。

いくつかの理由が推察できる。

A　ナラヤン・グルはビラヴァのジャティ（職能）である椰子酒つくりが、寺院儀礼に欠かせない神への捧げもので、いうなれば聖職としての意味が大きい、と自覚させた。

B　ビラヴァは、兵士予備軍として、常に武術ガロディの鍛練に勤しみ、領国への忠誠は確実で揺るぎない。他藩との抗争では、圧倒的な力量を発揮していた。領主や近隣の藩王たちへの無言の説得力になった。

C　ビロヴァ共同体が信奉する英雄コティ・チャナヤの伝承譚には、農業改革と増産、山間での野猪などの狩猟による食料の供給、また白檀、薬草などの採集による経済活動、などが伝説的に語られていた。それは王国、あるいは地主階層を脅かすものではなく、繁栄に導くものだった。田園地帯の農業労働民としての存在だけではなく、山間農業、臨海漁民としてなど、多彩な活動局面での活動は、他の共同体の人びとからの大きな支持を得ることになった。

ナラヤン・グルの教説の基本には、ヒンドゥ教の教義が強固にあった。だからといって、ビラヴァの人びとが崇敬する双子伝承や民俗信仰を排除するものではなかった。彼らの文化風土を阻害するものではなかった。その上で、ビラヴァ共同体の人びとに、価値観の変貌を促すものであった。ナラヤン・グルが唱えたヒンドゥの教説を受け容れることは、ビラヴァ共同体に、大きな自信と自覚を獲得させたことは確かだ。

ビラヴァ共同体の異例の登用は、トゥルー語圏全域にその存在を周知させ、圧倒的な支持に導いた。上位である多数派プージャリ、地域の指導的共同体であるバンツなど、他のトゥルー語共同体にも支持は広がり、ガロディと双子英雄伝承は、不即不離な存在になった。それに伴ってコティ・チャナヤ伝承譚も補足され、整備されて、ダキシナ・カンナダでは横断的な人気と支持を獲得することになった。補足と整備は、支持者が広く拡大するのにしたがって加速されてきた。トゥルー語圏の誰もが理解できる物語へと発展していった。

ナラヤン・グルをトゥルー語圏全域への絶対的な信頼と崇敬に導いたのは、通称ビラヴァ寺ともいわれるクドローリ・ゴーカナッテ・イシュワラ寺 Kudroli Gokarnatheshewara の創設だった。もともとナラヤン・グルは、この寺の所在地で私塾を開いていた。創建は、一九一二年だった。現在も繁栄を続けるこの寺院は、ビラヴァ共同体を越えて、地域最大の共同体プージャリを筆頭に汎階層の信奉をあつめている。

支持や支援がブラーミンやプージャリに及んでいることは、すでに例示した。藩王たちの相克を横目にしながら、下層の人びとが創りだす均衡と調和の社会が、ここにはある。

このような補足と整備を繰り返したコティ・チャナヤの物語は、他の共同体が持つ双子伝承に比して、あたらしいものだといわれている。双子の伝承は、下層の共同体に、深く沈潜して存在している。コティ・チャナヤはその頂点に立ったのである。

ビラヴァの双子信仰を支援するブラーミンが「この地域性が大好きだ。愛している。」と衒《てら》いもなく告白した意味するものが、現実感を帯びて響いてくる。

ブラーミンが双子信仰を保護、支援し、他の共同体と〝ひとつの社会〟を形成したりする現象は、現代に至っても彼らの世界観が健在であることを示唆している。双子は、文化英雄であり、ときには巧妙でしたたかな改革者だった。

論点・開題7

『中・近世ムガル帝国とダキシナ・カンナダ』

インド亜大陸の南部全域を席巻したヴィジャヤナガラ帝国（一三三六～一五六五）の終末期に双子の英雄は誕生した。

ヴィジャヤナガラ帝国は「幻の王国」とも称されて長い間インドの歴史では語られなかった。空白だった。空白を埋めたのは、二〇世紀に至ってからだった。ロバート・スウェル（Robert Sewell）著『忘れられた帝国 *the Forgotten Empire*』という一書が一九〇〇年代初頭に出版されて、ようやく南インド前近世の歴史が見えてきた。ふたりのポルトガル人の日記、旅行記を収集したこの書によって、ヴィジャヤナガラ王朝、ならびに首都ハンピーの存在が明らかになり、帝国の輪郭が描けるようになったのだ。とはいいながら、現代に至っても、その詳細は不分明な部分を多く残している。

ヴィジャヤナガラ、自壊した帝国

北部カルナータカのハンピーに、広大な首都の遺跡を残しているのだが、その形成と崩壊の歴史は、いまだにあきらかになっているとはいい難い。

ヴィジャヤナガラ王朝は、現在のアンドラ・プラデッシュから南下してきた勢力が、カルナータカ州ハンピーに開いた。約二三〇年間、栄華を誇ったことになる。

ロバート・スウェルに続いて『忘れられてはならない帝国 *Never To Be Forgotten Empire*（一九二〇）』スールナラヤナ・ラオ（Surnarayana Rao）が追いかけるように出版された。インド人歴史家の研究書である。

ロバート・スウェルの『失われた帝国』によって実証されたヴィジャヤナガラ王国と首都ハンピーの存在は、実は、同時代に王国に関する多くの記述が存在していたことが、次第に明らかになってきた。一四〇〇年代末期から一六〇〇年代まで、さらには現代に至るまで、諸外国の旅行者、キリスト教伝道者、ポルトガルをはじめとする植民地監察官、官僚など、多くの論述者たちがいた。彼らこそ、「忘れられ、失われた」歴史の証言者だった。ヴィジャヤナガラは、〝忘れられて〟はいなかったのだ。ロバート・スウェルが収集したふたりのほかに、ポルトガルからも数人を数えることができ、中国（一三七四）、イタリア（一四二〇）、ロシア（一四八〇）など、諸国からの訪問者たちがいた。

また、ロバート・スウェル、スールナラヤナ・ラオの以後、ヴィジャヤナガラ研究は、地域の研究者によって、活発な発言が続いている。

ヴィジャヤナガラ王朝が支配を企てた地域は、多言語文化地域で、テルグ、カンナダ、タミール、そして古語であり、インド思想研究では現代に至るまで説得力があるサンスクリット語と、研究書も多様になっている。もともと、ヴィジャヤナガラ帝国自体が、一言語に統一することはなく、多言語、多文化を許容していたのだ。しかし、全インド、あるいは世界的な説得力は強いとはいえない状態なのだ。ロバート・スウェルの著書がもたらした衝撃に及ぶ研究は、いまだに登場していない。

ヴィジャヤナガラは、北カルナータカを拠点化し、しかし、帝国主義的な支配体制を持たなかった。いうなれば、広く南インド全域に幕藩体制を敷き、各地域の群雄の割拠を許し、均衡を保つことで二三〇年間の〝帝国の時代〟を維持したのだ。

たとえば、アラビア海の港湾都市だったマンガロールは、王朝との関係がどのような体制だったのか、明確にすることができない。マンガロールは、港湾商業都市として、すでにヴィジャヤナガラ以前の中世期から発展していた。ヴィジャヤナガラ王朝は、商業港湾都市の経済活動を容認し懐柔することで、経済的利益を共有する道を見出していた。マンガロールは、直轄領として支配下にされることはなかったのだ。

ダキシナ・カンナダとヴィジャヤナガラ王朝

一四二二年、マンガロールを訪ねた人物がいる。アブドル・ラザアクというペルシア（イラン）人で、外交使節としての訪問だった。彼は、ヴィジャヤナガラを訪問するために、海路マンガロール港にやってきた。ペルシアからホルムズ海峡を南下し、アラビア海を下ると、季節によっては、海流はおのずとマンガロールへ導くといわれている。

マンガロール周辺域を旅した後、ふたたびアラビア海沿岸を北へ航海し、北カルナータカの河口を上り、内陸をほぼ三五〇キロ東に旅して、ヴィジャヤナガラの首都ハンピーに到達している。彼の旅行記にはマンガロールからヴィジャヤナガラの首都ハンピーを褒め称える記述に満ちている。

当時、ヴィジャヤナガラ・ハンピー以外の都市に「誰も関心を寄せず、見たことも聞いたこともなかったのだ。しかし、道幅の広い清潔な道路には、花が咲き乱れ、人びとはゆったりと豊かで食うに困るようなことはなかった。ダイヤモンドをはじめ、多くの宝石が売られていて、治安への不安はなかった。」と記している。

マンガロールは自由都市の様相を湛えて存在していた。すでにたびたび述べてきたように、マンガロール周辺域は、現代に至るまで、無文字のトゥルー語が多数派の地域性だ。その独特な文化形成が、階級的な差別感覚を養わず、ヴァルナ四姓制度に準拠する社会をつくりだしていなかった。それが、双子の英雄や女神たちを生みだしていたのだ（『第2章4（9）双子が発揮する〝力〟―おさらいとまとめ―』）。

ダキシナ・カンナダ、マンガロールに比して、現在のアンドラ・プラデッシュ、タミール・ナドゥ、そして北カルナータカ内陸部などは、ヴィジャヤナガラによるかなり強力な支配力が発揮されていた。

ほぼ二五〇年ずれて成立した日本の徳川幕府に似ている。支配力に濃淡があることも共通する。徳川江戸体制は、地域によってはきわめて緩やかな統治がおこなわれていた。親藩、譜代、外様など家格による支配体制が違っていたことは、よく知られている。同時に、江戸幕藩体制は、各藩の自治能力が発揮されるべく余地を与えていたことは、周知の事実である。あるいは統治体制によって租税の制度にも相違があった。ヴィジャヤナガラ体制は、日本の幕藩制度に近似していたのだ。

ヴィジャヤナガラの崩壊には諸説あって、繰り返すが、詳細な定説はいまだにない。近年の研究によれば、ヴィジャヤナガラ自体の内部対立による活動力の阻喪が最大要因ではないかといわれている。

一五一二年から二〇年にかけて、現在のカルナータカ州各地、特にアラビア海沿岸地域では、小国同士の戦闘が頻発している。また、一五四五年以降、七〇年代末まで、内陸部でも小規模な戦争が惹起している。いずれも、北部ハンピーを首都としていたヴィジャヤナガラ王朝の支配力と統治能力が低下、あるいは脆弱化した結果が導いた内乱だったといえる。

ヴィジャヤナガラ王朝は、カルナータカ南部、中央部に対して、もともと強権を発揮して封建制を敷いていたわけではなかった。すでに述べてきたように言語をはじめとする「独特な文化土壌」を認めていたこともあって、タガが緩んできたのだ。加えて、北インドで強大化しつつあった「ムガル」の影響がなかったとはいえないであろう。

ムガル帝国とダキシナ・カンナダ

ヴィジャヤナガラの統治能力の弱体化を待っていたようにムガル帝国の南下がはじまる。

「ムガル」は、「モンゴル」が転訛した語で、中央アジアを統合し、現在のパキスタンをふくむ亜大陸に浸潤したモンゴル人、モンゴリアン王国のことだ。チンギス・ハーンの系を引く一族だった。中央アジアで培われた彼らは、イスラム教ムスリムになっていた。

中国では、フビライの一門が浸潤し、やがて「元」朝廷を形成した（一二七一～一三六八）。日本は元寇と呼ばれ、二度にわたって彼らの襲来を受けている（一二七四年、八一年）。

インドは、一五〇〇年代初頭からムガルの侵攻を許し、デリー、アーグラを拠点に亜大陸全域に勢力を拡大した。一六〇〇年代に至って、「ムガル」は全インド的規模で亜大陸を領有したのだ。東インド会社によるイギリス植民地体制を凌いで、一八五〇年代末のイギリス領有による「インド帝国」の成立まで、ほぼ三〇〇年間、「ムガル」は命運を保ったのだ。ただし、彼らは、自らを「ムガル」と自称したことはない。一九四〇年代のインド解放独立まで、インドはムガルの〝香気〟を捨てずにいた。イスラム文化とヒンドゥ民俗が融合した「インド」はムガルの近代に醸成されたのだ。

ムガル帝国は、インド亜大陸の領有と支配を強化するために「大公制度」を敷いた。ムガル中央が地方行政長官を派遣したのだ。「代官」といい換えることができるだろう。デリー周辺地域、西ベンガルなど、北部インドにおけるムガル帝国の権力が支配力を発揮するための施策だった。一八五五年、イギリス植民地政策による「インド帝国」が成立するまで、「ムガル大公」による統治体制は継承された。一六〇〇年代から七〇〇年代にかけて、地方長官、すなわち代官制度は、南インドに及んだ。

南インドの富と経済力を集約し直截化するための施策だった。カルナータカ大公と呼ばれた行政府は、しかし、現代のカルナータカ州、特にアラビア沿岸とその内部には行政力を発揮した制度にはならなかった。「カルナータカ大公」は、現代のタミール・ナドゥ州、アンドラ・プラデッシュ州南東部、北西部カルナータカの一部を領導するものだった。アラビア海沿岸の彼らは、イスラム教やキリスト教を受け入れる寛容さは持ち合わせていた。他宗教共同体と共存する許容度の広さは、調和する社会を形成していた。

しかし、その一方で、トゥルー語文化の流域では、アラビア海沿岸南部の民俗的な傾向の強いヒンドゥ教徒たちには、本来、受け入れがたいものだった。イスラム教徒であったムガルの中心勢力と共存するのは容易ではなかった。

また、ダキシナ・カンナダの多数派は四姓制度の最下位、シュードラに位置されていたが、彼ら自身による連環性を確立していた。彼らは彼らの自転する「社会」を形成していたのだ。それを侵すことは、イスラムであるムガルにとって簡単ではなかった。もとより、侵すことを意図していなかったのだ。ムガルにとって、トゥルー文化圏は、カンナダ（カルナータカ言語文化圏）とは別の地域性と捉えられていた。

ブータやシリを抱えるトゥルー文化圏が、侵されることなく豊かな社会を維持し続けた土壌は、こうして培われてきた。それが、現代にまでその健康さを誇っているのである。

---

(9) 双子が発揮する〝力〟―おさらいとまとめ―

双子は、ひとりに倍する力を発揮する、と人びとは思念した。双子が持つ並ではない異常な力の発現に、人びとは自らの「ひ弱」を補う力を恃んだ。

ひと組の夫婦が産み落とす双子には、おなじ血が流れている。その同じ血がもたらす「倍する力」は、驚異と崇敬を撒き散らす。大切なことは、彼ら双子が同じ共同体に生まれていることだ。いうなればおなじ一家一門の同姓、あるいは同等の「姓」の所有者が、心意を汲んだ活動をしてくれるのだ。神話的な崇敬を生みだす淵源がここにある。

すでに詳述してきたように「双子の英雄伝説」は、七つの共同体に存在している。そのすべての共同体は、被差別で不可触民だった。

①現実感のある双子伝承譚

コティ・チャナヤ双子伝承が生まれた発祥の地、活動の地、終焉の地は、特定されている。現代に至っても、それらの地を訪ねることができる。現実感をたたえた存在である。しかも、コティ・チャナヤと呼称されて、他の上位とされる共同体の支持、崇敬まで勝ちとっている。また、おなじビラヴァ共同体によるカンタバレ・ブッタバレというコティ・チャナヤの亜流までが存在している（『I部 第2章4（5）A 異種共同体に支えられる英雄カンタバレ・ブッタバレ Kantabala Buttabara』）。

ビラヴァ共同体は、一九九〇年代前半の早い時期に、ヴァルナ（カースト）の内側に処遇されている。市民としての経済力を身につけた共同体の中心人物が、ヒンドゥの聖人を招請して、宗教、社会教育を奨励し、共同体内に取り込むことで、通常ではかんがえられない階層の上昇を実現した。いいかえると、双子などの民俗信仰に生きてきた共同体が、ヒンドゥの教義思想を受け容れたということでもある。しかし、共同体内に圧倒的な支持がある双子信仰を否定し、阻害することはできなかった。ビラヴァ共同体の人びとは、強く双子伝承に固執している。

ヒンドゥ教の教説を受け容れたビラヴァは例外で、他の六つの共同体は、その儀祭礼を守り養い、双子信仰という楼閣を維持している。それぞれの共同体は、それぞれの「双子」を手放すことなく信仰している。

ビラヴァ共同体が、ヒンドゥの教説を受け容れたことは上位のプージャリやバンツに大きな影響を与えた。いわゆる四姓制度、ヴァルナ、カーストの内部変革だった。プージャリやバンツは、四姓の最下層シュードラに区分されている。ビラヴァが入ってきたことで、地域のシュードラは、人口的に大きな勢力になり、内部は膨張した活力《エネルギー》が充満していた。

ヴィジャヤナガラ帝国崩壊後、屋根を失った親族・家族たちは、自らすべてをまかなう道を探った。経済、政治、そして文化、すべて自前で調達することになった。それが、しかもやれば実現できたのだ。

異教徒であるクリスチャンやムスリム共同体と協調すれば、地域社会は、圧倒的多数派である第四階層とされるシュードラだけで循環していく。この地方の特徴である〝協調と調和〟の社会、その仕組《メカニズム》みの秘密はここにあった。ブラーミンもクシャトリアも必要としない世界観がここにはあった。

②双子信仰の始まり

ヴィジャヤナガラ帝国（一三三六〜一五六五）が崩壊し、小藩国、あるいは大地主の支配は不確定になり、農業労働者や山民、漁民など底辺の労働者たちは、それまでとは違う生活感覚に生きる道を、見出さなければならなかった。支配者は、底辺の人びとにとって、安穏な生活を保障してくれる存在ではなくなった。

それまでも、不可触の人びとの生活は、けして容易なものではなかった。支配者たちは、強権的で非人間的な対応しかしてこなかった。だが、不可触の人びとは、支配勢力が安定し、一定の生活条件を与えてくれるなら、甘受して耐えてきた。しかし、その均衡が危うくなると、彼らは敏感に反応し、対応せざるを得なくなった。

自らが自らを維持する道を見出なければならなくなった。ブラーミンの唱える教義でもなく、クシャトリアが支配する王権に恃むのではなく、自らの〝ヒンドゥイズム〟である民俗的に形成された「双子」が共同体を支える思想になった。ヴィジャヤナガラ帝国末期の一五〇〇年代前後から、双子信仰がはじまっているという指摘は、納得のいくものである。

それぞれの共同体は、自己循環する機能を備えていくことになった。自らの実在する立場を、常に自らを客観化し、失うことのない冷静さを保持していく。そればかりか、他者である異共同体の存在への視覚を見失うこともできなかった。

それぞれの不可触共同体は、こうして自己完結への道を〝自分たちの英雄神話〟を創出することによって、まかなおうとしてきた。生きるための〝盾〟を獲得したのだ。それが双子信仰の形成だった。自分たちの〝双子〟を持つことが共同体内部の結束を固めることになった。

七つの共同体は、瞬く間に自分たちの双子を創出した。それは一種の流行のようだった。あたかも流行のように〝双子の英雄〟は蔓延したのだ。

③双子信仰と結ばれたブータ

ビラヴァのコティ・チャナヤ、ムゲラのムッダ・カララなどは、ブータと結ばれている。祭礼には、ブータが登場する。しかし、双子に登場するブータは、憑依しない。憑依して託宣や卜占をすることはない。ブータは他界とこの世を結ぶのだが、憑霊することはないのだ。

日本語での表現をまさぐって、もっともよくいいえているのは「見顕わす」であった。

他界にいる共同体の象徴的存在を眼前するためにブータが役割を演ずる。ブータが示現する「双子」は、自らの自己存在を証明してくれる。ムゲラ共同体の場合は、主祭する自ら自身が「験」を投げかけられ、彼岸とこの世の眼間《まなかい》に立つことになる。

他界から示現する〝英雄〟はすでに神格であった。

ブータは、共同体が物語を創生した過去を顕かにし、現在を確認し、未来を約束する。過去、現在、未来を紡ぐ役割をブータは担っている。そして、他の共同体と近似しながら独自性を発揮する。おなじような不可触にある、それぞれの共同体は、それぞれの「双子物語」を所有している。

一五〇〇年代前後、ヴィジャヤナガラ帝国崩壊後の地方政治の不安定を、最下層にあった七つの共同体は、競うように「双子」信仰を創生した。七つの不可触共同体は、それぞれの「英雄」を持つことで、共同体としての自己証明をはたした。おなじような「英雄」であることが重要な要件だった。似ているが、自己証明としての特性を持っていることが要件だった。

そして、他界からの訪問者であり、共同体の歴史を紡ぐブータと結んだ。地域にとってもっとも始原的《プリミティブ》で根本的な存在であるブータが登場してくる。

ブータは、ダキシナ・カンナダ民俗の根幹に触れる存在で、地域の人びとにとっては彼方《かなた》と此方《こちら》を結ぶための、もっとも頼りがいのある手立てを持つ存在なのである。その〝力〟を共同体の象徴的英雄、双子に援用した。ひとえに共同体の結束のために。

七つの共同体とブータを一律に述べてしまうことは、正しくない。義兄や伯(叔)父、妹や母が、ブータによって登場する。あるいは双子ではない事例など、共同体ごとに物語性が異なっている。共同体は、あたかも流行のように〝双子〟を創造したが、それぞれの自己発現は保っているのである。

論点・開題8

『英雄コティ・チャナヤの一五〇年』

語り伝えられていたが、その実物を目前したことはなく、常に、飢餓感に襲われていた。一〇〇年以上以前の「ブータ」の図像が存在しているというのだ。その図が収集されたのは、一八六七年であった。二〇一八年からは一五一年前になる。

意外にも近くにあった。中世都市マンガロール最大の繁華街を一筋入ると、プロテスタント教会がある。教会には神学校と付帯する公共図書館がある。広く信者以外にも開放されている。

この図書館は、出版活動や文化資料の収集活動もおこなっている。そこに宗教的には、およそそぐわない歴史的な「ブータ」関連の資料があった。

マンガロールの地域裁判所に判事として赴任したブルネル A.C.Burnel が収集したものだという。イギリス植民地時代のことで、当時の統治形態から充分に想像できることだ。マンガロールは、中世都市であり豊かな港湾を持っていて、イギリスの領有に従わなかった。全面的な委託統治を受けなかったのだ。しかし、司法や行政組織は提携していた。経済に恵まれた近代的合理主義は、現代に至るまでマンガロール市民の信条だ。

二〇一八年現在、カルナータカ・トゥルー・アカデミーの支援による『トゥルー語圏における魔神信仰 *The Devil Worship of The Tuluvas* From the paper of late A.C.Burnell』を手にすることができる。

プロテスタント教会の図書館員で教授のナヴァダ博士 A.V.Navada とデニス・フェルナンデス博士 Dr. Denis Fernandes が編著者になっている。

魔神とかデヴィル Devil という表現には首を傾げざるをえないが、キリスト者らしいともいえる。一五〇年前のコティ・チャナヤの図は、この書に掲載されていて、ナヴァダ教授は、原図の複写を提供してくれた。深謝する。

一九七〇年代末期に設立された地域資源開発センター Regional Resouce Centre RRC は、八〇年代に入ると、活発な調査記録活動をはじめる。三七年前のブータ儀祭礼の映像記録を残している。

現代、二〇一八年からみて、一五一年前の図像は素朴ながら威厳を備えている。当時、電気照明はほとんどなく、薄暗闇《うすくらやみ》から登場した折の迫力は、想像にあまりある。手にしている剣と盾は、いかにも「つくりもの」だが、舌をだしたブータの形象は、あの世から招来した怪異と畏怖を与える。儀祭礼でのざわめきが聞こえる。「ざわめき」こそが人びとの歴史を紡いできたのだ。

注目は「被り物」だ。時を経て帽子に大きな変化がみられる。三七年前、そして現代では、帽子は金属の冠に変貌している。

コティ・チャナヤ以外のブータでも、腰着け卓士ジャッカルニは、銀色に輝く金属になっている。胸飾りや光背のアニにも銀鍍金を施した金属が多用されている。パンジョリやウラルティの仮面も、青銅ではなく銀で製作されているのを散見する。経済的に成功した信者が、こぞって寄贈するのだという。

150 年前のコティ・チャナヤ

31 年前のコティ・チャナヤ RRC提供

コティ・チャナヤ 2017 年

また、衣装は素朴で異装だった一五〇年前に比べて、華やかな色合いと意匠になっている。腕輪や首飾りなどの装飾も派手やかな大振りになってきている。すべては、歌舞劇ヤクシャガーナの影響によるというのが、多くの信者たちの意見だ。インドの人びとは、一部の研究者を除いて、こうした変貌を歓迎する。

歴史を保つための時代に対応した変化だという信者たちは、一五〇年以前とほぼ四〇年前、そして現代を、冷静で静かな視線で受け入れ、信仰を推し進めている。

5　旅する女神バガヴァティ

ダキシナ・カンナダの郡都マンガロール市内から、幹線道路を一〇キロ足らず南下すると、ウラル地区に至る。アラビア海沿岸で、ケララ州に程近い地域で、数キロで境界に達する。このウラルに女神バガヴァティ Bagavathi を祀る寺院、祠堂が集中している。女神バガヴァティ信仰の代表的な拠点領域だ。

また、ケララ州に入って、カッサルゴド地域には、バガヴァティを奉戴する寺院が多数ある。バガヴァティの女神伝承譚は、ケララ州カッサルゴドに発生、伝播されたといわれている。

カッサルゴド地域には、すでに詳述した女神ウラルティも所在していて、もともとダキシナ・カンナダとおなじ文化土壌がある。

カッサルゴドは、ケララ州の公式言語であるマラヤラム、ダキシナ・カンナダとおなじトゥルー語、ムスリムによるマラヤラム転訛語であるビァーリ Beary など複数の言語が混交、流通している。これらの言語環境は、ダキシナ・カンナダと相似して重なっている。それぞれの共同体はそれぞれの言語と文化を継承しつつ、調和に満ちた地域社会を形成している。

女神バガヴァティの伝播域は、カッサルゴドを南端として、アラビア海を北上し、ウドゥピー郡北部のクンダプールに至る。アラビア海の海岸線、およそ数百キロに及んでいる。

カッサルゴドのバガヴァティ像

(1) 女神を奉侍する女たち

女神バガヴァティは女性に信仰されている。本来、トゥルー語では、〝バガヴァティ〟とは女性の身体器官をいう単語だ。女性そのものを直截に表現したものだ。

しかし、サンスクリット・ヒンドゥでは、〝バガ Baga〟には、「幸運」「栄誉」「富」など女性に与えられる限りの美辞が与えられている。そして、そればかりではなく、トゥルー語とおなじように、俗語では「膣・子宮」の意味もある。

いずれにしても、女神バガヴァティは、女性たちの自己主張、アイデンティティを根幹にした宗教であり信仰なのである。

地域民俗社会に伝播されている〝バガヴァティ〟は、しかし一宗派やひとつの神格を信仰する宗教集団を表している用語 Term ではない。バガヴァティは、女性の主体性を主張する、いうなれば「概念 Concept」を表現している。女性たちは、バガヴァティと呼ばれる緩やかな宗教のもとにある個別の「神格」を、それぞれの信仰として選びだしている。あるいは、すべての個別化された神格を信仰の対象にしている。

次節に述べるが、バガヴァティの寺院は、通常、四つの祠堂が建ち並んだ形式になっている。四つの祠堂は、四柱の神格、ということである。女性たちは、四柱の神格のそれぞれを信仰の対象にしているのだ。[3] それぞれの女神は、あるいはブータの儀祭礼を持ち、それぞれの女性信者を持っている。

一般には、すでに述べたウラル地方やケララ州北部、カッサルゴド域の女神信仰をバガヴァティと称している。この書の叙述も、そうした一般的な用語使用に準ずることにする。

バガヴァティは、漁民共同体ボヴィの庇護と強力な支持によっておこなわれている。儀礼、祭礼、日常的な寺院の維持など、あらゆる面を後援している。ボヴィ共同体にとって、〝バガヴァティ〟は、氏神、産土神ともいうべき存在だ。ボヴィ共同体は、後述するように、沿岸漁労民である。当然、妻、母など女性家族、縁者もあって、多くが女神バガヴァティの信仰者たちである。女性たちの信仰を男性中心の漁民共同体ボヴィが、ゆるぎなく支えている、というのが民俗宗教バガヴァティの実態なのである。

①ウラル、ふたつのバガヴァティ寺院

ウラル地域のバガヴァティを祀る寺院は、実は、ふたつある。

バガヴァティ寺院の特徴は、すでに述べたように個別の女神信仰がそれぞれの女性信者を擁している。ウラルのバガヴァティ寺をはじめとする南部アラビア海沿岸の一般的なバガヴァティ寺院は、四棟の祠堂で構成されている。四棟には、それぞれ女神や地域神が捧持されている。四柱の神格を祀る寺院をバガヴァティ寺と呼び慣わしている。[3]

ウラルの四柱の寺院を日常的に運営し、儀祭礼の司祭をおこなうのは漁労民ボヴィ共同体である。ボヴィは、すでに述べてきたように、武術ガラディを習得した民兵でもあった。ウラル海浜を守護する強力な男性集団だったのだ。

また、祭礼の掉尾を飾るのはバガヴァティのブータである（後述『5（3）③ブータの出現』）。この寺院には、宗教階層であるブラフマナ（ブラーミン）はまったく関与していない。

ウラルのバガヴァティには、もうひとつ寺院がある。海岸近くの四棟の寺院からほど近い内陸部の丘の上には、もうひとつのバガヴァティの寺がある。アラビア海を望む崖上に建つ寺院は、本殿はシヴァ神を主祭神とし、山内

にはガネーシャ、象神などのヒンドゥ神を祀っている。司祭はブラフマナ（ブラーミン）である。丘の下の寺院にはブラフマナの存在はなく、ボヴィ共同体がすべてを取り仕切っているのに対し、こちらは、ヒンドゥ僧侶が運営している。教義と宗教行事は厳格ではなく、緩やかではあるがヒンドゥ教の教義に則った朝夕の礼拝などがおこなわれている。

アラビア海の壮大な海岸線を見渡す寺院は、歴史上、スペインの艦隊の襲来を撃退した戦場の跡とも伝わっていて、ウラルの地域性を象徴する聖地といわれている。

丘の下の祠堂の祭礼の数日後、この寺のブラーミン司祭がバガヴァティ寺の別当家に安置され、女性たちが夜を徹して詠歌を捧げていた尊像を、頭上に掲げ丘上の寺まで行進する。司祭は憑依する。憑依して覚束ない歩みは、見物の人びとに女神の威力をあらためて見せつけることになる。ブラフマナの司祭は、バガヴァティを遊ばせつつ、丘の上へと導くのだ。彼らの支配する寺院へ。

このとき、バガヴァティはシヴァに出会うと伝えられている。山上の寺院は、山神であるシヴァと女神バガヴァティが出会う〝場〟としては神話的な想像力を発揮させる。山の神と女神の関係を伝えるのにふさわしい舞台になっている。それが、民俗的な女神とヒンドゥ教の出会いにもなっている。ヒンドゥの飽くなき包摂力を見せつけている。

丘の下の本寺はボヴィ共同体が、一切の運営、司祭を担い、丘上の寺院はブラフマナ、ブラーミンが常駐して民俗由来の女性信仰バガヴァティを取り仕切っている。いかにもダキシナ・カンナダらしい調和であり均衡のとり方といえる。

②伝承譚・旅する七人の女神

南方から七人の聖処女姉妹が、旅してくる。

ウラルのバガヴァティ寺院・改築以前の四棟

彼女たちは、やがてアラビア海沿岸のウラル地域にやってくる。いちばん末の妹が、喉の渇きに堪えられなくなり、手近のココナツの実を採って、果汁を飲んでしまった。

見咎めた姉たちは「ここの果実を口にしたおまえは、ここに残るがいい」といいつけて、ウラルを去って、北への旅を続けた。残された末妹の聖女は、この地に定着して、この地のバガヴァティになった。

異説もある。末の妹は、ウラルの地の井戸から水を汲みあげて、飲んでしまった。「この土地の水を口にしたおまえは、この地の者になれ」と、姉たちは末妹を置き去りにして北へいってしまった。その井戸は、特定されていて、現在も存在している。

ココナツという地に生えた植物にしろ、その地の井戸の水にしても、地域を象徴する〝地域固有〟の産出物である。たとえば、出自を問うジャティでは、何処の水で産湯を遣ったかが、決定的な自己証明になっている。末妹の聖女が、その地の果実や水を口にしたことが、地域定着の理由になったという文脈には、説得力がある。

いずれは女神バガヴァティとして崇敬される七人の聖女たちは、ケララ州の沿岸からやってきたと伝えられている（後述『(3) ヤクシャガーナに描かれたバガヴァティ物語』）。

バガヴァティ信仰の南端とされるカッサルゴドの寺院では、どの寺院でも発祥地とはいわず、もっと南からやってきた。南の海の彼方からやってきた、といい伝えている。バガヴァティの生誕地は、限りなく南へ、しかも海と陸地の境界を降ることになる。バガヴァティは、虚構性にあふれた伝説的な存在になっている。

③女性たちの勧請

ふたりのウラルの女が、バガヴァティの勧請にでかける。マンジェシュワラ Manjeshwa のウジャヴァラ Udyavara に至って、バガヴァティの尊像を奉戴してくる。

マンジェシュワラのウジャヴァラは、ケララ州との境界を越えた数キロの内陸部で、バガヴァティの寺院がある。ウラルでの祭例の前日、ふたりはそれをバガヴァティ寺の別当家に持ち帰る。別当家には、信者の女たちが集まって、尊像とふたりを迎える。

女たちは、尊像を奉じて、夜を徹してバガヴァティへの讃歌を唱ずる。それは、バガヴァティの縁起であり故事来歴譚である。詠歌であるとともに声明、経でもある。

詠唱されるのは、七人の聖女と寺院に祀られる四柱の神格の由縁などであり、信者の女性たちは、この詠歌によって、七人の聖女たちが、それぞれ個別の物語を持つ〝神格〟であることを認識する。同時に、信者の女性たちとって、彼女たちの生活の現在と未来を託す祈りの詠唱である。バガヴァティの誕生である。

祭礼の前夜、ときには二日前の夜から、女たちの唱和がはじまる。神官と地域の女性信者以外の者たちの入場を禁じている。閉じられた別当家の戸外に立って、唱和の声に耳を澄ますことになる。

祭礼の後、司祭が頭上に掲げて、憑依しつつ、丘上の寺院まで「遊ばせ」練りゆくのはこの尊像である。

（2） 祭礼を司祭する漁民ボヴィ Bovi

ダキシナ・カンナダのウラルからケララ州北部カッサルゴドまでの沿岸に定住している漁労民の共同体がボヴィ

Boviである。ボヴィ共同体が、女性の信仰であるバガヴァティを支えてきた。信者の女性たちは、ボヴィの妻であり母、そして縁者なのである。

バガヴァティの寺院は、ウラル地域に一一ヵ所、ケララ州とウラル地区にまたがった地域には一五ヵ所を数えている。ウラル地区は漁民ボヴィ、ケララ州ではマラヤラム・ビロヴァであるティーヤの共同体が執りおこなっている。また、ダキシナ・カンナダの郡都、中都市のマンガロール市内にはバガヴァティを捧持する寺院が三ヵ所ある。ウラルやカッサルゴドから移住してきた人びとが、自分たちの主祭神を祀っている。都市に移住して成功したボヴィやティーヤが、建立したのである。多くの場合、親族を呼び寄せ、ジャティである漁労を捨て、あらたな職能に生きている。それでも出自を消し去ることはなく、自ら自身をあきらかにしている。

①ボヴィ Bovi 共同体の男と女

ボヴィは、小さな船で沿岸漁労に勤しんできた。鰯、鯖、鰹、烏賊などが主である。沖には鮪の大群が飛び跳ねることもある。漁民はしかし「大きな魚は、遠洋をやる者に任せておけばいい」と手をださなかった。一九九〇年代以降、漁船の大型化が進み、長期の遠洋航海もおこなうようになった。彼らの多くが、中東湾岸やアフリカ北部の諸国に出稼ぎし、資金を蓄え、冷凍設備付きの大型船を手に入れるようになった。九〇年代末期になると、海岸通りには、新築の広壮な家が並ぶようになった。現代インドの経済拡大の活力を知らされる光景だ。出稼ぎでの資金は、魚産物の加工販売で、瞬く間に膨張し、富裕なボヴィを生みだしたのだ。

もともと、沿岸漁業のみの時代、ボヴィの女性たちは、夫や父を海へ送りだし、漁の後は獲物を売り捌く。財布は、多く女性が握ってきた。女性たちの自立意識は、伝統的に強いのだ。現代に至っても、変わらない。

女神信仰であるバガヴァティの宗教的精神性は女性たちが担っている。男たちは、女性たちの精神と思想を具現する儀礼や祭礼を挙行する。いうなれば祭礼を組織し、実行する〝力技《ちからわざ》〟を技量としている。

②ウラル、アレカ・バガヴァティ寺の祭礼

雨期の前、四月の末から五月の吉日に祭礼の日程が組まれる。地域の暦を検索して、吉日を選びだす。一般には、トゥルー暦と呼んでいる。例祭は三日間で五日に及ぶ場合もある。暦によって、祭礼予定の二日目、三日目に「忌日」が入ったりすると延引したりするからだ。また、ケララ州カッサルゴド域からの特別な賓客が訪れたりすることもある。

六〇年に一度の大祭は七日間になる。

すでに述べたように、女性信者たちは、奉戴した尊像を別当宅に持ち込んで、徹宵の詠歌をおこなっている。女性信者の祭礼は、前夜、あるいは前々夜からはじまっているのだ。

ボヴィ共同体の男たちは、祭礼に活躍する〝年男〟を選良する。一五名とされている。ときには、一五名を越えることがある。厳格のようで融通が利く。

多くの人びとが集う祭例の主な次弟を列挙すると、

A　祀られている四柱の神格を四棟の社殿内で礼拝し、見物に披露する。それぞれ四座の神格に、司祭の任を託されたボヴィの四人の長老が取り仕切っておこなう。

B　拝礼を終えたボヴィの長老は、社殿の外で待機していた数人の男たちに報告する。この男たちは、ケララ州から祭礼に招かれてやってきたティーヤ共同体で、カッサルゴドのバガヴァティ寺院の司祭たちだ。

C　迎え入れた四座の神格の前面で、選ばれたボヴィの若者たちが、大剣を地に突き刺すような仕草を繰り返す。地中の邪を祓う儀礼である。動作は、青森県の「えんぶり」に似ている。

D　四柱の神像を輿に乗せて、会場になっている広場全域を練り歩く。見物の眼前に神格が顕われるのである。輿を担ぐのは、ボヴィの男たちだ。

E　四棟の社殿の前に、二メートルに及ぶ薪（神木）が井桁に組まれて、火を放たれる。やがて井桁が燃え尽きると、熾《お》き火を拡げ、地面に敷き詰める。

F　選ばれたボヴィの年男たちが、熾き火を走り渡る。見物は歓声をあげて、男たちを讃える。日本の山伏の〝火渡り〟の行にそっくりだ。ただし、日本でおこなわれるような見物人や信者をともなって火渡りすることはない。

祭例の三日間、上記した次第は連日、挙行される。すべて、ボヴィの男たちがおこなう。ボヴィ共同体の年男、長老、近隣の参加者がおこなっている。

祭礼に初参加するボヴィの若者たち

祭礼・火渡り

　礼拝の後、カッサルゴドからの使者を迎え、祭礼と神格を奉戴する報告は、重要な項目で、ケララ州の言語マラヤラムやトゥルー語を交えておこなわれる。カッサルゴドとの関係の深さを知るとともに、南の海岸線から北上してきたと伝えられているバガヴァティ信仰の根源的なあり方が想起できる。

　近年では、火渡りのための井桁が、ふたつになっていることもある。四柱すべてのための炎上が必須だったのは、九〇年代初頭までだった。

　選ばれたボヴィの若者たちによる火渡り

祭礼・四柱神の巡行

の儀礼とおこないは、ウラル・アレカのバガヴァティ寺に伝承されているだけではない。火渡りは、南インドの広い地方に伝播している。

ケララ州の南端部、インド洋沿岸からタミール・ナドゥ州内陸部でも、伝播を確認できる。また、輿に乗せた神像が寺院山内を巡り、祭礼見物の人びとに披露されるのは、広くインドの祭例では、どこでもみられる光景である。

「火渡り」は現在の祭礼を形成する以前からボヴィ共同体の男たちが行っていたといえる。女神バガヴァティ信仰と習合したのである。現在のバガヴァティ寺院が建立される以前、漁労民の男たちによる海浜の民俗的な行事にあった「勇み」であり「自己供儀」の技が、女神バガヴァティの祭礼に習合されたのだ。

ウラル・バガヴァティの祭礼にみられる儀礼とその次第は、二重化されている。古層にあったボヴィの「勇み」「自己供儀」に四柱の神格の巡行行事が上乗せされたように混淆して「現代のバガヴァティ信仰」が成立している。

次節に後述するバガヴァティのブータ、あるいはアリ・ブータもまた、そのような構造に成り立っている。

（3）ヤクシャガーナに描かれたバガヴァティ物語

アンムラッ・ソーメシュワラは、すでにたびたび触れてきたように、地域民俗の研究者であるとともにインドを代表する民俗歌舞劇ヤクシャガーナの作者でもある。この分野での知名度は他の追随を許さない存在である（『茶の木物語とヤクシャガーナ脚本集』カラガンゴトリ・ヤクシャガーナ・ケンドラ、二〇一四年所収。本書には九作品が収録されていて、本作は二〇〇四年初演といわれている）。

彼の新作ヤクシャガーナ脚本は、「アルカのバガヴァティ物語」と題されている。女神バガヴァティ信仰の拠点のひとつであるカルナータカ州最南端のソーメシュワラは、その名が示すようにアンムラッの出自の地である。アンムラッ・ソーメシュワラは、この地のブラフマナ（ブラーミン）である。出自はボヴィ共同体だといわれ、ヒンドゥ教義に則らない地方固有の司祭をおこなうブラフマナ家系とされている。

作者による劇作品の構成に従って「物語」を辿ってみる。

①インディラの訴え

あるとき、ヒマラヤのカイラーサ山に妻パールヴァティとともに住むシヴァ神をインディラが訪ねてきた。インディラは魔王ダアアルカが三つの世界を侵そうとしている、と訴えた。シヴァはインディラにブラフマナ神は、そのことを知ってのことかと、訊ねた。インディラは、その通りだと答えた。

シヴァは、きっと解決すると約束して、インディラを帰した。

シヴァは、インディラの恐怖と悲しみを想って、涙した。

［読み解き］

インドのヒンドゥ教学は、ヴィシュヌ（宇宙の創造主）、ブラフマナ（原理と知恵・日本では『梵天』）、そしてシヴァ神（破壊と再創造神）の三神が最高位にあり、多くの眷属神が巨大な宗教宇宙を形成している。

インディラは日本では『帝釈天』と称され、雷を掌るとされている。一般にインドでは武勇に秀でた神として知られているが、この物語では、いかにも人間臭い気弱な神としてシヴァの援助を求めている。インディラは、三大神ブラフマナの信任を得た魔王ダアアルカが、平安と秩序を侵そうとしている、とシヴァに訴えた。

インディラの統治する〝国〟を侵そうとしている魔王ダアアルカを退治するとシヴァは約束した。

インドの宇宙を支配する三大神は、お互いにそれぞれの役割を発揮しながら、けしてお互いが親和性を保ってはいないことを物語は語っている。南インド、ドラヴィダ族でのヒンドゥ神ということもあるのだ。いずれにしても、多神教世界の擬人化された神がみの姿態がいきいきと伝わってくる。

②シヴァの涙が生んだ七人の聖処女

シヴァは、インディラの苦境を想い、宇宙世界の危機を憂いて、涙した。滴るシヴァの涙から七人の聖処女が誕生した。彼女たちはシヴァに訊ねた。「なぜ、わたしたちを生んだのですか?」

シヴァは、インディラを攻撃し、その世界を侵す魔王ダアアルカを退治して欲しいのだ、といった。わたしの涙から生まれた七人の聖処女は、きっと成功する、といい添えた。七人は、魔王ダアアルカが法と秩序を侵していると理解し、シヴァの願いを叶えます、と誓った。

七人の聖処女は、後に、女神バガヴァティとなる存在だった。

[読み解き]

ヒンドゥ神シヴァの涙から七人の聖処女が生まれた。娘たちは、後に民俗女神バガヴァティになる。ヒンドゥ教のシヴァ神は民俗女神を生み、魔王を退治する〝力〟を彼女たちに与えた。民俗とヒンドゥ教の融合という意外性をたたえた文脈になっている。

ヒンドゥ教がその教義に民俗を取り込んだのか、民俗的思考がヒンドゥ教義に接近、あるいは侵入してしまったのかは、判然といえない。いずれにしても、ヒンドゥ教義と民俗信仰は、その境界が曖昧で、ときに親和し、とき

バガヴァティのブータ

に敵対する（後述『7　ヒンドゥと非ヒンドゥ』）。

③ブータの出現

七人の聖女の前に突然、ブータが顕われる。ブータは、〝見えない世界から見えるこの世へ〟、突然、現れる。娘たちは「超常能力を持つあなたは、誰？」と問いかける。娘たちは、見えないあの世から、突然、目の前に現れたブータに「特別な力」があるとおもえたのだ。

「いやいや。特別な力などは持っていません。ただ、わたしはシヴァ神に従っているのです。」彼は、グリガ・ブータで「七人の皆さんは、闘いに向かっているのですね。」と娘たちの要請に応えて、味方になると申し出た。

［読み解き］

ブータの出現は、唐突で予期できないものだった。ブータは「あの世」と「この世」を行き交う存在であることは、すでに多くの事例で語ってきた。南インドの多神教世界、特に民俗信仰では、「他界」は見えないが、すぐ隣の次元を超えたところにあり、見顕わされる異界の〝神・精霊〟は、ひとの世と神的な不可視の世界を行き来している。

④魔王、抹殺

七人の聖処女たちは、いよいよ本来の異能を発揮する。女神バガヴァティの能力を備えていることがあきらかになってくる。

巧妙な策略を弄して魔王ダアアルカとその妻に接近してくる。彼らのヴィシュヌに倣った乗り物を奪い、ブラフマナの認証を受けた魔王夫妻の活動を骨抜きにし、さまざまに妨害する。

魔王は、闘いを挑んだグリガ・ブータに損傷を与える。しかし、バガヴァティたちは、激しい挑戦をやめることなく、ついに、**魔王を退治する。**

［読み解き］

魔王ダアアルカは、ブラフマナの承認のもとに一定の勢力を所有し、支配する場を得ていたとみることができる。法を冒し秩序を破壊していたばかりではなく、彼なりの〝王国〟を形成していた。インディラは、自らの支配と統治を冒され、その修復をシヴァに訴えた、といえる。シヴァやヴィシュヌが打ち立てたヒンドゥの〝秩序と法〟に叛いた存在だったのだ。ブラフマナが形成を求めた人間存在の階層化社会とシヴァやヴィシュヌが求めたそれに、隔たりがあったのだ。南インドのドラヴィダ社会には、容易には受け入れられないブラフマナによる教義化でもあった、と理解できる。ヒンドゥ教義であるブラーミズムは、南インドには適合しないのである。

⑤女神バガヴァティ、南インド、ウラルに降る

バガヴァティたちは、魔王ダアアルカの殲滅をシヴァに報告した。シヴァは、女神バガヴァティに白檀で建造した船を与えた。彼女たちは、ヒマラヤ・カイラーサから、南インド・ウラルの理想郷へ旅立った。南インドのアラビア海沿岸地帯は美しく豊かで、理想的な地域と呼びかける女神バガヴァティたちをソーメシュワラの聖ソーマナッタシュワラが出迎えた。聖ソーマナッタのもとに定住した女神たちには、しかし困難が待ち受けていた。シヴァ神の涙から生まれた女神たちは、毎日、シヴァ神に供物を添えて祈りを捧げた。シヴァからの託宣を待ったのだ。託宣はなかった。一二年後、ようやく託宣を与えるとの答えを受けた。長かった。

［読み解き］

ヒンドゥの法と秩序を、南インド・アラビア海沿岸にもたらす過程を語る挿話である。作者アンムラッ・ソーメシュワラの在地にまつわる挿話でもある。アンムラッ・ソーメシュワラは、地域ブラーミン（ブラフマナ）の家系で、聖ソーマナッタシュワラを仰いでいる。ソーマナッタにもアンムラッにもシュワラ、すなわちシヴァの名が潜んでいて、シヴァ信仰者の一族であることを示唆している。

民俗女神バガヴァティが、本来、南インド・ドラヴィダ族にとっては無縁だったシヴァ信仰、ならびにヒンドゥ教義に、いかに包摂されていったかを語っている。ヒンドゥは、その旺盛な食欲で、民俗を包み込んできた。その代表的な一例である。このようなヒンドゥの存在感が、民俗とヒンドゥ教義の境界を見え難くし、インドの思想を解り難くしてもいるのだ。

一二年という〝時間〟は、シヴァ、ならびにヒンドゥ教が、アラビア海沿岸のソーメシュワラという土地を承認するために必要だった。ドラヴィダ族の地域に、ヒンドゥ教義が定着した挿話を象徴的に表現している。

⑥バガヴァティ信仰と漁民共同体ボヴィ

五人姉妹はドゥルガ（女神）と呼ばれてソーメシュワラに棲みついた。そして、残りふたりの双子の姉妹神は、程近くのアレカに居を定めた。

あるとき、双子の女神は、漁民共同体ボヴィの祭礼見物にでかけた。アレカ・ボヴィの祭礼は、当時、ようやく評判が高まって、盛況になっていた。

しかし、多くのボヴィには、双子のドゥルガ（女神）との出会いは、はじめてだった。バガヴァティとして、手厚い歓迎を受けることはなかった。ふたりは居所に戻ると、祈った。バガヴァティへの信仰が、ボヴィ共同体の人びとにいきわたることを祈り続けた。

やがて、ボヴィの人びとは、バガヴァティ信仰を支える共同体になった。ソーマナッタ神を篤く信仰する漁民共同体ボヴィは、七人の女神バガヴァティにも帰依したのだ。

［読み解き］

漁労民ボヴィは、男女、それぞれ、バガヴァティ信仰を支える中核の共同体である。彼らが、どのようにバガヴァティ信仰を自らの共同体のものにしたかを知ることのできる挿話である。しかもソーマナッタシュワラを介在したシヴァ信仰が基層にある、ということを知る。すでに触れたように、民俗に発した〝神と信仰〟は、ヒンドゥに集合しながら地域歴史を刻むのである。

⑦女将軍アッバッカとボヴィ

ウラルの王妃アッバッカは、ボヴィの人びとをことさら大きく評価し、味方にしていた。

アッバッカは勇猛で戦略家であり、なによりもウラルを強烈に愛していた。

王妃は、ボヴィの祭りを、高みの館から見物していた。ボヴィの男たちの活躍を仔細に眺めていた。やがて、窪ませた地面に薪をうず高く井桁に組んで、火を放ち、火中を走り抜けるボヴィの若者たちのおこないに胸を躍らせていた。そして、女傑アッバッカは心で叫んだ。「炎に飛び込め、身を焦がせ!!」

若者は、声にはならないアッバッカの命令を感得して、火中に飛び込み、走り抜けることなく炎に消えた。アッバッカは、驚嘆し自己悔悟にさいなまれた。若者は、女将軍で女傑の命を受けて自ら供儀したのだ。

アッバッカは、神官でもあるチャームンディに儀礼化を依頼した。それから炎の祭礼は、儀礼的な行として現在の祭礼に伝えられている。井桁が燃え尽きて「熾き火」になると祭礼をつかさどる若者たちが「火渡り」をおこなうのだ。また、チャームンディ・ブータはバガヴァティの像を頭上に乗せて、憑依しつつ地域一帯を巡り歩く。

［読み解き］

時を経て、女傑アッバッカが南部アラビア海沿岸に登場する。彼女は、小王国の王女だったが夫君の王とは意見が異なっていた。インド植民地の先駆けになったポルトガルの艦隊が攻撃してきたとき（一四世紀後期）、王は侵略者と融和、和解する交渉を主張した。

しかし、王女アッバッカは、ボヴィたち漁民を兵に仕立て、沿岸から撃退してしまった。アッバッカは、ヒロインになった。

漁民であるボヴィ共同体は、沿岸海域を護ることには、強い義務感と愛情を持っていた。アッバッカの扇動に乗って、彼らは、漁業に勤しむ傍ら兵士として組織された。彼らの武力は、武術ガロディ（『I部 第2章4（4）武術と演技』、『論点・開題6 武術ガロディ Garadhi、そしてカラリ・パヤット Kalari ppayattu ［その2］』の中の『武術ガロディ』）によって培われた。

アッバッカは、地域に伝承された武術ガロディを奨励し、活用したのだ。

（4）創作作品に込められた思想

アンムラッ・ソーメシュワラのヤクシャガーナ作品の筋立てを辿ってきた。創作作品ではあるが、カルナータカ最南部ウラル地方の女神バガヴァティ信仰が、どのような文脈で成立しているかを知るためには、もっとも良き叙述（テキスト）になっている。

留意すべきは、作者アンムラッ・ソーメシュワラの出自の地が舞台として語られていることで、氏の強烈な地域への自己証明、アイデンティティに支えられていることである。しかし、だからこそ、物語が与えてくれる女神バガヴァティの実在感は、何にも替え難く迫ってくるのである。

すでに述べてきたように、漁民ボヴィ共同体が、保ち、継承してきた祭礼は、バガヴァティ女神信仰以前から存在していた民俗的資質を醸している。たとえば、火渡りの行などは、タミール・ナドゥなどにもみられ、広く南インド全域に伝播していて、男たちの勇姿を誇るものだ。女神バガヴァティ信仰をつかさどる漁民ボヴィは、同時に、武術ガラディの鍛錬を怠らず、沿岸を守護する兵員としての役割を担っている。漁民ボヴィの「勇み」を表現する「火渡りの儀礼」ということなのである。加えれば、日本の修験道でも、そっくりな「火渡りの行」がおこなわれる。日本の場合は、修験者による呪的な異形の力が付与された面が強調されていて、より宗教的な意味合いが強くなっている。

ヒンドゥ・シヴァ神と民俗女神バガヴァティの緊密化も、冷静にみつめると、ボヴィ共同体が、本来、所有していた民俗的な行事、儀礼やおこないを、ヒンドゥ・ブラフマナの側が、包み込むように取り込んでいることがわかる。民俗的な〝思想〟が祭礼に再現され、顕われているのだ。シヴァ信仰の受け入れと伝承が、民俗的な様式に乗じているのである。習合しているのだ。作者アンムラッ・ソーメシュワラ自身、そこに自らを引きつけている。作者は、民俗史のもとでバガヴァティ信仰の主体になるボヴィ共同体の〝時代〟が解き明かされる物語であることを黙示している。

やがては、こうした儀礼やおこないは、ヒンドゥ・ブラーミンのものともなり、バガヴァティ像を頭上に掲げて憑依する「儀礼」へと結ばれるのだ。

(5) アリ・ブータ、イスラム教徒のブータ

双子の英雄コティ・チャナヤの立像には、ふたりの間にイスラムの装束を着けた少年が存在していることはすでに記した(『第2章4(3)コティ・チャナヤの祭礼・マンガロール郊外ガロディ寺の事例と祭りの次第』)。

南カルナータカ、ダキシナ・カンナダ郡の南北にわたる沿岸地域、すなわちブータが伝播されている一帯は、いわゆるヒンドゥ共同体とイスラム教徒ムスリムが、調和と均衡を保って生活していることは、しばしば触れてきた。

伝播域の北端クンダプールには、ムスリムの少年がブータの儀祭礼にあこがれ、自ら演じたいと飛びだしたが、舞も踊りも知らなかったことにはじめて気づいて、立ち往生した、という笑いをともなった伝えがある。ブータとムスリム共同体は、限りなく接近していたのだ。ムスリム共同体は、民俗社会に多大な説得力を発揮するブータに、憧憬ともいえる感性を抱いてきた。共同体をまとめあげる緩やかな〝信仰〟は、ムスリムには存在するものではなかったのだ。

①ケララ州のイスラム共同体

女神バガヴァティの南限になる北部ケララ州カッサルゴド近郊クンダプールのアリカディには、ムスリムのブータがある。通常、アリ・ブータと呼ばれている。アリAliは、ウルドゥ・ペルシャ語で、魔術師、呪術師を表している。彼らの奉戴する神格は、アリ・チャームンディといわれている。チャームンディは、ウラル、ケララ北部地域のバガヴァティ寺院に祀られている四柱のひとつで、アリ・チャームンディは、そのムスリム化したものと理解できる。

ブータの伝播域では、カッサルゴド周辺は南限ということになるが、ダキシナ・カンナダ郡都マンガロールを中心にしたトゥルー語圏の南端でもある。トゥルー文化圏であるブータがイスラム共同体に成立しているのは、ブータの持つ〝呪力〟に憧憬を抱き、その宗教的感性に接近していることを考え合わせると頷けることである。とはいいながら、アリ・ブータの儀礼は、マラヤラム語でおこなわれている。この地方のイスラム共同体は、ケララ州の公式言語のマラヤラム語を、イスラム共同体のものにしている。もとよりウルドゥやアラビア語を母語とするインド・イスラム共同体だが、ケララ州に定住した彼らは、ケララの言語であるマラヤラムを母語に替わるものにしている。

ケララ州のアラビア海沿岸、そして内陸部の広い地方には多くのムスリムが居住している。彼らは古代四、五世紀頃から近代にいたるまで、波状的に移民してきた歴史を持っている。中東諸国、ペルシアからアラビア海を潮の流れに従って渡ってきた。南インド、ケララ州はもっとも到達率の高い地方なのだ。

ムスリムの人びとが定着してきた長い歴史と彼ら独自の文化の熟成をみないわけにはいかない。

アリ・ブータは、ピリ・チャームンディ、虎のチャームンディとも呼称され、後述する「虎」がここにも潜んでいることを知る（『第2章6（2） 虎のブータ』）。

また、特に異教徒からは、バッバリア・ブータBabbariya Bhutaとも呼ばれている。英語的な解釈をすると、異邦とか異人の意味が付与されているようにおもえる。いわゆるヒンドゥからの視線で、『異人、異形』のブータ、ということになる。

ムスリム社会には、四姓制度、いわゆるカーストはないが、職能、ジャティに則った共同体は存在する。ブータをおこなうのはシャリア（聖職者）と呼ばれ、ティーヤThiya共同体に属し、金属加工を職にしている人びとのなかから選ばれた一族だと伝えられている。

アリ・ブータ

②アリ・ブータ、その装束・化粧

顔は、黒く塗られて異形の相貌を強く印象付ける。鍔広の帽子を着け、その上には黄金色の円筒が設えられている。聖者の印である。

衣装は、ルンギと呼ばれる男性用の腰巻を着け、上半身は裸で、邪を祓う意味を込めて鬱金《うこん》を塗り施している。首には金の鎖を巻いている。ルンギには、鮮やかな化粧回しが巻きつけられ、また、銀の足輪、アンクレットを着けている。鈴のついた足輪は、その音によって神格の降臨を仰ぐと信じられている。捧げられたたくさんの花輪が肌を隠して、あたかも衣のように装われている。衣装はきわめて単純で、上半身を覆い尽くす花輪は、聖なる存在として委託されたことを示唆している。手には、剣が握られている。なによりも、黒く塗られた顔が、異様な風体を印象付ける。後述する「虎のブータ」も顔を黒く染めている

（『第2章6（2）③　潜む「虎」と隠される子ども——虎のブータ』）。

アリ・ブータの「黒」が異形の表象であり、「虎」の存在を象徴するものでもある。また、ブータであるアリは、他界からの表徴である「黒」で表現されている。

虎は、畑地を越えて間近な森に出現する恐ろしい動物であるとともに、異界からの使者でもある。なにほどかの警告やお告げをもたらす。よいお告げもあれば、おぞましい警告もある。

黒染めの貌は、アリ・ブータの両義性を表象しているといえる。

③アリ・ブータの伝承譚

伝承されている挿話は、日常生活に密着した、しかも切実な問題を抱えた物語でもない。しかし、汎宗派的な信仰の所在は、はっきり分かる挿話になっている。

アリは、ジャックフルーツの実を購っていた。果実を食べた人たちに、その値を求めた。人びとは、厳しい督促を受け、支払いが滞ってしまった。そこで、人びとは神格であるチャームンディに救済を願いでた。

アリは、女性を装っていて、腰にはお守りを着け、ジャスミンの香りを湛えていた。チャームンディは、彼の実像を暴き、その姿を消し去って、自らに吸収し同化してまった。それが〝アリ・チャームンディ〟になった。

バガヴァティの神格であるチャームンディになったアリは、特に女性たちの信仰を集めた。かつては蔑まれる存在であった売春婦たちも、秘密裡に熱烈な信者になっていた。民俗宗教、ヒンドゥ、そしてムスリムを問わず信仰者集団は広まっている。

[読み解き]

呪術師アリがジャックフルーツの実を売っていたというのは、奇妙な話である。

しかも法外な値を求めたというのは、現実的ではない。しかし、アリとチャームンディの出逢いと発展という展開には、必然性を見出すことができる。ジャックフルーツという庶民の嗜好に乗って、汎宗派的な存在である女神チャームンディへの信仰が成立している。

アリは、チャームンディによって実態を暴かれ、その姿を消し去られ、あらたな存在として再生する。チャームンディが身内に浸潤し、呪術師アリは、神格として生まれ変わる。イスラムと民俗ヒンドゥの融合が語られている。女神チャームンディに変容するアリは、女性としての装いを保っていた。バガヴァティが、女性による支持と信仰によって成立している文脈を語っているのだ。

アリ・チャームンディ誕生の逸話は、宗派を越えた、女性たちのあらたな日常生活のはじまりを示唆している。

④その儀礼

アリは、木曜日に儀礼をおこなう。通常、ムスリムは金曜礼拝をおこなうが、その前日にイスラム寺院のモスクで拝礼をおこない、集会場にむけて行進する。

人びとは、道行く彼に花輪を掛け、従《つ》いて歩く。イスラム教徒だけではなく、民俗ヒンドゥの人びともいっしょに行進する。

設えられた集会場には、多くの男女が集まって、アリ・ブータの登場を待つ。仔細に観察すると、モスクを外れた行進には、女性はほとんど参加することはなく、男たちが道を分け、アリは、それに従って歩いてゆく。集会場には、女性たちが、多く出迎える。圧倒的に女性が多い。

集会場に至ると、アリは、アリ・チャームンディとブータの由来を説き語る。さらにアリの到来を依頼した地域の人びとに託宣を与える。

捧げものを持った女性たちのひとりひとりの相談に耳を傾け、回答と託宣を与える。長い行列をつくった女たちの願い、希望、そして愚痴まじりの口説を丁寧に聴いていく。

驚いことに女信者たちにヴェールを被った姿がない。アリに託宣を求める女性たちは、ヒンドゥ、いや民俗信仰者たちなのだ。女神に癒しを求め、英雄の物語に神秘的な興奮と未来を拓く希望を託す、といった女性たち、ヒロイン・シリや女神バガヴァティに身を焦がす女性たちが、アリのもとに集っている。アリ・チャームンディは、宗教宗派を超越した説得力を持っているのだ。地域社会は、イスラムともキリスト教とも、いうなれば同棲している。女性たちは、女神バガヴァティの変容した神格であるチャームンディに寄り添っていく。そこには、深遠で心的な制御の効いた調和と均衡があるのである。女たちは、自らの厳しい現実生活の淵を覗き込みながら、自らの救済に大胆な行動力を発揮していく。そのしたたかさが、ムスリムの神秘的思惟に、おのずと導かれているといえるのだ。

6 精霊たちのブータ

いうなれば、ウラルティやバガヴァティのような女神や双子の英雄神は、整序されたヒンドゥ教義信仰に則られた宗教事例とはいえない。述べてきたように、一定の共同体にとっての神格であり、一般的にいえば雑神といえる。この雑神信仰こそが、地域と共同体にとっては重要不可欠な存在なのである。人びとの生活に密着し、ときには、生死を左右する存在なのだ。

女神ウラルティは、信奉する人びとにとって、現実の統治者以上の信頼を寄せることができる存在なのだ。年ごとの農地の再生を約束し、豊穣を約束してくれるのだ。いうまでもなく、女神ウラルティとして見顕われるのは、ブータなのである。ウラルティは、述べてきたように女帝であり王女である。その存在は、現実の歴史にあるとはいえず、正確な時代を特定することはできない。歴史家には仮構として扱われているのだが、しかし、人びとには確かな実在感を以て語り継がれ、継承されている（『第2章1（1）ウラルティの始祖譚　ウラルティ・ブータの伝承神話』）。

ブータによるウラルティは、擬制の権力者なのである。現実の統治者の存在と矛盾することなく併存することが、人びとにとって不可欠な生活感覚になっているのだ。女神バガヴァティも双子の英雄コティとチャナヤも、人びとの生活に大きく関与しているのである。儀礼と祭礼は、現実の行政とは別の次元での「擬制の権力」なのだ。おなじ地域に重なる、生活に密着した雑神には、動物神がある。それぞれブータの憑霊によって表現されている。

(1) 蛇神信仰とブータ

蛇神信仰は、インド亜大陸全域に分布している。蛇神、ナーガは、インド最大の民俗信仰といえる。路傍に建てられた小祠堂、あるいは寺院の一角に祀られている。菩提樹などの大樹の根本に祀られている例も多い。人びとにとって卑近で身近な存在だ。特に女性にとっては、蛇の生命力の強さからであろう、強い信仰がどの地域にもみられる。跪いて、蛇神の碑《いしぶみ》を拝礼する女性たちの姿は、しばしば目撃できる。

インド神話には、蛇神信仰の背景といってよいだろう存在が語られている。顔は擬人化され、身体は蛇、という半神として登場する。両義的な正邪の力をもつ半神で、畏怖されつつ崇敬されている。神話では、ナーガ族と称される人びとの存在も記述されていて、半神としての擬人化は、こうした背景を反映しているといえる（『第1章4（2）論点・開題2『女神、半神女、神女』』）。

南インド、カルナータカ州のアラビア海沿岸部では、ナーガ信仰のふたつの儀礼が盛んにおこなわれている。ほぼブータの分布域に、重なっている。

①ナーガ・パンチャミ

雨期のはじまる頃、五月中旬から六月にかけて、アラビア海沿岸地域では、各地でナーガの儀祭礼が執りおこなわれる。地域の女性たちが中心になって、小祠堂や寺院の一角に祀られたナーガの碑に参集する。司祭をブラフマナ（ブラーミン）に依頼し、招聘する。通常、ナーガ・パンチャミと呼称している。

司祭は、祈りのマントラ（呪文）とともに花びら、聖水、ミルクなどをたっぷりと碑に注ぐ。参集した女たちも、こもごも念仏を唱え、祈る。

ヒンドゥ教三大神に挙げられるヴィシュヌやシヴァの神像には、蛇が配されている。ヴィシュヌの背後の頭上には、光背のように、あるいは、随所にコブラのような蛇を見出すことができる。シヴァ神の首に蛇がまきついた図像もある。ヴィシュヌやシヴァ信仰の行き渡ったトゥルー文化圏である地域性から、主催する女性たちが、ヒンドゥ・ブラーミンの司祭を依頼することも納得できることだ。

信仰する者たちは、蛇の生命力、すなわち、脱皮して再生する生態を、不滅の生命を維持していると仮想する。また、常に水辺に生息していることが、汲めども尽きぬ〝水〟をつかさどるものであり、生活、農業用水を供給する存在として信仰の対象になっている。

田植えがはじまる時期、農家の女たちは、もっとも重要な役目を負って田に降りなければならない。田植えは、農村社会では女たちが、唯一、主役になる作業なのである。水に因む蛇神の加護は、この季節の女性たちに欠かせないものになっているのだ。

②ナーガ・マンダラ

場合によってはひと晩以上の時間をかけて、祭場の全面に「曼陀羅紋様」を描く。すべて色とりどりの花弁と香料の粉末によって描かれる。花に飾られた天蓋が、祭場の中央の高みに設えられる。ナーガ像を中心に描かれた曼陀羅は、花の天蓋とともに「蛇神の宇宙」を形成している。

曼陀羅を描く人びとも、儀礼をおこなう人びとも、特別に指定された、選ばれた共同体に属し、日常生活を組みすることはない。曼陀羅を半職能としておこなう共同体で、招致する地域の人びとは、尊敬と崇敬を以て儀礼をおこなう。

ナーガ・マンダラ

通常、祭祀を補助するブラフマナ（ブラーミン）も招かれる。蛇神の邪を祓う呪（マントラ）を唱えるのだ。

ナーガ・マンダラは、大仕掛けできらびやかな設定と演出ではじめられる。

特殊で選ばれた共同体から招かれた舞い手は、曼陀羅の周囲で緩やかに舞い、あるいは、跳躍して踊る。およそ、ひと晩、演じ続ける。やがて、ナーガと地域の人びとを仲立ちしたプージャリ（I部　第1章2『トゥルー語共同体プージャリPoojaliと地域社会』）に験を投げ、憑依させる。同時に、華麗な曼陀羅を破壊し、跡形もなくしてしまう。一日とひと晩の饗宴だ。

蛇の持つ生命力、再生力、そして蛇神の破壊と創造を体現する儀祭礼である。

③ふたつの蛇神儀礼、そしてブータ

ナーガ・パンチャミとナーガ・マンダラは、どちらもアラビア海沿岸地域、南カンナダとケララ州をまたぐ地域で盛んにおこなわれている。

曼陀羅とパンチャミは、ブラフマナ（ブラーミン）の来臨を仰いでおこなわれ、曼陀羅は、地域の人びとの多大

な負担の上に成り立っている。どちらの儀祭礼も、一年に一度、定期的におこなわれている。

蛇神への信仰は、地域ではこの二例に止まらない。というよりも、別種の儀祭礼として、ブータがあるのだ。蛇神ナーガが、半神の形象を顕わにして参集した人びとの眼前に登場する。

ナーガ・パンチャミとナーガ・マンダラの宗教的、あるいは民俗的な思想性は共有されていながら、蛇のブータは、あきらかにブータとしての芸当《パフォーマンス》をおこなっている。参集した人びとは、畏怖と崇敬によって組織されているのはもとよりで、蛇神は、さまざまな要請、多くは限りない信心を求め、年毎のナーガへの儀礼を忘れないことを求める。そして、地域への卜占《ぼくせん》と託宣をおこなう。最後には、信仰者たちの個人的な相談事に回答して儀礼を終える。

ブータの儀祭礼は、ナーガ・パンチャミ、ナーガ・マンダラの文脈があって、その上に成立しているのはあきらかだ。民俗的下染めとしてのナーガ信仰は、強力な生命力をもって、地域に存在している。

(2) 虎のブータ

いうまでもないことだが、虎に纏わる神話的伝承、あるいは昔話の類は、アジアに広く存在している。虎は中国、朝鮮半島はもとより、東南アジア全域に生息し、畏怖され、さまざまな物語が紡がれてきた。日本民俗学を代表する泰斗である南方熊楠の研究『十二支考』の「虎」論は、つとに知られている。[4] 南方の論考は、「虎」が、いかに広く深く民俗文化に行き渡っていたかを説いてあまりある。南方は、アラビア中近東から、特にインドの「虎」民俗を叙述している。すべてが文献渉猟によるとみられる研究、論考の広範さと該博な論述は、現実の調査探索、フィールドワークとの照応を迫っているといえる。

そもそも、インド亜大陸を戦い取った女神ドゥルガーが、戦陣に赴く際の乗り物が、インド・ライオン、あるいは「虎」なのである。インド・ライオンは、絶滅危惧種になっているがアフリカ・ライオンとは別種の亜種で、鬣《たてがみ》も少なくきわめて虎に近い。

インドの虎は、いわゆるベンガル種で、亜大陸北部から南のケララ州まで、広く分布していた。インドのベンガル虎も現代、希少種になっている。

女神ドゥルガーの図像は、インド・ライオンである場合と虎に乗っている両方がある。描かれた時代、地域によって差がある。といっても時代や地域での一定の形式や法則性が決まっているわけでもない。

南カルナータカ州のアラビア海沿岸から内陸にかけて、「虎」は現実に存在した恐怖の動物で、後述するように（『第2章6（2）③潜む「虎」と隠される子ども――虎のブータ』）、その伝説的伝承も、数多く伝えられている。

①タイガーダンス Pilli Narike

南方熊楠は、「虎」をピリ Pilli、タミール語と挙げているが、南インド全域、無文字のトゥルー語圏もおなじ呼称になっている。ピリ・ナリケは直訳で虎舞、となる。

虎舞、虎躍りは日本にも数多く伝播している。太平洋岸の青森県から鹿児島県まで、各地に伝承されている。多くの伝承地では「虎獅子」とも呼ばれて、獅子舞と混淆している。虎も獅子も、日本では現実に生息している動物ではなく、想像上の異類である。インドのベンガル虎の存在とは性質を異にしている。

日本の「虎舞」は、歌舞伎の『国姓爺合戦』に倣った伝承譚が、多く伝えられていて、中国で活躍した英雄和藤内《わとうない》が、彼の地で虎退治をするという挿話に因んでいる。虎は、日本人にとって、勇気を鼓舞する対象になっている。

南カルナータカの郡都マンガロールを中心に伝播しているピリ・ナリケ、タイガーダンスは、数名の笛、太鼓を伴った賑やかな芸能だ。

若い演者は、これも数名が一団になって、ひとつの集団になっている。裸身に紋様を施し、虎の頭《かしら》を被る。ときには、全身を虎のぬいぐるみで覆う。

虎の集団は、祭礼の先頭に立って、道を開く行列の役目をする。また、祭礼に際して信者の門口を襲って、三、四種類の演目を披露し、喜捨を乞う。突然、激しい太鼓と笛に門口を襲われる信者は、なにがしかの金品や捧げ物を供することになる。典型的な、脅しと侵犯の芸能である。

彼らが登場する祭礼は、女神ドゥルガーが戦った一〇日間の戦争を記念するダサラ祭だ。毎年、九月から一〇月にかけての一〇日間に行われる。特に女神ドゥルガーが最初に勝利した日とされるシャラダでは、大活躍する。

飾り立てられた巨大な山車の行列の先頭は、ピリ・ナリケの独壇場になる。山車は、伝統的に寺院に常備されているものと、信者集団が「花電車」のように設えたものの両方が、街を練る。多いときには一〇台ほどになる。その先頭を行くのがピリ・ナリケなのである。また、祭礼の一〇日間、彼らは、連日、地域信者の門口を訪ね、喜捨を集めて歩く。祭礼の費用を調達している。

もうひとつ、虎の集団が活躍するのは、クリシュナの誕生祭である。毎年、雨期の前、クリシュナの誕生を祝う祭礼がおこなわれる。南カルナータカ、ダキシナ・カンナダでは虎の集団が祭礼の行進の先頭に立つ。山車や行列はピリ・ナリケに導かれて信者の地域を進むのだ。

一九九〇年代、ピリ・ナリケは人気沸騰期を迎えていた。ダサラ祭やクリシュナ生誕祭だけではなく、地域ごとの小祭礼にも若者による集団が登場する。大学の文化祭のような催しにも、学生や若者に組織された「虎」が現われる。本来、選ばれた共同体によっておこなわれてきたと伝えられているが、異様な隆盛を背景にして、もはや誰でもが参加できる芸能になってきている。

従前、一九八〇年代までは、賤視された芸能であったといえるが、現代では職能のものではなく、誰もがやれる祭礼の「花」になっている。肥大化した〝人気〟が、質実を変えたのだ。

②赤い虎、黒い虎

タイガーダンス

赤、黒の「虎」が出遭った

ピリ・ナリケは、顔を黒く染めている。祭礼の前、若者たちの集団が、戸口を襲って、祭礼のための喜捨を乞う。門口で、激しい演奏と曲芸的な踊りをはじめる。脅しと侵犯の芸だ。ひとりは、虎のぬいぐるみを着て、頭から顔にはすっぽりとおなじく虎の被り物を被っている。彼が主役だ。後の数人は、顔を黒く塗って、虎の縞目を黄色でひいたりしている。

アリ・ブータも顔を黒く塗る。しかし、アリ・ブータとピリ・ナリケでは、〝黒〟の意味合いが違っている。アリ・ブータでは、異形性が人びとを畏怖させる。ピリ・ナリケは、穏やかな日常に踏み込んでくる侵犯性が脅威を与える。

アリ・ブータは参会する人びとの問いかけに答え、託宣を授ける。ムスリム聖者のことばを民俗ヒンドゥの参会者が素直に受け容れていく。宗教的異質性を越えた神秘的ともいえる親和感が醸しだされていく。「ピリ・ナリケ・虎舞」には神秘性や宗教感性などかけらもない。あかるく、祭礼にむかう強烈な活力が発散される。

実は、この地方には、もうひとつ別種の「赤い虎」がいる。ふたつ目の貌といえる。ケララ州との境界地帯にもブータの言語、トゥルー語共同体が存在することは、すでに述べた。ケララ州に踏み込んで、テイヤム・ブータとも称される女神チャームンディを奉戴するブータは、赤面で、アリ・ブータやピリ・ナリケとは様相を違え、熱気を湛えている。女神チャームンディについては、バガヴァティが変容する四神のひとつとして、すでに述べてきた。赤面のチャームンディは、ブータが持つ両義的な祟り神の暗さを払拭した、闊達な行動に観る者を引きこんでいく。ピリ・チャームンディが繰り広げる踊りと憑依は、祝祭的なあかるさに満ちている。

虎は、日常生活と非日常の縁《ふち》に出現する。その現実の虎の存在をチャームンディ・ブータとピリ・ナリケは、異形な〝黒と赤〟で表現している。アリ・ブータとピリ・ナリケは、質実を大きく違えながら、異形性を発揮し、その役柄を確実に表現している。

ケララ州北部のカッサルゴド近郊でおこなわれるピリ・チャームンディの祝祭では、アリ・ブータが交錯する。赤顔のピリ・チャームンディの祭礼の場に、黒いアリ・ブータがひそやかに侵入してくるのだ。交錯して、それぞれの場を得た赤と黒は、それぞれの信者に囲まれて、静かに祭礼を終える。ピリ・チャームンディと合流するアリ・ブータを、多くの人びとが「あれも、虎なのさ」と耳打ちしてくれた。黒の異形に、すでに述べた「人間を襲って食べた」カラを感得しているのだ。

赤いピリ・チャームンディと黒いアリ・ブータとピリ・ナリケは、地域の人びとが、それぞれの想像力で育んだ異形であり〝虎〟ともいえる存在なのである。類推させる呪性が、両者にはあるのだ。

ピリ・ナリケとピリ・チャームンディ、黒の異形性と祝祭的なあかるさと尊厳をたたえた儀礼と祭礼が等分に仕分けられた「虎」の儀祭礼がある。子どもが参加し、村の安寧と秩序をブータに託している。

人びとの想像力が育んだ〝虎〟の集大成というべき事例だ。

③潜む「虎」と隠される子ども――虎のブータ

人里近くの林に虎が潜んでいる。じっと、人家をみつめている。数時間に及ぶ。……こんな体験を、南カルナータカ・マンガロール郊外の多くの人びとは語り継いでいる。しかし、一九九〇年代に入って、虎の人里への出現は、めっきり減ったといわれている。

マンガロールは、南カルナータカ、ダキシナ・カンナダの郡都で、中心市街に数十万、郊外周辺に、やはり数十万の、ほぼ一〇〇万の人口を誇っている。インドでは中都市である。市街を三キロほども離れると豊かな農村地帯になる。二毛作可能な米、麦、野菜、芋などの根菜など、豊富な農産物に恵まれている。また、マンガロールは教育都市でもある。一九九〇年代に分離されたウドゥピー郡とともに、カレッジ、大学、それに準ずる中・高校など、あわせて三〇以上の学校がひしめいている。インド全国からの遊学生、中国、韓国、東南アジア、米国などからの留学生が数万単位で就学している。

マンガロール市街からウドゥピーへの街道をゆくと、最初の町、江戸時代でいえば、東海道、品川のような宿場町にでる。アラビア海沿岸と内陸部へ進む分岐点で、古くから交通の要衝の地である。中都市マンガロールの近郊といえる。

すでに述べたように、市街を外れると豊かな農村が出現する。そして、この宿場町の外れに「虎のブータ」が潜んでいる。

④〝虎のブータ〟儀礼の次第

二〇〇六年四月二九日　ウドゥピー郡ケプー Kepu 近郊ピリチェンディ Pilichendhi 村に赴いた。

ムゲラ Mugela 共同体とブータを排出しているパンナーラ Pannara 共同体は、ともに四姓制度の下位の外に位置されている。いわゆるカースト外の被差別民といえる。ふたつの共同体は、おなじ村内にあって、近接、ときに混交して生活している。

儀祭礼は、ピリ・コーラ、あるいはピリ・ブータと称されている。ピリは、すでに述べてきた「虎」をいうトゥルー語である。

二年に一回、隔年の祭礼になっている。地域では、「儀祭礼は、ヒンドゥイズムに則ったものではなく、儀祭礼をおこなう地域民は、ヒンドゥではない。ヒンドゥの教義や思想に則った儀祭礼では、断じてない。」と強く主張している。

「人口は、六〜七〇〇〇人で保護政策による政府関係の仕事に従事しているものが多い。」と地域の紹介者はいう。寒村といえるだろう。

午前、寺を中心にムゲラ共同体のなかから選ばれた神官たちが儀礼を進めていく。すべてが、ムゲラ共同体によって運営されている。

AM九：三〇　村びとたちが、三々五々、集まってくる。

主催者から申し渡しがあった。「写真、ビデオの撮影は禁止。見物や主催者、儀礼の実行者、ブータへの直接取材は禁止」、というのである。

理由を尋ねると、「殺人を含めた犯罪報道ばかりが横行していて、ムゲラ共同体の本当の姿を理解してくれていない。ピリ・コーラについても理解を進めてはくれない。」という答えが返ってきた。

参集してきた人びとは、牛、牛乳、鶏などを神殿に捧げた。牛は、虎、ピリに捧げて、襲われることのないように守護してもらうためだ、という。以前は、牛を供犠して、虎の満足を得て、多くの牛を救ったのではないか。

祭礼には村落に混在するイスラム教徒ムスリム共同体も参加し、牛乳を奉納する。

AM一〇：三〇　神官を任ずる者たちが、身を清める沐浴をおこなう。

村内には三ヵ所の寺院があり、それぞれが神官を選任している。神官は、ムゲラ共同体から選ばれ、祭事をおこなう。ヒンドゥの宗教共同体であるブラフマナ（ブラーミン）は関与しない。

ＡＭ一〇：五〇　主催者、選任された神官など、全員が寺内に入る。

祭神に儀礼と祭礼の挙行を宣する。

主催者で寺役から祭礼に関する祭神の紹介、由縁と解説が語られる。また、儀祭礼の次第が確認される。

主祭神は、村の通称名にもなっている女神チェンディ。チェンディは、チャームンディの転訛ともかんがえられる。ということは、「ピリ・チャームンディの村」ということになる。

随神には、水の神である女神タニョマニガ Tanyomaniga と虎に乗ったグリガ Guliga がいる。三神が祭神であり、このムゲラ村落の信仰のすべてである。

ただし、別格の民俗神ブランマという存在がある。ヒンドゥイズムのブラフマナ（ブラーミン）に発音は似ているが、別神で、この地方に伝わる主として女性を守護する神格である。女神チェンディとその信仰者を守護するという意味がこめられているのか、この祭礼には、祭壇の中央に据えられている。

タニョマニガは、タンニガ、と縮めて表現されることが多い。

共同体グリガの選ばれた一族がブータをおこなう。

ＡＭ一一：二〇　祭場に村長が登場する。俄かに緊張が会場をつつむ。祭礼の開始が近づいたということなのか、村長の登場が招いた緊張なのか、判然としない。

民俗神ブランマの神前の飾りを、一時的に撤去する。

ＡＭ一一：三〇　参集者たちに神官たちが祭礼の開始を宣言する。主催者が、寺内の各所にココナツの油液に浸した葉をまいて清めをおこなう。

ＡＭ一一：五〇　音楽の演奏、寺内と寺外の両方ではじまる。競演は騒音化する。主催者、神官、主だった参会者たちは寺内で拝礼に臨む。

行進がはじまる。虎のぬいぐるみと虎の面を着けた神官を先頭に、寺内で拝礼を終えた人びとが従う。先頭の虎に扮した神官をはじめ、数名の神官が、憑依する。

行列は、隣接する別当家に到着する。旅所である。

ブータであるグリガは、緑の葉を敷き詰めた旅所の門前で、一行を迎える。神官のなかには、憑依してその場に倒れこむ者もでてくる。

ぬいぐるみと面だけが旅所のなかに入り、やがてもどってくる。神威を与えられたのだ。旅所はパンナーラPannara一族が控えていると伝えられ、彼らがグリガ・ブータを輩出し、祭礼を陰から支配している、といえる。

PM一二：一五　旅所からもどる途次、神官たち全員が、沐浴場におりて祓い清めをする。ブータも従う。

PM一二：三〇　一行、寺内に帰る。ブータは、寺の扉を閉めて、少時、籠る。

PM一二：四〇　綱に引かれた子牛が神前に導かれる。

ブータ、嬌声を挙げて、寺内から登場する。牛に近づき「虎はお前を欲しがっている」と叫びかける。

ブータの行為は、あきらかに牛を供犠した名残りとみられる。現代の儀礼では、牛を供犠することは、あらゆる祭礼で、一切、みられない。きわめて残酷なことと、ヒンドゥ教義による牛は「聖獣」であるとの強い主張も影響している。鶏の供犠は、このブータもおこなっている。

この後、しばらく休憩になる。午後二時頃から、祭りの見物客が一気に加速して参集してくる。夕刻にかけて、朝からの儀礼とは、まったく様相を変えた祭礼がはじまる。

⑤ 〝虎のブータ〟祭りの終焉

子どもたちが、集落の大樹を遠巻きにしている。子どもたちの背後には大人たちが控えている。

目を凝らすと、大樹の根本に小柄な男が大樹にへばりつくようにこごまっている。顔は、すすけたように黒く縞目に塗られ、いかにも人眼をはばかるような風体だ。すすけた黒い顔は、ひとを襲った虎に与えられる符号で、

「黒」はヒンディ・サンスクリットでは「カラ」、忌みの意味を持つ、と伝えている。

遠巻きにした子どもたちのなかから、腕白そうなひとりが、やや近づいて小男の様子をうかがう。数十人の子どもたちも、腕白少年の背後から、恐る恐る小男をうかがう。

突然、おもいもかけない敏捷さで、小男は子どもたちに襲いかかる。たちまち子どもたちは喚声を上げて逃げ惑う。

小男は、先頭の腕白には目もくれず、逃げ遅れた尻尾の方の二、三人の腕を掴むと、大樹の根本に連れてくる。捕まった子どもたちは、まるで金縛りにあったように、固まって屈みこんでしまう。小男には、霊力、あるいは呪力のようなものがあるのだろうか。

広場の外れ、人家の疎らのあたりには、大人たちが見守っている。そして、子どもたちの所作のひとつひとつに野次を飛ばしている。集落の大人たちは、この催しの組織者であり、主催者なのだ。捕まると、一年以内に災いに襲われる、と伝えられ、命の危機に及ぶという。大人たちも例外ではなく、捕らえられることがある。

捕まるのを免れた子どもたちは、懲りずに小男を遠巻きにし、少しずつ近寄ってくる。ふたたび、小男が敏捷に動き、二、三の子どもが捕まる。大人たちは、やんやと囃し立てる。捕まった子ども、あるいは大人たちの囚われた〝呪〟を解く方法を村人たちは密かに知っていて、実行しているともいわれている。

こんなことが、飽きずに数度、繰り返される。捕えられた子どもたちは、大樹の根本に、やはり金縛りになって、消沈して、ひと塊《かたま》りになっている。

やがて、大人たちが、奇声を上げながら子どもたちのいる大樹に近寄ってくる。

小男は、ぐるりと大樹のまわりを巡ると、素早く、目にも止まらず消えてしまう。

小男こそ、虎のブータだ。ブータの消えた先を知る者は、誰もいないということになっている。後を追わない、といったほうが正しい。

解放された子どもたちは、大人たちにとりついて喜びの声を上げる。なかには大声で泣く子もいる。

⑥集落が仕掛ける子どもの災難

「虎」は、集落を襲い、家畜や子どもたちを襲った歴史がある。森に引きずり込まれた子どもは、帰ってくることがなかった。「神隠し」だったのだ。

「虎」の恐怖を再現する儀礼的なおこないは、一見、「かくれんぼ」や「鬼ごっこ」のような遊戯のようでもある。ゆったり感も随所にある。しかし、真の文脈には、子どもたちに集落と親たちの存在を再認識させ、子どもたちが生きていく場所の存在感を切実な実在感とともに味わわせることになる。そして「虎」はブータなのである。森深い〝異界〟から脅威とともに顕われ、〝死〟にも連なる恐怖を与え、やがて再生する〝生〟を土産として呈する両義的な働きをするブータなのだ。村人たちが、ブータの呪を解く方法を伝授していることは、すでに述べた。ブータに扮するのは、日常生活をともにすることはない、特殊な下層の共同体パンナーラのなかから選ばれた人材である。組織し主催する村びとが、依頼した人物だ。

集落の主催者は、「虎のブータ」の祭礼は非公開で、見物にくる人たちを排除はしないが、事前の案内や勧誘することは、一切していないと強調した。ただし、写真を撮ることは厳禁、記録などの発表も事前了解を得て欲しいとのことだった。また、組織者、主催者、そしてこの催しに賛同するすべての人びとは、ヒンドゥではない。ヒンドゥ教に賛同するものではない、と強く主張した。

彼ら、集落の人びとは、「虎のブータ」こそブータのもっとも原初的Originalな形を保ち、ヒンドゥイズムと混淆して、歪められてしまった「ブータ」とは違う、と誇りを以て語った。

虎のブータは、本来、健やかな子どもたちの成長を願う集落の人びとが仕組んだ秘密の儀礼だったのだ。

7　ヒンドゥと非ヒンドゥ

もう一度、ヒンドゥイズムについてあきらかにしておかなければならない。たとえば、虎のブータを主催する人びとは、自らをヒンドゥではないと主張している。一般に、多くのインド人にとって、そうした主張は、大きな問題にならない。ヒンドゥは強力な咀嚼力で民俗的な思考を消化してしまうからだ。旺盛な食欲は、民俗を吸収し混淆し、本来の所在地を隠してしまう。

インド亜大陸、広くは東南アジア、インドネシアやバリを含めた「ヒンドゥ」とはどのような概念を指しているのだろうか。

インドでは「ヒンドゥ」が八五%を越える宗派と公式に言明している。「虎」「双子」「女神」などの信仰の前に立つと、最大多数といわれるヒンドゥイズムに疑義を持たざるを得なくなる。

カルナータカ州の宗教集団は、イスラム教徒ムスリム、キリスト教、そして、仏教徒も含まれるのだが、ジャイナ教やパーシー（ゾロアスター教）などのインド独自の少数派が、たがいの文化として尊重し、調和と親和に努めながら生活している。宗教は、言語を規定し、ときには経済活動を規定していて、あきらかな文化的差異が存在している。

少数派を許容している寛容な思想性の基盤に、すでに挙げた虎、双子、女神などの民俗的信仰、いいかえれば民俗的宗教の存在がある。イスラム教徒やキリスト教徒、その他の宗派にとって、自らが少数派である現実を許容し合える民俗的な信仰は、多様性を汲み合える存在なのである。おたがいを認めあって調和する、という実態には、民俗的な雑神信仰が、おたがいの自らにとっての自己証明に、実は便宜的な存在になっているのである。

教義ヒンドゥの立場からいえば、ブラーミズムの存在力が、すでに述べてきたように、民俗的な雑信仰のすべてを絡げて、「国家宗教ヒンドゥ」としてまとめてしまうことは政治的にも重要なことなのだ。〝ヒンドゥと非ヒンドゥ〟と大きく種別して、多数派を形成することは「社会」の安定を獲得することでもあると、教義ヒンドゥの信奉者たちは信じている。

民俗信仰に生きる人びとにとって、ヒンドゥ〝神話〟を背景として、野猪、パンジョリやヴィシュヌやシヴァ神の伝承が混淆してくることは、なんの痛痒もないことだ。それは、けしてブラーミズムを受け入れることではなく、たとえば「ナーガ・パンチャミ」のように、ときに儀祭礼の司祭として招聘することは「便宜」のひとつでしかないのである。奇妙な危うい均衡の上に保たれている「政治と宗教」であることは事実なのだ。

このような現実にあって、蛇神ナーガや虎、そして女神たちを叙述するに際して、できうる限り、民俗と教義ヒンドゥを峻別するべく注意を払ってきた。しかし、それは容易なことではなく、すでに述べたように、ヒンドゥイズムの旺盛な食欲と咀嚼力は、「民俗」を混淆し、包み隠してしまった。それはインド一般の「ヒンドゥ」という宗教感性を覆さなければならない作業に陥ることになる。

しかし、憑霊儀礼芸能であるブータを語るためには、必需の営みでもあるのは事実なのだ。

8 多数派共同体と少数派、それぞれのブータ

すでに「儀祭礼ブータ」の透視図を描く試みに挑んできた（『第1章「ブータ」とはなにか』）。またブータの構図と実施する共同体を語ってきた。南カルナータカ、ダキシナ・カンナダ最大の共同体プージャリと地方経済を主導するバンツ共同体について詳述した。ふたつの多数派共同体が、ブータを養い、育成してきたことを述べた。

ダキシナ・カンナダの人びとが圧倒的な支持を与えるブータの上演、舞い、踊り、託宣、装束、そして主催、あるいは演者と地域見物（信者）を仲立ちする存在について記述した。なによりも、演者として訪問する非日常の存在が、他界と此の世を結ぶ仕組みを体現している姿態を解き明かすことに腐心し、費やした。

（1）事例研究が解き明かす少数派

ブータは、アラビア海沿岸のきわめて凝縮された地方に伝承されているが、それでも、地方内部の各地域で別種の信仰対象である神格を、大切に継承している。それぞれの信仰とその実態について触れることが望まれている。

個別の事例を叙述することで、ブータの細部と世界観を語ることができる（『第2章　地域に伝わるブータ伝承譚』）。代表的なブータの事例である女神ウラルティ、双生児の英雄コティ・チャナヤ、そして女神バガヴァティを解明した。とりあげた三例は、共同体プージャリとバンツの参画を中核として、しかし、周辺のよりちいさな共同体が主体になっている例外的存在もある。当然、それらを語ることなしにブータ本来の姿に言及したことにはならない。

ブータがなぜそのような少数派共同体にも存在するのか。それを語りだすための勇気と実行力を養わなければならなかった。たとえば、双生児の英雄コティとチャナヤは、プージャリやバンツの支持のもとに椰子酒造りのビラヴァ共同体が、多くの村落で主催共同体になっている。ところがこの地方には、いわゆる「不可触民」とされる存在の共同体が六種あって、彼らもまた、双子の英雄を信奉し、主催しているのだ（『第2章4　双子の英雄コティとチャナヤ Koti-Chennaya』）。彼らは、コティ・チャナヤという呼称さえ持たずに、独自に儀祭礼をおこなっている。ブータ〝亜種〟ともいえる彼らの活動に踏み込むことには、勇気を伴う行動力を必要とする。

ブータに遣われる仮面、矛、払子などなど

虎や蛇、野猪などの動物神格を含めて、多数派共同体の周囲に、少数派ブータは、強固な自己主張を伴って健在している。ブータは、多様な社会に多彩に存在している。

ブータは、特殊に選ばれた演者が求められて彼岸と現世を行き来する霊的な活動、ダイナミズム、そのものの具現だ。選ばれた特殊な人びととは、すでにたびたび触れてきたが、日常生活をともにすることはない、埒外の存在だ。彼らはブータを組織し主催する地域から、乞われ、恃《たの》まれて、実施する。ところが、仮に〝亜種〟と呼んだ事例では、しばしば、最下層と目される

「不可触」とされる共同体が組織、主催することがあるのだ（『第2章4　双子の英雄コティとチャナヤ Koti-Chennaya』、ならびに『第2章4（5）双生児の英雄』）。

すでにたびたび指摘したが、南カルナータカ、ダキシナ・カンナダ地域は、他のインドにはみられない独特な階層体制がある。いわゆるカーストとは、無縁に近い地域性を保っている。この地方では、四姓制度ヴァルナとカーストが領導する世界観は、きわめて希薄なのだ。それが〝ヒンドゥ〟と呼びかけられる人びとにも、民俗への感性を失わせず、雑神の儀祭礼を生き生きと継承させているのである。

（2）ブータの成立基盤

たとえば、神格化された「蛇」に関して、ナーガ・パンチャミという儀礼は、雨期真近《まじか》の季節になると、どこの街角にもある小祠で、ブラーミン（ブラフマナ）司祭を招いてさかんにおこなわれている。また、絶大な人気を誇るタイガーダンスはあらゆる祭礼の先達を務め、門口を襲って、祭礼の基金集めを活発におこなう。「虎」の持つ両義的な意味は、現代の人びとにも伝承されている。

「蛇」や「虎」は、インド創世神話に語られ、全土に伝播して、地方ごとの民俗的な伝承譚を伝えている。ということは、蛇や虎は、〝インド創世神話〟成立以前から存在していた、といえるのだ。

虎のブータは、南カルナータカ、ダキシナ・カンナダ地方では、子どもたちが参集する儀礼になっている。ブータとしては、もっとも古い形式を保って伝承されていると伝えられている。虎の両義性、人間社会を襲撃する恐ろしさと、それを体験したい〝怖いもの見たさ〟を刺激する遊戯感覚を持ちあわせた儀礼になっている。

女神ウラルティ、双子の英雄コティ・チャナヤ、女神バガヴァティの事例化して細部を叙述した三例も、それぞれの共同体による多様性を孕みながら成立している。もとよりこれらの女神や英雄の伝承、そして信仰は、共同体の民俗深くに所在していた。民俗の深みにブータが先行することはなかった、というべきではないか。曖昧で、歴史上の精確を問うことはできず、適格性に欠ける伝承史の底部に潜んでいた〝文脈〟に、女神や双子は既存していたのである。

ブータという存在が、そうした文脈を掘り起こし、再生したとみることができる。すでに述べたように、双子の英雄のブータは、ヴィジャヤナガラ王朝の成立後の時代（一三三六～一五六五）、その帝国の崩壊前後に、形成されたとされている（第2章4　論点・開題7『中・近世ムガル帝国とダキシナ・カンナダ』）。

一四世紀前半期から一六世紀半ばになる、いいかえれば、女神ウラルティ、双子の英雄コティ・チャナヤ、女神バガヴァティなどの物語、そして蛇や虎の伝承譚は、中近世の以前、大胆にいえば、インド創世譚成立以前から、地方の人びとに膾炙されていたといえる。そうした歴史を民俗伝承譚に書き替える営みが部厚く、しかも生活に及ぶ現実感を以て、伝えられてきていたことを示唆している。なによりも、このような民俗層の深さがブータを導きだしたのだ。人びとが生きる糧として、語り継がれる地域性を保ってきたことが、日本や欧米など、ややもすれば、すでに死滅したかといわれる〝民俗〟的思考の生存を強く訴えている。

もう一方からいえば、ブータをおこなう地域の日常生活からは埒外におかれた人びと、不可触とも位置された階層民を「地域社会」に取り込んだ、ということができる。特殊な職能として他界と此の世の往来を恃み、具現させ、彼らに「社会的」立場を与えた地域だった、と述べて、ブータのもうひとつの地平をあきらかにすることができる。

注

1　ジャックフルーツは、ハラミツ、あるいはバラミツ　波羅蜜 Paramita と訳されているが、クワ科で大樹になる。それとともに巨大な実をつける。五キロから一〇キロにもなる。分厚い表皮を剥くと、その実は甘く、そのままでも食べるが、デザート、ケーキなどに適している。収穫期は、概ね六月中旬からの雨期に入る直前で、その樹はチークのような堅木で、家具、床材、その他の建築用材に多用されている。大抵の家の庭には、ココナツとともに植えられている。庭先に日除け、暴風雨避けなどのために植えられていることが多い。近年は、山林では希少になり、用材としては非常に高価になっている。

2 ムッタ・カララについては、本書の随所で触れている。共同体ムゲラに関しても参照して欲しい。ここでのブータは、ジュモーティJumouthi・ブータの一種といわれている。ジュモーティは、ヴィシュヌ神の変身名とされていて、南カルナータカ全域に流布している。野猪パンジョリはジュモーティの乗り物である。しかしこの地域の野猪は、素朴で動物そのものの形象を持っている。すでに指摘した第1章7（1）『野猪パンジョリとヴィシュヌ神』に記述した通りである。属性としての神格的存在というよりは、あきらかに猪を供養するための像である。猪が供犠、あるいは食用としての対象であったことを示唆している。この地域に散見できる野猪像、そしてマンガロール博物館に所蔵されている像は『パンジョリ』として神格化される以前の姿をみせている。パンジョリ・ブータは、本地に神格を運んでくるという意味が与えられて、より古層にあるヴィシュヌ信仰を表現している。ヒンドゥ教義を越えた民俗世界への広がりで捉えられている。

3 カルナータカ州南部からケララ州北部にかけての女神バガヴァティの信仰圏には、本文に述べたとおり、いくつかの寺院が存在している。バガヴァティ寺院の建築様式は、ウラルをはじめ、すべて四棟が並んでいる。四つの祠堂は、女神バガヴァティが変容した神格、それぞれのものだといわれている。煩雑を恐れずに、四柱の女神を挙げておく。

A）Padamgala パダムガラ

B）Veerammar（Veeraputtra）ヴィーラムマール（ヴィーラプットラ）

C）Chamundhi チャームンディ

C'）Niencheri Kalangal ニエンチェリ　カランガラ（チャームンディの変名）

D）AiKor（Armuthi）アイコール（アルムティ）

これらの女神たちが、バガヴァティ寺院の四棟それぞれに鎮座している。

4 『十二支考』南方熊楠全集第一巻、平凡社、一九七一年、一一七頁。

［Ⅰ部　第2章　参照文献］

郡司正勝『伝統と舞踊』『かぶき幻容』『伝統と反逆』　郡司正勝刪定集　第三巻『幻容の道』白水社、一九九一年

郡司正勝『民俗と芸能』『民族と芸能』　郡司正勝刪定集　第四巻『変身の唱』白水社、一九九一年

“Legendary Twins KOTI-CHENNAYA”(English) Retold by Shiva Billava　Published by Gurubharati Adhyayana Kendra 1998.

この著は、絵入り物語の体裁をとっていて、若者向けという注釈がある。その割には、難しい語彙が散らばっており、一五歳前後の読者にとってけして容易に理解できるものではない。いずれにしても、かなりな英語力を問われる内容になっている。著者は、コティ・チャナヤ出身の共同体に属しており、おなじ共同体の青年たちに、特別なおもいとともに発信していることが理解できる。

その他の参照として、バブ・アミン Babu Amin の仕事を取り上げておかなければならない。

『SAMAGRA KOTICHENNAYA』(Kannada) Bonnaje Babu Amin Published Janapada Prakashana 2014.

Amin 氏には、コティ・チャナヤに関する同種の著作が数種ある。子ども向けのもの、読み物風のものなど、コティ・チャナヤ研究者としては、最も多くの著作を誇っている。

Dr. Gururaja Bhat『History and Culture of South India Vol-1』Dr. P. Gururaja Memorial Trust, Udupi 2010.

Dr. Gururaja Bhat『Studies in Tuluva History and Culture』Dr. P. Gururaja Memorial Trust, Udupi 2000.

ファラクシャ Phalaksha『History of Karnataka Political and Cultural vol-1,vol-2』Shashi Prakashana 2012.

B.M. イチランゴド Ichlangod『The Bearys of tulunadu』Karnataka Beary Sahitiya Academy 2011.

シャンカアル・ナラヤナ・ドゥージャ・プージャリ Shankar Narayana Dooja Poojary『Sprit Possesion and other Stories』Karnataka Tulu Sahithya Academy 2016.

バブ・シヴァ・プージャリ Babu Shiva Poojary『Shree　Narayana Guru,Vijaya Darshana』Billawara Assosiation,Delhi 2014.

P. ラヤンナ Rayanna SJ『Saint Francis Xavier and His Shraine』Dor Mhoineachi Rotti 2010・五版

Dr. G. S. Dikshit ディクシット『South India』 Pragati Graphics-Bengaluru 2011.
『The Devil Worship of The Tuluvas』 A.V.Navada, Denis Fernandes
Karnataka Tulu Sahitya Academy

Ⅱ

奇跡の信女シリと女たちの饗宴

序章　シリ物語——逸脱するフェミニズム

シリの祀りに参集した信女たち

『シリ物語』[1]は、南インド、カルナータカ州地方の女たちの祭礼において語り継がれる朗誦の民俗神話である。詞章は自由律詩のトゥルー語である。後に述べるように物語は、カンナダ、トゥルーの混淆地域にも伝承されている。当然ながら、カンナダ語地域の主催では、カンナダ語での儀祭礼もおこなわれている。

シリ伝承譚である語り物語は、ひとりの女性の神意による奇跡の生誕にはじまる。主人公、ヒロインの物語は結婚、出産、そして離別と再婚、さらなる出産と「女の一生」を紡いでゆく。男と女の性交渉から誕生したのではない〝シリ〟は、信女たちの熱烈な信仰によって神格化されている。ギリシャ的な半神女、ヒロインの枠を超えて、代表的な地域共同体いわゆるバンツ共同体の女性始祖として崇敬されている。シリの存在によって、地域の女性たちは再婚の慣習を持ち、家内での大きな権限を発揮することができているともいえるのである。

カルナータカ州の女たちの熱狂的な支持のもとに成立してい

る物語とその祭礼は、インドの他の地方では想像の域にも入らない強烈なものである。抑圧された女性たちという一般的なインドの女性差別は、ここには存在しない。超越した〝女〟の物語が展開するのである。果敢に挑む女たちの勇姿がここにはある。

祭礼は、三月の中頃から五月の末まで、けして長い期間ではない時期におこなわれている。乾季後半の二、三ヵ月間に集中的に開催されている。寺院の中庭や祠堂の前などで、夜間にはじまり、夜を徹して朝日を迎えるまで、女たちの饗宴は続けられる。

シリの祭礼は、ダキシナ・カンナダ郡を中心に周辺の郡部の二〇ヵ所に及んでいる。いずれも、シリの生涯に因みのある場所である。生誕の地、最初の結婚をした地、長男を産んだ地など、その生涯をたどるように祭礼はおこなわれている。それぞれの地縁の信女たちは、それぞれの〝組織・集団・講〟を持ち、祭礼に参加している。多いところでは数百人が参加する。

数百人の信女たちは、物語の創作者でもある。祭礼の場に参会する信女たちは、ヒロイン・シリの物語を自らの境遇、生涯に重ね、物語を語り紡いでゆく。自らの自己証明に努めるうちに憑依し、〝シリ〟が身内に宿るのだ。数百人の女たちが一気に神懸かるのである。シリという彼岸と自らの現実の此岸を行き来する呪力、ダイナミズムに生きる瞬間が祭礼なのである。それが、女たち自らへの慰撫と浄化を与えるのである。

1　物語の採集

物語の採集は、マンガロール大学カンナダ学科チンナッパ・ゴゥダ教授（『I部　第1章1　先行研究と現在』）による演習、セミナーとして、英語でおこなわれた。「生徒」は客員教授である著者、私ひとりだった。

一対一の勉強会といった方がふさわしいのだが、チンナッパ教授は〝演習〟にこだわった。学科の学生が参加することをひそかに期待していたようだった。ときに二、三の参加があったが、散発的であった。正規のセミナーとして大学に登録された授業ではなかったので、当然である。

カンナダ、もしくはトゥルー語のテキストをチンナッパ教授がその場で英訳し、「生徒」は、おなじく英語で文章化し、質疑していくという形式だった。

大学の授業がはじまる前、早朝の研究室で、あるいは夕方教授の自宅で、といった具合に一九九八年八月の第一週から二週にかけて、八日間でほぼ終了することができた。

使われたテキストは、ハンピーのカンナダ大学で教授を務め、地域の民俗研究に勤しむナヴァダ夫妻[1]が、それぞれカンナダとトゥルーのジュニア読み物として出版されていたものを基本にした。加えてゴゥダ教授自身の採集と解釈が交えられた。

後には、当時、カンナダ学科客員教授だったアンムラッ・ソーメシュワラ教授（森尻純夫『歌舞劇ヤクシャガーナ』第四章3参照）によって編まれたカンナダ・トゥルー語版の詞章、詩文集を参照した。何度かソーメシュワラ教授に面談、討論を繰り返した。異説、細部の筋立てなど、多くを教えられた。

シリ物語は、カンナダ学科とフィンランドの元トゥルク大学教授ローリ・ホンコーとの共同プロジェクトとして、もともと一九九〇年より年次調査がおこなわれていた。その後、ホンコー教授が北欧民俗研究所長に転出するのに伴って、このフィンランド政府傘下の研究所がプロジェクトを受け入れ、七年を越す作業を続けた。

一九九八年七月、プロジェクトはすべての作業を終え、カンナダ学科主任（当時）ウィヴェカ・ライ教授（『I部　第1章1 先行研究と現在』）がフィンランドに招かれ、英語版の校閲を済ませた。という機会を得て、日本からの客員教授であるわたしに、シリ物語は解禁されたわけである。かねてからシリの祭礼をフィールドしていたことを認めてもらえたことが、幸運を招いた。ときには、フィールドを背景とし、文献を渉猟したわたしの執拗な質問を浴びせられたゴゥダ、ライ両教授には、さぞかし迷惑な季節であったろうと思われる。

英語版シリ物語は、一九九八年一二月、フィンランドのカレヴァラ研究所から上梓された。およそ一万八千行の詩文になった。

ソーメシュワラ教授のカンナダ・トゥルー対訳は、その一〇分の一、約一七〇〇行である。出版は、ホンコー教授版のほぼ一年前になる。英文で成文化された〝演習〟の記録を日本文に書き下ろす作業に際して、ソーメシュワラ教授に、物語の背景、物語細部の確認など、その都度教えをいただいた。ライ教授にも、同様に異説、伝承などを確認、教授を得た。

2　ふたつの劇作品

すでに述べたように、「シリ」という女性の物語は、トゥルーだけでなく、トゥルー・カンナダ語の共同体が混在する地域にも及んでいる。北部カルナータカに伝わる物語は、女性の儀祭礼に連動するものではなく、蛇神と女性の説話物語として伝えられている。異類婚伝承であり、蛇神信仰説話である。日本の大三輪伝説と酷似している。これを題材としたふたつの戯曲が書かれており、どちらも英語版がある。

ひとつは、チャンドラシェカル・カムバル[2] Chandrasekhar Kambar『シリ・サムピゲ Siri Sampige』、もうひとつは、ギリシュ・カルナード[3] Girish Karnad『ナーガ・マンダラ Naga-Mandala』[4]だ。

カムバル氏は、学者、研究者としてよりは、劇作家、詩人として全国的に知られた人物で、カンナダ民俗を題材にした多くの作品がある。

「シリ・サムピゲ」とはヒロインの姓名で、カルナータカの伝統民俗芸能ヤクシャガーナのドラマ・トゥルギー（劇様式）で書かれ、上演されている。題材となった物語は、南カルナータカ、ダキシナ・カンナダに流布する憑依の祭礼をともなったものではないのだが、カムバル作品はアラビア海沿岸の民族歌舞劇ヤクシャガーナを援用して、カルナータカ所産の演劇であることを強調している。カンナダ語で上演の後、ヒンディ語でも上演されている。

ギリシュ・カルナード氏は、カムバル氏とともにカルナータカを代表する劇作家で、テレビ・映画での活躍も知られている。と同時に、研究者としてもサンギート・ナタック・アカデミー（国立舞踊音楽研究所）の主任研究員を務め、アジア演劇事典などを著している。またシカゴ大学客員教授・フルブライト在宅研究員として滞米生活も長く、この作品の英訳も自身でおこなっている。生まれはマハラシュトラ州だが、育ちは北カルナータカということで、ほとんどの著作はカンナダ語である。カムバル氏とは、同世代、そして同地域の出身、育ちで、よきライバルと目されている。作品『ナーガ・マンダラ』は、カムバル氏が民俗劇仕立てなのに比して、近代劇手法でストレート・シアター（科白劇）になっている。ヒロインもシリを名乗っていない。簡潔な会話で運ぶ英米現代劇風のテンポだ。

おもしろいことに、ふたりがこの物語を採集したのは、おなじインフォーメイターによることである。A・K・ラーマヌージャン[5]がその人で、ふたりは示し合わせて競作を試みたのだろうか。

説話のインフォーメイターであるA・K・ラーマヌージャン氏は、インド西部グジャラート州のバローダ大学で教鞭を執った後、アメリカへ渡り、ウィスコンシン、バークレー、ミシガン、インディアナと客員教授を歴任し、最後にシカゴへ赴き、一九九三年に同地で亡くなっている。言語学者で、インドの多様な地方言語のほとんどに堪能という驚くべき能力を備え、当然、民俗に関心を寄せ、特に地方説話の収集と英訳による紹介と解明で世界的に知られた存在であった。その最もよく知られた著『インドの民俗説話』は、二二の言語圏の物語を収集してあり、解説は、インドの各言語域と諸相を解いて、インド人研究者も参照を怠らない。カムバル、カルナードの両氏はラーマヌージャン氏からアメリカでこの物語を紹介されたらしい。

どちらの作品も一九八〇年代の上演作品で、久しく上演されることがなかった。

幸運にも九八年九月、ニューデリーのカマニ・オーディトリアムでカルナード作品を観ることができた。演出はベンガル出身のアマール・アラナでヒンディ語での上演であった。制作はシアター・アンド・テレビジョン・アソシエイト Theatre & Television Associates というグループで、テレビや演劇で活躍する俳優たちのグループだという。主演のマノハール・シンは、映画やテレビで活躍するバイプレーヤーだ。

舞台は、戯曲の様式とは違って、歌と踊りを駆使するコロスが活躍する北東インド・ベンガルの音楽を多用した音楽劇に仕立てあがっていた。初演とは、もちろん様相の違うものであろう。しかし、蛇がとり憑いたとき俄かに変心する夫とそれに振りまわされる妻の葛藤などは、原戯曲の意図を伝えて、伝承説話の性格を理解することができた。

カルナード戯曲の題名になっているナーガ・マンダラは蛇神信仰の儀祭礼そのものをいい、祭礼の場に曼陀羅紋様を描くことからの呼称である。[6] カルナータカでは、カーディヤナータといい、蛇神カーディヤは動物神であると同時に民俗英雄でもある。ナーガ、すなわち蛇神信仰は、広くインド全域、いや日本を含めてアジア各域に分布するものだが、東南アジアでは、龍に比すべきものと、蛇に準えるものがあるようだ。龍は、日本でいえば、鐘巻き・道成寺、あるいは龍神伝承、蛇のほうは、八岐大蛇、大三輪伝説の類であろう。しかし、インドでは仏典を除いて、龍とおぼしき概念はない。漢訳の龍はナーガが元になっているようだから龍と蛇が分離したのは、日本が中国経由の天竺からの到来物を享受した結果であろう。

次項で、シリ物語が展開するに従って明らかになることだが、蛇神の信仰がいかに民俗生活に深く根をおろしているか、そしてヒンドゥ教学がどうもナーガだけは、何もかも取り込んでしまうその旺盛な食欲から、咀嚼しにくい手強いものとして食べ残してしまったことを知ることになる。

カムバル、カルナード、ふたりの出身、育ちは北部カルナータカでカンナダ語圏であり、シリ物語も説話もない地域だ。ラーマヌージャン氏が、劇作家、詩人のふたりに語り伝えた説話は、創作意欲を掻き立てるのに充分な物語だった。〝シリ〟は、カンナダ・トゥルー混合域の伝承地域を越えて、インド全土に知られる物語になったのである。

注

1　ナヴァダ夫妻Mr. and Mrs. Navada　Ⅱ部参照文献参照。

2　チャンドラシェカル・カムバルChandrashekhar Kambar（1937～）は、北カルナータカ、ベルガウムに生まれ、青年期までを同地に過ごしている。一九六八年、アメリカ、シカゴ大学に約三年間留学、ここでラーマヌージャンと交際を持った。帰国後、教職にありながら、インド全土に知られる高名な詩人となり、劇作家としても名声を博した。一九九二年から九八年までカンナダ大学ハンピーの学長を務めた。その後、九七年、ニューデリーの国立演劇芸術大学（National School of Drama）の主任教授に転出している。彼は、九四年、著者をカンナダ大学ハンピーに客員教授として招いた招聘引受人だった。

3　ギリシュ・カルナードGirish Karnad（1938～）は、解放独立後のインドを代表する脚本家で演出家である。民俗に取材した伝承挿話を現代によみがえらせた活動は、近代科白劇の第一人者として人気を博している。その演劇手法は、アメリカの社会派に学んだ科白劇で、いわゆる日本の新劇、中国の話劇に通底しながら、インドの風土に根差したダイナミズムに満ちた作風になっている。六〇年代以降は、テレビ、映画にも進出しその名を揺るぎないものにしている。インド現代演劇を確立した存在である。

4　Ⅰ部　第2章6（1）『蛇神信仰ブータ』に詳細に記述しているが、南カルナータカ・トゥルー語圏には、ナーガ・マンダラを描く儀祭礼がある。祭礼の場に、彩り鮮やかな色粉でマンダラ図を描き、その極彩色の周囲で祭礼がおこなわれる。司祭は、憑依する。地域では広く知られていて、専門職ともいえる親族集団が、信者共同体の求めに応じておこなっている。しかも、トゥルー語圏を飛び越えて北部ケララ州にも存在している。おなじ祭礼ながら、描かれる紋様などにいささかの差異がある。民俗の一様ではない伝播の様相を物語っている。ギリシュ・カルナードが作品表題にした「ナーガ・マンダラ」は、背景にこの儀祭礼を暗示しながら「シリ」をないまぜにした創造作品に仕上げている。

5　A・K・ラーマヌージャンA.K. Ramnujan（1929～93）は、自らはカルナータカ州マイソールに生まれているが、両親はタミール州の出身で、母語はタミール語ということになる。カルナータカ州マイソール大学の英文科を終了していて、彼の著作はカンナダ語で書かれている。彼に与えられた言語環境の複雑さは、彼をインドでも類稀な言語学者にした。インドの言語が多様で複雑なのは周知されているが、異邦アメリカに身を置いて、インド地方語の習熟に努力した。彼のインド地方語を駆使した業績は、他の追随を許さぬものになっている。インド地方語文学、伝承譚の翻訳、民俗説話の収集、そしてなによりも彼の資質をもっともよく表現したカンナダ語による「詩」を書く詩人でもあった。おなじく詩人チャンドラシェカル・カムバルは、シカゴ滞在中、親密な交際をしていた、と伝えられている。

6　I部　第2章6（1）『蛇神信仰とブータ』参照。

第1章　物語の展開

文字通り波瀾万丈の物語である。ひとりの女性の人生譚という単純な筋立てが、いつの間にか複雑な人間関係に彩られた劇的な展開に導かれていく。

祭礼の場に蝟集する女たちは、泣き笑い、憑依して二〇時間に及ぼうという物語を語り継ぐ。すでに述べてきたように、ひとりひとりがシリになり、あるいはシリの長男クマーラを介在させつつ、物語は娘ソンナの代に及ぶ。さらには、その後の歴代へと物語は発展していく。ヒロイン「シリ」は、終局のない物語でもある。常に虚構性を孕みながら、しかし女たちの実在感を失うことのない物語は、女たち自身の自己証明を携えて語られていくのである。

1　女主人公〝シリ〟の誕生から死まで

物語には当然、異説が現れ、細部は多くの異同が出来《しゅったい》する。物語は、神的加護ともいえる誕生の奇跡とシリ自身による異能、超能力が随所に展開することで進展していく。

そして別の局面では、遺産相続や子どもたちとの絆など、近代的な合理性に富んだ常識的な筋立てで運ばれる叙述もある。母親であるシリは離婚に際して、予想される困難を省みずに長男クマーラ、娘ソンナを引き受けていく。婚家を出奔した旅の途次、長男を失うが、相続遺産の処理や婚家との絶縁など、あたかも現代女性に適合しているような行動を示す。この二律的な物語の構造は、地域女性の歴史を語っていると、みることができる。

〝シリ〟の物語は、近世から近、現代の数百年を生き抜いてきた。物語は、女たちにとって最大の生活主題である結婚観や親子の絆、家族愛などの変貌を語らずにはいられないのである。

たとえば、物語の「読み説き」の項で、たびたび触れることになるのだが、地域には歴史的に女系の風土がある。その伝統に根差しつつ、現代の女性が希求する行動性をシリは発揮するのだ。それは、祭礼に参集する現代の女性たちの葛藤、煩悶を反映して、再創造された〝物語〟であることを示唆している。

民俗神話シリは、不滅の物語であり、語り継がれることで拡張再編される「女たちの神話」なのである。

(1) 主人公〝シリ〟の誕生譚

トゥルー Tulu の国にサティアナプラ Sattyanapura という館があった。主の名は、アルヴァ Alva[1] といい、妻はソーマッカ Somakka(ヒンディ語ではデービー・女神の意)といった。彼女は、美しく性格も温順で、夫妻は、幸福に暮らしていた。やがて、妻は妊娠した。館では、身妊りの祝儀(バヤケ Bayake 望む・願うの意)をおこなった。妊婦には、サリーと菓子が与えられ、床に座した妻は、着飾って、菓子を戴く。と、参列の人びとは、お腹のこどもも菓子を食べたと、祝福を与えた。

妊娠の経過は順調だった。そして、妻は男の子を産んだ。しかし、不運なことに、その子はすぐに死んでしまった。妻もまた、後を追うように亡くなった。主は、悲嘆にくれた。館の幸運は、不幸に傾いた。まるで、墓場のように活気を失った。

幾年か経て、主はすっかり老いた。豊かではあったが、子どもがない。後継ぎのないことが主を、この上ない悲嘆にくれさせていた。

ある晴れた朝、主は湯浴みし、神前の間で祈りをあげ、きれいに掃除の済んだ広間へ来ると、揺り椅子に腰を下ろした。そして、召使いのダルを呼んだ。ダルは、主の膝下に額ずいた。主はいった。

「ダルよ。わたしをご覧。すっかり老いてしまった。もう充分、長生きをしたよ。もう館の主の座は保てまい。

黄金のベッドで、華飾の夢をむさぼることはできまい。床に独り寝することになるだろう。ダルよ。この館は、信仰篤く慈悲深いことで知られている。どうか、忘れないで、怠らないで欲しい。この館から神がみへの灯明の灯りを絶やさないでおくれ。わたしには、神がみからの迎えがきている。もうすぐ、そこにだ。」

そういって主は、神前の間に戻ると、蛇神で創造の神ブランマに深い祈りを捧げ、それから自分の部屋へ入るとベッドに俯せ寝てしまった。

ダルは、なにがおこったのか、どうしたらいいのか分からなかった。そのとき、戸外からうつくしい歌声を聞いた。戸口に立ってみると、ひとりの托鉢（ヴィクシュカ Vikshka 托鉢の椀を意味する）の僧侶が門前に立っていた。

ダルは頭を垂れて迎え、托鉢の椀に施しを盛って差しだした。

「わしはおなごからの施しは受けぬのじゃ。この家の主、自らの手から戴きたい。」

「ご主人さまは、いまこちらへ出向くわけには参りません。体調がよろしくないので、お寝みになっておられますので、……。」

「おお、そうか。ならば、その椀に水を満たして、その水を主の顔に垂らしてご覧。きっと目覚める。」

ダルは、いわれた通りにした。主は起きて、広間にでてくると、頭を垂れて僧を迎えた。

異説

主は、ナーガブラマンの寺へ、いつもの朝のように参詣にいっていた。その留守に托鉢の僧がやってくる。托鉢の僧は、「サドゥ・ブラーミン」と普通表現されている。

彼は、主の帰りを待っていた。

「おまえさまは、なにか悩みを抱えているようだな。」と僧は主に尋ねた。

主は、彼の長い人生物語を語った。

僧は、話を聞き終えると「ランケローカ・ナドゥ LankelookaNaadu という処に旧く寂れた寺がある。いまは遺跡のようで、誰も省みない。おまえさまは、あの寺を復興するとよい。ぜひ、そうなされ。」といった。

にわかに主は幸せを感じ、蛇神で創造の神ナーガ・ベルメル Naaga・Beremere に祈りを捧げ、その神が主神の寺を復興した。そして祭祀をおこなった。スギー月 Suggi（太陽暦の四～五月）の満月祭だった。千人もの参詣人があり、司祭は、神懸かりして神の降臨を得た。主は、立願した（願を掛けた）。跡継ぎを得ることを願ったのだ。寺内では、僧侶（ブラーミン）がプージャをおこない、サンダル・ペースト（白檀の練り物）とアレカナッツの花を主に与えた。

主は館に帰ると、白檀とアレカナッツの花を黄金の皿に載せ、穀物貯蔵の葛籠（カルラカレンビ Karulakarenbi）に納めた。

翌朝早く、主は、赤ん坊の泣き声に目を覚ました。そして泣き声は、穀物葛籠のなかから聞こえていた。主は、葛籠のなかに可愛らしくうつくしい女の子を見出した。それは、黄金に輝く人形 HonnaGombe、そのものだった。

一一日目には、揺り籠に乗せる儀式（名付けの儀式）を地域じゅう（サッティア・ローカダ Sattya Lokada=Sattya/world Lokada/local）の女たちが集っておこなった。優しさ Tender, 柔軟 Soft, 宝物 Treasure, 富 Wealth などを意味する〝シリ〟と名付けられた。

こうして、シリ誕生のことは、総ての人びとが知ることになった。

［読み解き］

シリ誕生譚には、いくつかの神意と奇跡が与えられている。

托鉢のブラーミン、サドゥは蛇神で創造神のブランマの化身した姿、とかんがえられている。

本来、地域民俗信仰のナーガ蛇神とヒンドゥ神話ブラフマナ（ブラーミン）とは別の体系のもので、ブラフマナがブランマの転訛語のように誤解するが、ブランマは、ナーガ・ベルメル Naaga Bermeru の別称であり、ヒンドゥ教学とは関わりなく別種で、南西インドの民俗信仰である。

こうしたことから、シリ物語の時代的背景が明らかになる、という研究者もいる。南インド・トゥルー語圏にヒンドゥイズムが最も活発に浸潤してくる一二世紀初頭にその根拠をもとめる、という説である。

ヒンドゥ訪問僧が創造神の役割を体現して、こどもを生みだし、しかもその子が地域二番目の多数派共同体であるバンツの女性始祖だとする伝承は、呪力に満ちたダイナミックな社会観を備えている（『Ⅰ部 第1章2（2）指導的協同体バンツ Bants』）。

また、穀物葛籠のなかで、アレカナッツの花と白檀の粉を媒介として生まれる「ちいさこべ」シリは、いかにも『竹取物語』に似ている。[2]

白檀の粉は、普通プラサドと呼び、神に自らの真実を捧げた証として額にもうひとつの目を受け容れる。赤や黒点で表すのが自前で点ける化粧だが、寺や祠で司祭、僧侶、主としてブラーミンから礼拝の答礼として受けるのは、白檀の粉末をココナツの油脂で練ったものが点けられる。白檀は練り香ともなって常に寺祠に漂っており、聖なる燻郁なのである。この白檀は、南インド、デカン山中の特産で、盗伐を防ぐ厳しい管理がおこなわれている。白檀は、南インドの人びとにとって、ドラヴィダ、アーリアンを問わず、彼らの精神的信義を示す重要な品なのである。白檀に与えられた聖性は、誠実な精神を表現し、男女を問わず、その粉末をココナツ油で溶いて身につけるのだ。

アレカナッツは、椰子科タケヤシ属で、英語でいうアレカパーム Areca Palm、日本では檳榔樹と訳されている。南インド三州、カルナータカ、ケララ、タミールの農業経済を支える特産物だ。というのは、全国的にインド人が愛好する嗜好品パームの材料なのだ。

アレカナッツの果実の堅い種を砕いたり削ったりして、ライムと称する巻き貝の粉末を練ったものと合わせて、好みの香料、砂糖、煙草の刻み葉などと青い紫蘇に似た葉に包んでチューインする。何処のどんな辺鄙な田舎町へいっても、これを商う露店はある。化合変化して口中で真っ赤になる。その赤い唾をぺっぺっと吐き歩くのは、ちょっと異様な行儀の悪さだが、インド人は、食後など、大変消化によい、と信じている。一定の気象条件があれば、水稲に適さない山間、傾斜地でも灌漑水利さえ整えば栽培できるため、デカンの末端地域からアラビア海沿岸の険しい地勢には適した農業産品なのだ。最近では、化粧品の材料としても重用され、日本にも輸出されている。

この花、というよりは初穂がココナツとともに祭祀、儀礼には欠かせないもので、祈りとともに神に捧げ、豊穣を誇り祈願する。

シリは、この雄花と雌花の合わさりから生まれた、ということになっている。

もうひとつ、シリ誕生の重要な小道具として黄金の皿がある。そして生まれたシリはホンナ・ゴンベ黄金の人形だった。竹（檳榔樹）と黄金の組み合わせは沖浦和光氏も指摘しているように「かぐや」姫の重要な暗喩であり、氏の論をシリに当て嵌めると、かぐやの神話性がここにも深く潜んでいるのが発見できる。

(2) シリの結婚

バサルール Basaruru からサンカル・プーンジェリ SankaruPuunjedi という寡婦がやってきた。シリを一目見て、この娘をわが家の嫁に、と望んだ。そしてサリーを贈り物にした。幼児許婚である。

シリが七歳になったとき、バサルールから使者がやってきて、結婚について話し合われた。シリの側には二つの条件があった。ひとつは、婿はシリの父の面倒を看ること。もうひとつは、あたらしい夫婦が、シリの実家、サティアナプラの館を受け継ぐこと。婿になるカーントゥ・プーンジャ KaantuPuunja は、ふたつの条件を承諾した。婚儀はこうして取り決められた。

結婚式は、親類一同、ならびにたくさんの客を招いていた。

まず、シリは晴れ着を付けた。それは黄金の像のようであった。それから輿に乗ってバサルールまで練り進んだ。バサルールに着くと、プーンジャ家の人びとの膝下に跪いて礼をした。そして結婚式となった。

ふたりの新婚生活は幸せにはじまった。しかし、結婚の際のふたつの条件は、実行される気配はなかった。そして一年が経った頃、夫は、結婚以前から馴染みの娼婦シーレ・シッドゥSulleSidduという名の女の元へ通いはじめた。シリはそれを知ると、いかないでくれ、と懇願した。しかし彼は聞き入れてくれなかった。

やがてシリは妊娠した。妊娠七ヵ月、安産祈願の寺詣での儀をおこなうため、夫カーントは、シリの実家サティアナプラの館を訪ねた。彼は、シリの父、老主アルヴァとともにカルカラの街へサリーを買いにいった。老主は無事な出産を願って、サリー（バヤケセリBayakeseri）にお祓いを授かった後、シリに贈るよう夫に託した。夫はしかし、まっすぐに帰宅せず、シーレの娼館へいってしまった。シーレは、大喜びで彼を迎え、ミルクと料理で彼をもてなした。シーレは、彼が持ってきた包みを開けてしまった。それは、あたらしく美しいサリーだった。彼女は戯れにそれを着ると、奥さんなんかより、わたしの方がずっと似合うわ、とはしゃいだ。遂に彼は、三日も娼館で過ごしてしまった。

四日目、彼が家に帰ると、すでに家では祝福の儀式の支度がされていた。シリの父、アルヴァもたくさん土産を持って、すでにきていた。召使いたちによって広間は飾りたてられていた。

儀式がはじまって、夫はカルカラで購い託されたあのサリーをシリに贈った。しかし、シリは、この贈り物を受け取ることを拒否した。

「このサリーは、すでにあの娼婦が袖を通しています。こんな汚れたものをわたしは着ることはできません。」

儀式に参列した一座の人びとは、驚き悲しみ、儀式は成りたたない。婿の母、シリの姑は、シリに対して大いに怒り、

「おまえはこの家の嫁、家族じゃないか。この家の大切な儀式をぶちこわしにするのかい。」

しかしシリは聴く耳をもたず、父アルヴァの館へ帰ってしまった。

［読み解き］

シリははじめて異能を発揮する。娼婦シーレがサリーを着てしまったことを見破った。遠隔透視とでもいおうこの超能力が、シリの名誉と自尊のためにはたらいた。

また、姑サンカルが、シリを「おまえはこの家の嫁で家族だ」と怒るのはどうやらプーンジャ家は男中心家族、父系であり、シリの実家アルヴァ家は、母系家族であることを物語っている。シリは、遺産の継承を含めた結婚の条件を提起している。それが認められることで、結婚が成立するのである。

シリが申しでた結婚の条件は、シリの実父の老後を看ること、実家であるアルヴァの館を若夫婦が受け継ぐこと、の二項だった。すなわち、夫カーントは入り婿のようになるということだ。ふたつの条件は、結局守られなかった。両家には、父系と母系の違いがあると読みとれる。

いかにもふしだらな浮気者の夫カーントだが、彼には彼なりの生きた現実があった。

姑は、「おまえはこの家の嫁……」と、シリに詰め寄り罵る。夫カーントの母である彼女にとっての正当性があるのだ。

「家の嫁」には夫の性行を問うことはできない。夫や姑に抗い自己主張する「嫁、シリ」は規範を外れた存在でしかないのだ。

一夫一婦制が行き渡った社会ではなかった。いくつかの共同体にとっては、一夫一婦が美徳とはおもわれていなかったといってもよい。夫が、妻以外の愛人を持つことへの社会的批判は強くなかった。

そこに挑んだシリは、バンツ共同体の始祖としての存在感を表現しているのだが、それ以上に近代的な感覚を持った女性として信女たちには尊敬と憧憬の対象として顕われるのだ。シリの信女たちは、〝神話〟の主人公と現代の理想的な女性像を重ね、時代の隔たりを矛盾とせずに信仰の場に引きつけているのである。[3]

(3) シリの出産と遺産相続

九ヶ月と九日目、シリは男の子を産んだ。

最初の陣痛がきたとき、シリは夫の元へ手紙を送った。しかし彼はこなかった。生まれたとき、シリはもう一度手紙を書いた。男の子が生まれた。会いにきてくれ、と。それでも夫はこなかった。今度は祖父となった老主アルヴァが、名付けの式をおこないたい、と三度目の手紙を送った。やはり、婿カーントはこなかった。祖父は、仕方なく占星術師に名付けを頼んだ。

占星術師はいった。「この子の生まれ時がよくない。もし、祖父がこの子の顔を見たら、祖父は死ぬだろう。そして、母シリはこの館を捨てることになるだろう。」

この託宣を伝え聞いたシリは深い悲しみと怖れに襲われた。祖父は、おなじ館にいながら、孫に会うことができなかった。それでも名付けの式はおこなわれ、こどもはクマーラ、と名付けられた。クマーラは、揺り籠に乗せられた。

ある日、シリは赤ん坊に湯浴みをし、寝かせてから川辺で洗濯をしていた。ダルは牛の乳を搾っていた。と、クマーラが目覚め激しく泣きだした。祖父は、泣き声を聞きつけシリとダルを呼んだ。しかし、いっこうに返事がない。クマーラは、ますます激しく泣いている。孫を見てはいけない、ということを承知していた祖父は、それでもしかし、泣きやまないクマーラに心を掻きたてられ、シリの寝室に入り、揺り籠に近づき、抱きあげ頰擦りしてしまった。クマーラは機嫌を直し泣きやんだ。

ちょうどそのとき、洗濯から戻ったシリは、祖父がクマーラを抱いているのを発見し、あわててクマーラを奪い、父を広間へ戻した。クマーラにミルクを与えると、父のために広間へミルクを持っていった。だが、そのときすでに父の意識はなく、やがて息をひきとった。

シリは嘆き悲しみ、夫に手紙を書いた。どうぞ葬式に参列してください、と。しかし彼はこなかった。

夫がこない女家族に、親類のシャムカラ・アロヴァ Chamkara Alva という青年が、葬式一切を仕切りましょう、とやってきた。彼は昔、その両親ともどもシリとの結婚を望んでいた。しかし亡くなった父が生前反対し、婚儀は成立しなかった。シリは、シャムカラの突然の登場に怒って、

「父の身体に触れることも許しません。お帰りください。」と逐い帰してしまった。シリとダルは、女ふたりだけで、火葬し葬儀を終えた。

シャムカラの父は、アンヌ・シェッティ Annu Shetty といい、妻ボムミ Bommi は、シリの父アルヴァの妹に当たる。トゥルー語圏地方には古くから母系相続のしきたりがあり、叔（伯）母から甥に財産が相続される。甥はその妻の甥に相続してゆくことになる。そういうわけで、シリの息子クマーラは叔母ボンミの相続人ということになる。シャムカラ・アロヴァがシリの妻になれば、アンヌ・シェッティ家は、シリの家の財産と自分の財産を両方管理、取得することができる。しかし、シリの父が存命のときは、結婚に反対された。亡くなったいま、機会は到来した、と彼らは策を巡らせたのだ。そして実はシリの夫カーントが、シャムカラとシリの過去のいきさつを知っていて、シャムカラへ手紙を書き、シリの父が亡くなったことを知らせるとともに、葬儀一切をとり仕切り、相続を得たらいい、と奨めていた。

シリに葬儀の一件を拒否されたシャムカラは、夫カーントをバサルールに訪ね、このことを報告するとともに相談した。カーントは、

「本来、シリとの結婚に際して、義父アルヴァは、あの館も領地も夫である自分に受け継ぐよう条件をだしていたのだ。だから、あれはすでにわたしのものだし、わたしのいうように運べばいいのだ。領地サティナアナプラの村会議を招集して、君のおもうように取り決めればよい。」と進言した。

シャムカラは、村会議員を買収したうえで、会議を召集した。

シリは、村会議パンチャヤトに出席した。[4] 会議は、館もサティアナナプラの領地も男が運営すべきもので、女のシリに任せることはできない、と決した。シリは怒り、その場で呪いをかけ館を燃やしてしまった。

［読み解き］

ここで、シリの二度目の超能力が発揮される。女性のシリが男のコミュニティから虐め苛まれると、突然、超能力を発揮する。女性の最後の力に対する信仰がシリの物語を支えている、ともいえる。

館を呪いによって燃やしてしまうのは、財産相続権の問題だ。極めて現実的で、切実なテーマである。というのも、母系社会の存否がかかっているからだ。

女系相続については、もともと母系社会だった南インド、特にタミール、ケララ、カルナータカ三州には相続に関して、このような親族争いが非常に多かった。現代でも、ときにはトラブルになっている。

法的にこうした女系相続の問題が解決するのは、一九五〇年代に至って、女系相続が法的規定の枠外におかれ、妻子対等の相続が法文化されてからである。しかし、現在でも穏当なかたちで成立する場合は、女系相続がおこなわれている。また通過儀礼などには形式化した甥・伯（叔）母の緊帯をあらわす行事がいまもって伝えられている。たとえば、結婚式に際して、婿の行動を左右するのは常に母方の伯（叔）母であり、花嫁にサリーを贈呈するのも、伯（叔）母を通して花婿から渡される。

シリ物語が成立したといわれる一二世紀は、北方からのブラーミン文化が南インド史上、三度目になるのだが、ヒンドゥ思想を携えて降りてきた時期であり、北カルナータカではリンガエットと称する地域（土豪）権力者たちによる、北方からのブラーミニズムに対する激しい宗教文化運動、ヴィラ・シャイヴァ Villa Shayva が展開されていた時期である。

カルナータカのほぼ全域ならびにケララとの州境地帯、特にトゥルー語圏は、もともとジャイナ教の拠点域で、一一世紀前後までは、土地所有の豪族の多くはジャイナ教徒だったといわれている。

現代から窺える例証をあげれば、トゥルー語圏の最大都市マンガロール南東七〇キロばかりの内陸部に、すでにたびたび述べてきたが、ダルマシュトラという全国的に知られた宗教センターがある。シヴァ神の変容体であるモンジュナータを主神とするヒンドゥ寺院である。ここにはしかし、ジャイナのゴータマ、民俗神など多くの堂宇が建ち、宿坊が居並んで、高野山にそっくりな光景を山間に現出している。この管財管理は、代々ジャイナ教徒のヘガデ家が担っている。当代のD・ヴィーレンドラ・ヘガデ氏は、広大な荘園と寺院収入から社会福祉、文化保護に毎年、莫大な基金を施し地域の信望を集めている。またマンガロール市内のカドリ寺は、一二世紀以前は仏教寺院だった。九世紀に造られたと伝えられる四面観音像がある。ジャイナと仏教が親和力をもって共存していたのだろう。このように寺社の所有は、荘園を含めてジャイナ教徒によるものが多くある。

仏教、ジャイナ教の受容の寛大さが、民俗を基盤とするバンツ階層の人びとと並立共存した時代が長くあった、といわれる所以である。やがてバンツの地域に密着した民俗的な基盤になり立つ社会的、政治的位置が上昇し、北からのブラーミニズムとも競合した。トゥルー語圏には、ジャイナ、民俗信仰などが防波堤となって、リンガエット運動のような争いはなかった。にもかかわらず、その内部では民俗的な女系社会が、ブラーマニズムの影響もあって、バンツ自身によって加速された男性中心文化と拮抗していた時代だった。

当時、一世を風靡したカンナダ女流詩人アッカ・マハデービーは、強烈なフェミニズムで、女性自身を謳い、主張した。文字を持たなかったトゥルー語圏でも、もともと母系社会を祖型とする女性コミュニティがこうした影響を受けなかったはずはない。このような時代感覚のもとにシリの物語は、女性バンツ・アイデンティティとして成立した、とみてよい。

（4）主人公シリ、苦難の旅

シリは子守のダルとともにクマーラをつれて、夫カーントの元へ帰った。夫は、なぜ帰ってきた、と罵倒した。シリは夫の企みをすべて悟って決意した。既婚の証である首輪、そして鼻飾り、腕輪、耳輪を外すと、

「これをすべてお返しします。そうすれば、わたしは寡婦でもなく自由です。わたしに再婚も可能な自由をくだ

さい。」

夫は怒鳴った。「日暮れ前にバサルールの地からでていけ。いますぐだ。」

シリの旅がはじまった。ダルはクマーラを籠に寝かせて携え、シリに従った。ふたりの女と赤子は川辺にやってきた。早速川を渡ろうと渡し守に乞うた。しかし舟頭は、もう暗くなっているから渡れない、という。再々頼み込んだが駄目だという。明日の朝なら渡せる、という。この川はバサルールの領地の境界で、シリはどうしても今夜のうちに、境界を越えなければならない。別れてきた夫カーントとの約束がある。しかし実は、船頭にはすでに夫の手が廻っていたのだ。

シリは傍らのバナナの木から葉を一枚とると、それを地に置いてブランマに祈りを捧げた。もしわたしを誠実な女とおもっていらっしゃるなら、川を開いてください。祈りを終えるとシリは、ダルとクマーラとともに川へ降りた。シリの前の川は開いて道を創り、三人は向こう岸へ渡った。

夜更けにカンチマデーヴィー Kamchimadevi のある館の門前に立った。あたりに人家はなく、シリは館を訪ねた。ひとりの婦人が応対した。

「どうぞ、一夜の宿をお貸しください。」とシリは頼んだ。

婦人は「どうしてこの館にいらしたのです。わたしには、ヴィラバクマーラ Virabhakumar という息子がいます。この子は、女癖が悪くて困っています。それを分かっていて、どうしてあなたのような魅力的な方をお泊めできましょう。」

シリは「あなたは母親なのですから、不行跡をしないよう息子さんに注意しておいてください。あたりに旅籠はもとより人家もなく、こちらに泊めていただくよりほかにないのです。お願いいたします。」と懇願した。そしてようやく、ベッドをあたえられて、寝んだ。

真夜中、案の定ヴィラバクマーラがベッドへ忍んできた。シリはすぐに目覚めた。

「こないで。それ以上、近づかないで。出ていきなさい。」しかし彼は聴かず、なお、近づいてくる。シリは呪いをかけた。ヴィラバクマーラは、石になっていた。

翌朝、シリたちは、ランケローカナドゥ Lankelookanaadu の寺へやってきた。朝の勤行を終えた僧侶が、丁度、出掛けるところだった。シリは、ご祈祷をお願いした。しかし僧は、出掛けるところだからできない、と断った。もう一度、こんどはなにほどかの喜捨をして欲しい、と頼んだ。僧は、怒気を含んで断り、帰れ、と命じた。

シリは、悲しいおもいを抱きながら、寺の水場で沐浴し、戻ってきた。そして祈った。「もし、ほんとうにわたしが沐浴によって浄められ、生まれ替わったのなら、どうぞ、扉を開いてください。灯明を灯してください。」すると、扉は自然に開き、灯しが点き、鐘がなりだした。

鐘の音を聞いた僧侶は、驚いて走り戻ってきた。そしてこの奇跡を見ると、シリの足下に跪いて、許しを乞うた。

［読み解き］

旅にでたシリは、次々と超能力を発揮する。シリの祭礼では、こうした超能力を発揮するとき、語り手の女たちは憑依する。どこがポイントになるかは、その日そのときの語り手とシリの出会い方による。唯一の男性参加者であるる息子クマーラ役の導きも大きな働きすることになる。

連続した三度の奇跡は、それぞれ暗示的だ。川の水が開いて道ができる、というのは、あたかもモーゼの奇跡のようだ。シリの旅の正当性はいうにまたないだろう。離縁して女ひとりの道をゆくシリに対する讃歌、といってよいだろう。女たちの激しい自己主張が読みとれる。

女たらしの男を石に変えてしまう、というのも極めて挑戦的なエピソードだ。前夫の娼婦狂いに泣かされたシリが、女たらしの男を冷酷に憎む、という構図は、シリ信仰の女たちの圧倒的支持を得るものだ。ここには女性としての負い目、劣等意識を飛び越えた力がある。

寺の扉を開き、灯しを点けた奇跡は、僧侶を媒介として信仰を持つか、それとも自身の内なる信仰を発揮するか、といった板挟みの窮地を脱する回答になっている。僧侶は、ブラーミン階層で司祭者である。その非道を凌駕して、シリの神へ信仰は直接、成立する。けして司祭の役を担えないバンツ共同体の強い自己意識が発揮されている。

ブラーミンはしばしばこのような揶揄、誹謗中傷をフィクションのなかで受ける。民俗歌舞劇ヤクシャガーナでも、たびたびからかわれ、ときには道化によって演じられたりする。だが、それをしも、ヒンドゥイズムにおけるブラーミンは受容しなければならない。ヒンドゥの教学と民俗の統合・包摂が可能ならば、それを第一義にしなければならないのだ。その上で司祭ブラーミンの存在がなりたっている、といってもよいのだ。ただし、ブラーミニズムによる反フェミニズムと政治権力的局面を除いてのことである。日本の山伏や仏僧が、狂言などで弄ばれるのとおなじような様相だ。

(5) 旅から再婚へ

シリたち三人は、暑い陽射しのもとを歩いた。

そして、大きな菩提樹の根元に休息した。ダルは揺り籠を枝に吊し、シリは子守歌を唱って、クマーラを眠りに誘っていた。

と、ふたりの若者が走り寄ってきた。はじめの若者が「ほら、ぼくが勝ったぞ。この人こそ、わたしの妻だ。」と宣した。後からの若者も「いや、わたしこそ、夫になるべきだ。」と続いた。

シリは、ゆっくりふたりを見比べて「最初にきたあなたは、わたしの兄、そして後からきたあなたは、弟よ。」といった。ふたりは、素直に納得して、自らを紹介した。

「わたしたち兄弟は、ボーラ Boola というところの武人共同体、クシャトリアです。わたしの名はビリヤ・デシンガラヤ BiliyaDesingaraya。」

「わたしは弟のカリヤ Kariya です。」

「わたしたちは、狩りにきていました。すると、あなたの子守歌が聞こえたのです。その歌声に魅せられて、早くあなたの元に着いた方が婿になる、という賭をしたんです。それで、競走して走りとんできたのです。」

シリは、あらためて彼女自身の物語を語った。聞き終わると彼らは、

「わたしたちの館へおいでください。姉妹たちにあなたのお世話をさせましょう。」と、こもごもいった。シリは、

「わたしをお招きくださるなら、輿を用意してお迎えください。」

シリの意向を受けると、ふたりは早速、館へ輿の支度に走った。

そのとき、クマーラが目覚め、突然、喋りはじめた。

「ぼくは、ひとりの男を父として生まれた。ほかの男を父と呼ぶようなことはできない。将来、そんなことが起こるような予感がする。おかあさん、ぼくをあの世へ送っておくれ。」

そして、ダルもおなじようにおもい、おなじことを願った。シリは、ふたりをあの世（Maya）へ送った。

ビリヤとカリヤの兄弟は、うつくしい輿を従えて戻ってきた。シリは輿に乗り兄弟の館へ向かった。

シリはふたりの姉として、幸せに暮らした。

ある日、兄弟の友人で、コトゥラパディ Kotrapadi 館の主コドゥサラ・アルヴァ KodsaraAlva という男がボーラの館にやってきた。彼はシリにひと目会うなり、見初め、愛してしまった。そして結婚を申し入れた。

コドゥサラにはすでに妻があった。妻サームはこのことを知ると、シリのことを忘れるよう、夫コドゥサラに懇願した。コドゥサラは、自分はシリを愛している。すでに結婚は約束されているのだ、と進退窮まっている。たび重ねて、妻は夫に哀訴した。しかし夫は聞き入れるどころか、ついに苛立って妻を打擲した。妻サームは、打つほど憎いのなら、両親のいる実家へ帰る、と泣き喚いた。夫はたまらず、狩りにゆく、といって家をでていった。が、彼はシリの元に走ったのだった。すでにボーラの館では、兄弟たちによって婚礼の支度ができていた。そしてコドゥサラを迎えた。

たくさんの人びとが参列し、シリは花嫁衣装で、再婚の儀をおこなった。再婚の儀式は、花嫁と花婿がしっかりと手を握り合う、というものだ。

結婚の行進は、シリは輿に乗りコドゥサラは歩いてコトゥラパディへ向かった。妻サームは、このことを知り悲しみ怒り、居間でランプを灯し、呪いをかけた。シリがこのランプの炎を見たら、盲になるように、と。そしてサームは、実家へ帰ってしまった。

行進は、コトゥラパディの館に到着した。シリは、輿から降り、すぐにサームがかけた呪いの企みを見破った。シリはコドゥサラにいった。

「わたしの姉サームは、戻ってくる。わたしを妹と呼ぶことになるわ。彼女はわたしを館の内へ手をひいて導かなければならないのよ。」といったまま、シリは館のなかへ入ろうとしなかった。

夫コドゥサラは、サームの両親の元へ駆けつけた。そしてサームに、シリのいっていることを伝え、わたしの名誉と威信のために戻ってきて欲しい、と懇願した。

サームは夫とともに帰ってきた。サームは、シリの手を取ると、館の内へ導いた。それからのシリとサーム、それに夫コドゥサラ、三人の生活は、すべて円満だった。ミルクと水が混ぜあわさるように、姉妹は夫コドゥサラに尽くした。

［読み解き］

寡婦が再婚することは、南インド、特にトゥルー語圏ではありうることであった。マヌの法典に規定されたバラティア国＝古インド、すなわち北ならびに中央インドとは違った社会通念をもっていたのだ。しかし、離縁された女性が再婚することはできない、ともかんがえられていた。シリは、それをはじめて破った女性として伝えられている。

離縁、出奔に続いて、死別、再婚とシリの人生はめまぐるしく変転する。物語は佳境にある。そのなかで、いちばんの難問は、息子クマーラと父の代からの召使いダルをあの世へ送ってしまう、という件だ。どう解釈したらいいのだろう。

離縁して出奔してからのシリは、自らの運命を自らの手によって開いてゆく。これは当たり前のようで、現代でさえ、インドの女性にとって容易なことではない。窮地に達すると奇跡を起こし、自らの道を開く、ここにシリに託す女たちの浄化と癒しの意思がある。

天国と地獄、天と地下という概念はブラーミニズムのもので、クリスチャニズムに酷似している。また、七度生まれ変わる、という思想は仏教、神道そしてヒンドゥイズムでもある。

しかし、ゴウダ＝シュードラ（氏姓第四位共同体）などでは、先祖神は、他界にはいるが、霊として戻ってくる。たとえば、子孫、妻など縁のあるものに憑依して帰ってくる。だが、ブータなどの御霊は、マヤにいて、姿形そのままに顕れ、消える。すなわち、あの世＝マヤ、マヤカは、天でも地でもなく、すぐ隣にある異世界、という概念である。そこからいかにも容易い死がやってくるのだろうか。始末をつける、という死生感は、日本の封建時代にも存在し、割腹して自らのおこないの正当を訴えたのは広く伝わっている。ひとまず死んで詫び、始末をつけたのだ。

（6）シリの死

三人の平穏な幸せは、しかし、長くは続かなかった。

サームは、シリが自分より、より深く夫を愛しているのではないか、と不安と嫉妬を感じるようになった。

ある日、シリは生理だった。サームに沐浴のための糠袋（石鹸）をくれるように頼んだ。サームは、ない、と答えた。仕方なくシリは、洗濯女に頼んで糠袋を借りると、川で沐浴した。

その後、こんどはサームが生理になった。生憎、手持ちの糠袋がない。サームはシリに頼んだ。シリは、貸し与えた。サームは川へ沐浴に降りた。しかし突然、川は枯れ、水は流れていない。サームは、テンダーココナツの果汁で身体を清めようと、召使いにもってこさせた。だが、どのココナツの実も果汁は枯れていた。

シリは自分の超能力をサームに見せつけたのだ。サームには、バームケラ Baamukella という兄があった。サームはこの兄に手紙を書き、すべてを訴えた。兄はシリを呼び、どうしてこのようなことをするのか、と問い、姉妹のように仲良く暮らして欲しい、と忠告した。シリは、忠告を素直に受け入れ、姉サームに水浴びにゆくよう奨めた。川は流れに溢れていた。

しばらく後、シリは妊娠した。姉サームはすべてにやさしく、家事を引き受け、シリには、しずかに休むよう計らった。義兄バームケラは、シリを招き祝福の式をおこなった。シリとサームのふたりは真実の姉妹のように、祝いの式を済ませて帰路についた。途中、森のなか、川の畔で、突然シリは跪って、

「お姉さん。あたし、歩けない。陣痛がきた。」といって、とうとう座り込んでしまった。まわりに人はいない。人家もない。シリは、蛇神ローカナドゥ・ベルメル Lookanadu Bermeru に祈った。亡き父にも祈った。祈りを終えてしばらくすると、シリは女の子を産んだ。シリは赤ん坊を抱きあげ、口づけしてソンネ、と名付けた（Sonne・波紋、渦、転じてゼロ、の意）。アレカナッツの総苞（花心を包む莢）をベッドにして寝かせた。それからシリはソンネをサームに託した。

「姉さん。わたしはもうコドゥサラの館へは帰れない。わたしの命は終わるの。わたしはあの世（マヤ Maya）へいきます。あちらで息子クマーラに会いたい。どうかお願いします。この子を夫コドゥサラの元に届けてください。それから、カーナベット Kaanabettu のチャンダイヤ・ヘグデ ChandayyaHegde という人に、この子を託してください。きっと育ててくれます。これがあたしの最後のお願いです。姉さんも、いずれ近いうちにわたしのいるあの世へやってくるでしょう。また、いっしょに暮らしましょう。」といいのこして、シリは息をひきとった。

サームは、シリに悲しい別れを告げると、ソンネを連れて館へ帰った。そして、できごとの一切を夫コドゥサラ

に話した。話し終えると、サームは、夫の足下に額ずいてから庭の家神に詣でた。家神の聖木にベルメルの来迎を祈願し、サームは地に伏したままマヤ（あの世）に召された。

夫コドゥサラは、ふたりの妻をほとんど同時に失って、悲嘆の底へ堕ちた。翌朝、彼はカーナベットの館を訪ね、老いたカーナベット・ヘグデにソンネを託した。老ヘグデは、揺り籠にソンネを寝かせ、育てることを約束した。

【異説】

シリは、ソンネをアレカナッツの総苞に包んで、川に流した。赤ん坊は、カーナベットまで流れ、老いたるヘグデが拾って育てた。

［読み解き］

ふたり妻のことについては、すでに注3に記したように、日本とインドでは一夫一婦制に対する認識の違いがある。ここで繰り返すことは控える。

ヘグデ Hegde という姓は、地主、あるいは村役（名主）への尊称だったという伝えがある。特にカルナータカ州の北部では、この姓はほとんどがブラーマンに冠せられている。南部、ダキシナ・カンナダでは第二多数派のバンツ共同体である場合が多い。また、ヘガデ Heggade はジャイナ教徒の地主階層に与えられている（『Ⅱ部　第1章1（3）シリの出産と遺産相続』）。

物語の主人公であるシリは、あの世で、先に逝った息子クマーラに会いにゆくといって旅立ってしまう。後を追うように本妻のサームも安らかにあの世に召された。

〝死〟はいかにも唐突で速やかに訪れる。ふたりの女性に病の兆候も身体的衰えも感知されることはなく、死は突然、襲ってきた。

第二妻であったシリと本妻サームは、あっけなくこの世を去ってしまった。話の展開としてはいかにも唐突なのだが、あたかも次代の娘ソンネの活躍を促すためのようでもある。ソンネは、老ヘグデの元に返され、養育されることになる。これは、主人公シリの物語の一貫性を主張しているかのようでもある。ヒロイン、シリの文脈は連綿と継続しているのである。

2　娘ソンネ、そして孫娘たちの物語

シリの血を継ぐソンネは、老いたヘグデに預けられ、養育される。物語は、女主人公ヒロイン・シリの二代目に継承されていく。ソンネは、シリの血統にあり、超能力と奇跡を起こす存在になる。シリの血をひかない他の娘たちとは違っている。

（1）虎と娘

ナンダリケNandalikeというところに夫婦が住んでいた。マドゥクバッタMadukubhattaという夫とチャンドラヴァッティChandravattiというのが妻の名だ。妻は妊娠していた。

妻は妊娠中のためかウッパリゲUppaligeと呼ばれる粽をしきりに食べたがった。森にいってウッパリゲの葉を取ってきてくれと夫にせがんだ。翌朝夫は、使用人のカリヤKariyaを呼んで、森へいってウッパリゲの葉を取ってくるように命じた。

カリヤは、森へ入り木に登って、葉を取っていた。そこへ虎がやってきて、カリヤが登っている木の元へ座り込んでしまった。カリヤは、その場を離れてくれるように虎に頼んだ。

虎は、「いま、おまえは女主人のために、その葉を摘んでいるんだな。よし分かった。どいてやろう。ただし、おれは、女主人のお腹にこどもがいることを知っている。赤ん坊が生まれたら、その子をおれにくれる、と約束したら、欲しいだけその葉を持っていけ。」

カリヤは驚いて「ご主人に相談してきます。」といって、逃げ帰ってきた。

伝え聞いた妻チャンドラウァッティは、どう答えようか悩んだ揚げ句「いまは約束する、と答えておきましょう。生まれてしばらくすれば、きっと、約束を忘れてしまうでしょうから。」とカリヤを言い含めた。

カリヤは森へ戻ると「生まれたら差しあげます、と女主人は申しました。葉を持ち帰らせてください。」と虎に頼んだ。虎は「それなら持っていけ。」と森の奥深く去っていった。カリヤは、葉を存分に持って帰った。

妻は、粽を作って、お腹いっぱい食べ、それからまもなく女の子を産んだ。一〇日過ぎて、一一日目に、女の子はギンデGindeと名付けられた。

一年後、ギンデは歩きだした。両親は虎との約束を忘れていた。こどもは三歳になった。ある日、父は館の内の仏間で祈りを捧げていた。母は台所で働いていた。こどもは広間で遊んでいた。そして、玄関にでてきた。虎が、物陰に潜んで、こどもを待っていた。

虎は、こどもを拐《かどわか》していった。やがてこどもの見当たらないことに気づいた両親は、必死に捜したが、見つからない。ふたりは、悲嘆にくれた。

村の女たちが、森で薪を集めていると、こどもの泣き声が聞こえてきた。女たちが泣き声のする方へ辿っていってみると、ウッパリゲの木の根元に女の子がいた。そこは、あの葉を摘んだ木の根元だった。女たちが、こどもを抱きあげようとすると、虎の吠える声が、すぐ近くでした。女たちは驚いて逃げた。そして、老ヘグデにこのことを告げた。

ヘグデ老は、女たちに案内させて、森へやってきた。そして虎のまえにしゃがみ、その手を取って「どうか、その子を返しておくれ。わたしが大事に育てるから。」というと、虎は素直にこどもを渡した。ヘグデ老は、自分の館にこどもを連れ帰った。

［読み解き］

老いたるヘグデはもうひとりの娘を得ることになる。虎の所業は、いかにも人間の生活圏の近間にいたことを示している。

半世紀ほど以前には、ダキシナ・カンナダ全域に虎の存在は、特別なことではなかった。一九〇〇年代の後半期、ある農家を訪ね滞在した折、六〇代の主婦は、敷地の向かいの森に潜む虎を、何度も目撃した、と話してくれた。

ヘグデと虎の挿話にそっくりなブータがある。マンガロール市の北部近郊に伝わっていて、地域の人びとは「虎のブータ」と称している（『I部　第2章6（2）『虎のブータ　④⑤⑥』）。

虎男は虎の紋様の衣装と頭巾を被っている。虎に扮したブータというわけである。虎男は物陰に潜んで、そろそろと集まってくる子どもたちに突然襲い掛かって、捉えるのだ。捉われた子どもは、虎の潜む物陰、大樹の根本や雑草の茂る森の入口などに押し込まれる。鬼ごっこ、あるいは「子捕《と》ろ、子盗《と》ろ」に似ている。

この物語に登場する虎は、生まれてきた子どもを拐かしていた。妊娠中の頃から欲しいと念じていた子どもだったのだ。児戯「子捕ろ、子盗ろ」のようなブータが下染めにあるかのようだ。

そもそも、異界からよみがえる霊魂である「ブータ」を虎が演じている不可思議さが思考を奪ってしまう。虎は、異能の持ち主であると同時に、人間生活の卑近に居て、ときにはちょっかいをだし、脅威でありながら愛嬌さえある存在であったことが理解できる。

虎のブータを持つ地域の人びととは、この児戯のような祭礼をヒンドゥのものではない、となんども強調していた。彼らの民俗生活の奥深くに沈潜した「子ども」への愛と緊縛が一年一度の祭礼を継続させているのだ。地域の子どもが「神隠し」に消えることを厳しく戒める遊戯のような「おこない」なのである。

祭礼の終局は、主催する村役が、虎役の男に前に進みでて、子どもたちを戻すように説得する。その姿は、まるで老ヘグデのようである。子どもを大切にするから返してくれと懇願するのだ。

（2）石女《うまずめ》とその妹

ソンネとギンデは仲良く暮らした。まるで、ほんとうの姉妹のようだった。近隣一帯にヘグデ老が、ふたりのうつくしい娘を育てている、と評判がたち、多くの人たちが見物にやってきた。

マドゥクバッタとチャンドラウァッティの夫婦も評判を聞いてヘグデの元にやってきた。そして、ギンデを一目見るなり「おお。これは、わたしたちの娘だ。」と叫んだ。「どうぞ、この子をお返しください。」とヘグデに申し入れた。

老人は「そうか。本当にあなた方の子どもなら、返さないこともない。ひとつ試してみよう。ここにミルクを入れた椀と塩を入れた椀がある。この子がミルクを選んだら、わしがここで育てる。塩を選んだら、連れて帰るがいい。」

ギンデはミルクを選んだ。両親は仕方なくふたりだけで帰っていった。

ソンネは一二歳になった。うつくしく育った。ヘグデは彼女の結婚を望んだ。近くにウルキトータ Urukithoota という館があった。ふたりの兄弟が住んでいた。兄はジャルマールラ Jarumaarla、弟はグルマールラ Gurumaarla といった。ヘグデはソンネとグルマールラの結婚を望んだ。双方の親族が寄り集って結婚式がおこなわれた。花嫁は、ウルキトータまで行進した。それは大規模な華やかな行列だった。晴れて、ソンネはグルマールラの嫁になった。

ソンネとグルマークラの若い夫婦はとても幸せだったが、こどもができなかった。ソンネは一六歳になっても、一八歳、二〇歳になっても初潮がこなかったのだ。夫婦は悲しんだ。人びとは噂し、笑いの種にした。

一方、ギンデは一二歳になった。彼女には初潮がきた。ソンネは妹のために大層、喜んだ。ソンネは、妹の初潮祝いの式があると聞いて、いくことにした。しかし彼女には招待がこなかった。ソンネには初潮がなく、石女を祝いの席に招くことはできない、と親族が招待を控えたのだ。ソンネは招待がなくてもいきたかった。夫は、「いくのはよしなさい。招待されてないのだから、……。」といった。

「わたしには、たったひとりの妹しかありません。父は、最近すっかり年老いて、きっと、招待するのを忘れたのよ。いかせてください。」

「おまえは、まだ女になっていないのだ。おまえが式に参列すれば、ひとはおまえを笑い、侮蔑するだろう。だからいかない方がいいんだ。」

「いいえ。わたしはいきます。いかなかったら、妹は寂しく、悲しがるでしょう。もし、ひとがわたしを誘ったら、すぐに帰ってきます。」

それを聞いて、夫は即座にいった。

「いいだろう。しかし、もしおまえが侮蔑されて帰ってきたときは、館に入ることはできない。牛小屋で牛の世話をすることになる。それでもいいか。」

ソンネは「結構です。」といって、うつくしい衣装に着替えると、出掛けていった。

［読み解き］

石女として生まれたソンネには厳しい仕打ちが待っていた。世間からは、石女と陰口をささやかれ蔑まれた。それでも結婚した。養女で義妹のギンデは初潮の祝いをおこなった。ソンネは参列を望んだ。

（3）石女の妊娠と出産

ギンデは大変喜んで、姉を迎えた。お互いに久しぶりの出会いと、おめでたいできごとを喜んだ。しかし、参列の婦人たちは石女がきたことを嫌って、庭へでてしまった。彼女たちは、マンゴーの樹の下に座り「あんな乾きった石女といっしょでは、水も飲めないわ。」などと罵り、帰ってしまった。ソンネは、悄然と、帰ることにした。ギンデは、帰ることはないわ、と留めたが、ソンネは「心配しないで、だいじょうぶ、帰れます。」といって、ヘグデの館を後にした。

ソンネは、帰路、池の畔に隠れて、ギンデが沐浴にやってくるのを待った。そこが沐浴の池であることを知っていたのだ。

ギンデは、やがてやってきて沐浴していた。ソンネは、呪いをかけて、ギンデをあの世（マヤ）へ送ってしまった。それからソンネは、ウルキトータの館へ戻り、玄関の柱に凭れ座り込んだ。夫がソンネの側に立った。ソンネはすべてを夫に話し、沐浴し、よそいきのきらびやかな衣装を洗い晒しの清潔な普段着に着替えた。夫とその兄もまた、沐浴した。三人は、庭の家神に跪いて祈った。ソンネは母シリをおもいだして、ベルメル（蛇神・ブランマ）に祈った。ソンネは約束した。

「ムジロッティ・ベルンマ（ムジロッティは、ウルキトータの所在する地域、そこのブランマの意MujilottiBernma）わたしはあなたに誓います。わたしの黄金の鼻飾りをブランマの社の頂、擬宝珠に差しあげます。わたしの金の腕輪は、あなたの腕に、あなたのものにしてください。わたしの結婚の証、金の首飾り、カリマニ（Karimani）はあなたの祠に替えます。そして、わたしは七日のうちに初潮を得ます。三ヵ月のうちに妊娠します。」

三日目、ソンネは初潮を迎えた。夫と兄は喜んだ。老へグデもやってきて、祝福した。祝いの式がとりおこなわれた。親族の女たちも招待した。しかし彼女たちは信じなかった。嘘に違いないと、やってこなかった。二ヶ月後、ソンネは妊娠した。妊娠の式をおこなった。九ヶ月九日の後、彼女は陣痛を迎えた。ソンネはベルンマとの約束をおもいだした。ベルンマを祈り、双子の女の子を産んだ。


【異説】

ソンネは、夫との約束通り牛飼いとなり、森で牛に草を食べさせていた。

陽溜まりで、うとうとと眠ってしまった。

夢にベルンマが顕れ、ソンネは誓いをたてた。そして、その場で初潮を得た。

（4）娘たちの争い

アッバガとダーラガと名付けられ、ふたつの揺り籠に入れられた。夫婦は、幸せで、双子の様子を飽かず眺めていた。ふたりは幸せのなかで、ベルンマとの約束をすっかり忘れていた。

娘たちは一二歳になった。カルカラにチャンドラマ・シェッティ（Chandrama Shetty）という館の主がいて、彼には双子の息子があった。シェッテイは双子同士の結婚を望んだ。どちらの親族も賛同して、婚儀は決められた。

グルマールラとソンネの夫婦は、娘たちの結婚式の招待状を一軒ずつ訪ねて持参した。その途中、ソンネは疲れ、夫婦は大きな菩提樹の下で休んでいた。そこへ、年老いた僧（ブラーミン）がやってきた。夫婦が挨拶すると、

「わしは旅の占星術師です。」と答礼した。

「わたしの将来を占ってください。」ソンネは気軽に頼んだ。僧は暦（Pancha-anga）を広げ、早速、占いをはじめた。

「おお。これをご覧なさい。あなたはなにか誓いの約束を忘れていませんか。その約束は、まだ果たされていませんな。この婚儀の前に必ず実行してください。でないと、なにか災いがやってきます。」

その占いを聞いた途端、ソンネは怒り、「あの子たちはまだ一二歳になったばかりです。いずれ約束は果たします。なんと厭なことをいうお坊さんでしょう。」「いやいや、いまでも遅いくらいなんじゃ。」と、僧はいって、なお続けた。「誠実、というものから離れてはいけない。法（ダルマ・Dharma）からもな、……。」といい捨てて、いってしまった。

夫婦は、招待のための訪問を続けた。

一方、僧はまっすぐにグルマールラとソンネの館へやってきた。そして、ふたりの娘にいった。

「わしは、おまえたちが双六（チェンネ・Chenne）をするのが見たいんじゃがな。」

「いいわよ。でも、双六盤は、お父さんが仕舞って、鍵がかかっているのよ。」と娘たちは答えた。

「いやいや、いって見てご覧。鍵は、開いているよ。」

娘たちが戸棚にいって見ると、たしかに鍵は開いていた。僧は魔力で鍵を開けてしまったのだ。

娘たちは黄金の双六盤、銀の賽子で、遊びはじめた。妹が勝った。勝った妹は、負けた姉をからかった。かっとなった姉は、妹の頭を黄金の盤で、打った。妹は、血を流し、倒れた。死んでいた。姉は、驚き、震えおののき、妹の死体にとりすがって泣いた。

「ああ。妹よ。わたしはあなたなしでは生きていけない。わたしも後を追って死んでしまうわ。」

姉は、両親に書き置きを残すと、妹の身体を井戸端に運び、投げ込むと、自分も後を追って飛び込んだ。僧は、わたしの役目は終わった、と呟いて館を去った。

シリ、その係累

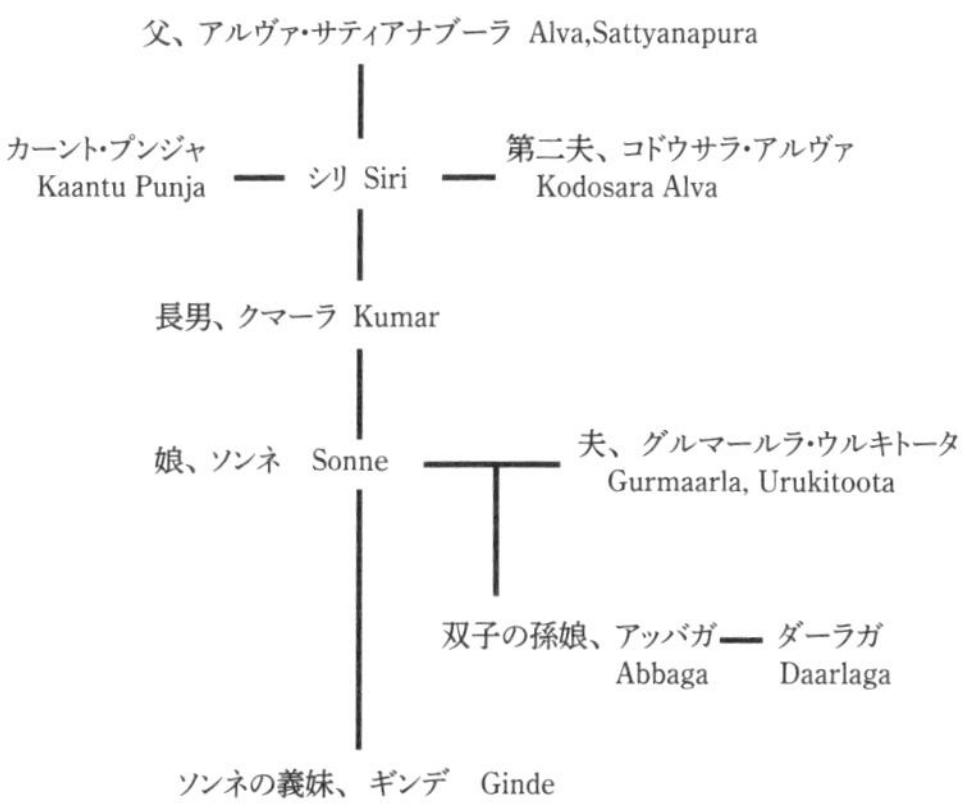

シリ係累図

夫婦は、あの菩提樹のところへ戻ってきた。根元に僧が座っていた。涙を流し、悲しみにくれていた。夫婦は「どうしたのですか。」と尋ねた。

「いま聞いたんだがね。あなた方の館で、ふたりの娘さんが亡くなったんだ。井戸に堕ちてね。約束は果たされたのだ。ベルンマは、なにをあなたから奪って、なにを得たのだろう。」

といって、突然、僧は消えた。あの世へ消えたのだ。僧の占いでいったことはすべてほんとうだった。ふたりの娘の死によって誓いの呪縛は解かれたのだ。

夫婦は、走って館へ戻り、ふたりの死体を発見し、身悶えして泣き叫んだ。やがて死体を洗い、火葬にした。魂は黄金の蜂となって空に飛び、ナラヤナン神（ビシュヌの変身神）の元へ飛んだ。それからムジロッティに帰ってきた。そしてナーガ・ベルンマの左右に位置した。

その後、このふたりの娘への人びとの信仰がはじまった。

注

1　アロヴァ Alva という姓の人物は、I部　第2章1（5）『ヴィタル、ケリンジャに伝わる伝承譚　その2』にも登場している。ダキシナ・カンナダでは歴史のあるよく知られた一族である。この娘、後のシリこそ、トゥルー語圏の第二多数派共同体であるバンツ Bunts の最初の女性、といわれている。シリには、母神的始祖伝説が与えられ地方神話としての要素も付与されている。

2　柳田國男は、「ちいさこべ・小子部」「ちいさこべスガル・小子部栖軽」などにこだわり、多くの記述を残している。また、「竹取の翁」についても数多く触れている。なかでも『物語と語り物・一寸法師譚』柳田國男全集七巻　筑摩書房。沖浦和光『竹の民俗誌・日本文化の深層を探る』岩波新書、一九九一年。

3　日本の一夫一婦制は、織豊の時代を経て江戸幕藩体制の下で確立された。それまでの家の意識は〝家門〟を一義とするものだった。徳川体制になって、武士とそれに付随する階級はすべて大名からの俸禄を拝領するようになった。家禄は、家門に与えられるのではなく、一家族に与えられたのだ。「家禄を食《は》む」ことになった士分たちは、給与所得者といってふさわしい存在になったのだ。〝家〟は世襲の集合家族へと変貌した。一六〇〇年代、日本独自に発展した儒教思想が支えになった武士の道徳は「家族の家」が主家に対する忠義の対象になった。水戸光圀が提唱した儒教研究と実践は、徳川幕藩体制を補強する思想になった。やがて一般化する「水戸学」の影響は、計り知れなく強く、武士と付随する人びとにとどまらず、農・商工民の社会全般に浸透した。一家族一夫婦を単位にする社会を形成していった。日本人に養われた家族主義は、一夫一婦を強く奨励することになったのである。社会制度化されたといってもよい。明治以降、キリスト教の活動が法的な承認を獲得したこともあって、新来の思想としての一夫一婦は社会的な存在意義を強くした。同時に、やがて婚姻制度も一夫一婦を基本にすることになった。法が定めたのである。イスラム教などの一夫一婦を一義としない宗教共同体と共存するインドが、倫理、道徳観を異にして当然である。

4　夫の不行跡を糾弾したシリだったが、物語の進む後には、シリ自身が〝不倫〟を越えて第二妻になる（第1章1（5）旅から再婚へ）。夫となった男に愛されたシリは、本妻とともに幸せな生活を送った。一夫一婦制ではない男女の感性が存在していたことを示唆している。

付記・現代では石女《うまずめ》という表現は控えるべきですが、原文に則ってここでは特に用いた。

第2章　儀祭礼シリの現場

物語の主人公シリの生涯、ならびに娘たちの行状をたどってきた。女主人公とその係累は、南カルナータカ、すなわちダキシナ・カンナダ、そして北部ケララでは、神女として崇められ、遂には信仰の対象として高められ、神格化されている。すでに述べてきたように地域は、無文字のトゥルー語文化圏である。この地方の多数派共同体で、経済活動の中核を担ってきたバンツの女性たちは〝シリ〟の神格化と信仰に率先してきた。

シリは、バンツ女性の始祖と伝えられていて、その共同体の女性たちにとって、替え難く自己を証明するものなのである。婚姻は、バンツ同士でおこなわれることが一般で、婚家、ならびに夫は、シリの信仰を奨励することはあっても阻害することはない。また、バンツ共同体の女性始祖であるシリは、しかし、その生涯において、ジャイナ教徒の男たちに愛され、あるいは助けられている。シリを信奉する女性、信女たちが、汎宗教、汎共同体に生きるシリを理想的な姿としていたことがうかがわれる。

シリの伝播は、現代ではバンツ共同体を逸脱して、広範囲に拡大している。バンツの女性は、最大人口のプージャリやさまざまな事由によって他の共同体成員との婚姻に導かれることが、多くある。現代のＩＴ、ＡＩ（人工頭脳）など、多様化された職業生活では多くの事例が出現している。この地方では、教育の高度化、あたらしい先端技術への就業などによる恋愛と結婚の変貌には、目覚ましいものがある。見合い、あるいは親同士が取り決める結婚は、急激に減りつつあるのだ。

さらにいえば、先端的な生活様式を獲得した若者世代も、年長女性たちが信仰する「シリ」への活動を、賛同することはあっても、阻害することはない。また、結婚後の女性たちは、若年層であっても、シリへの信仰を強くすることはあっても、弱めることはない。〝シリ信仰〟は、着実に伝播され、浸透しているのである。

すでに述べたように、この地方の女性たちは、再婚、再々婚に対して柔軟で、若いまま寡婦生活を守るということはない。一般的なインド女性に冠せられる暗く、陰鬱な像が結ばれることはない。また、四姓制度にいう第四階層であるシュードラに位置される人びとが多数を占めていて、ブラフマナ（ブラーミン・宗教人階層）やクシャトリア（武人階層）に該当する第一、第二の階層は超少数派で、発言力はきわめて低い。この地方ではカーストは機能していないのだ。

1　地域シリ〝講〟の成立

シリの儀礼と祭礼は、生涯物語に登場する場所に因んでいる、と伝えられている。生誕の地、最初に結婚した地、生涯を閉じた地、息子クマーラを失った地、そして娘たちが争いを起こした地など、シリの人生をたどって十数ヵ所に及んでいる。

しかしながら生誕の地やクマーラ終焉の地などの機縁の場を特定することは容易ではない。シリとその係累の生涯物語のそれぞれの出来事のひとつひとつを正確に、その一地点を特定することは困難だ。そればかりではなく、虚構性に彩られた伝説的な物語の展開にそぐわないともいえるのだ。一点に絞られた〝場所〟は、シリを信仰し、参加する信女たちの「心的トポス」の現実感をかえって失うことになる。女たちにとっては限定され、証明された現実感よりも、曖昧で、自己解放される余地をはらんだ〝場所〟のほうが望ましいのだ。

儀祭礼を組織する側にとっても、物語を根拠にした一定の地域的必然を標榜しながら、参加者自身の物語への自己完結を促せる道筋を望んでいる。なにしろ、シリの物語を、自己撞着し自らの物語にすることによって憑依することになるのだから……。緩やかなほうがいいのだ。緩やかであることが儀礼性を越えた祭礼への道なのだ。

クマーラ役と信女たち

2　儀祭礼シリの構図

すでに述べてきたように「シリ」は南カルナータカ州、とりわけダキシナ・カンナダ郡からケララ州カッサルゴド域にわたって十数ヵ所に儀祭礼の場を持っている。

儀礼と祭礼の組織化や次第は、柔軟で緩やかである一方で、厳しい信条に支えられている。外すことのない定則は守られている。

儀礼と祭礼は、シリの生涯物語に因んだ場所であることは、すでに述べたが、ある場合は寺院であり、あるときは、毎年ごとに臨時に設けられた集会場だったりする。寺院での場合は、儀礼をつかさどるのはブラフマナ（ブラーミン）で、信女たちの依頼によるものだ。集会場の場合は、バンツ共同体の男、大抵はシリの亡き息子クマーラを演ずる者が任じている。

［次第］

①信女たちが、シリへの捧げものを持って、集まってくる。

②信女集団は、十数人の集団だけの場合から、数百の集団が参集する巨大なものまで、千差万別である。いずれにしても、物語の挿話に導かれて時間が設定されており、陸続と参集してくる。

③僧侶、もしくはバンツ共同体の選ばれたクマーラ役が司

祭になり、儀礼が開始される。

④信女たちが持ってきた供物を、司祭がひとつひとつ寄進者の名を呼びあげつつ、シリ、あるいはクマーラ、娘、孫娘などに捧げ、供養する。信女たちの集団ごとに供養はおこなわれる。

⑤寺院での場合は、ブラフマナ（ブラーミン）が鈴を振り鳴らしながら、寺内を巡り、一巡する。

⑥儀礼的なおこないは、これで終了する。ブラーミンの関わりは、この後、一切ない。クマーラは、母と自らの物語を唱導する。クマーラが唱える物語は、信女のひとりひとりに訴えかけ、ひとりひとりの物語に発展していく。たとえば「かあさん（シリ）。ぼくは、なぜ死んでしまったの。とても寒いところにひとりでいるのだよ。」というような嘆きの唱導をする。母親シリになった信女は、やがて自らの境遇を物語化し、一気に憑依にむかっていく。地域によって、娘ソンネ、双子の孫娘アッバガとダーラガなどが唱導の核になる展開もある。シリの生涯物語に緩やかな形で対応しているのだ。

ブラーミンのいないクマーラが司祭する集まりでは、いきなりクマーラによる物語の唱導になる。

⑦参加した信女たちは、叫喚する者、忍び泣きながら語る者、唄うような呟きを止めない者など、それぞれのやり方で、憑依していく。

⑧やがて信女たちは気を失う者、倒れこむ者、しゃがみこんで自失する者など、収拾のつかない状態が出現する。

⑨クマーラは自分の集団の信女たちを再生させ、その場を去っていく。

［事例］

シリの分布地域は、すでに述べてきたように生涯物語の機縁の地に因んでいる。とはいえ、その地を特定するのは容易ではなく、一地点を限定して地域出身者が信女として純化されているわけではない。地域との緊密な関係性が儀祭礼を組織化しているわけではないのだ。シリ生誕の地に参集するのは、その地に生活する者ばかりとは限られていない。関心を寄せ、信者になった女性たちが遠征してくる。それを拒否する儀祭礼はない。

儀礼と祭礼は、さまざまな規模で行われている。いくつかの現場を探索した。その特徴的な事例を取り上げることにする。

（1）最大級のシリ儀祭礼

ダキシナ・カンナダ郡から北側に隣接するウドゥピー郡にむかう街道筋には、シリの儀礼と祭礼をおこなう寺院や集会場が点在している。代表格と目されるのは、ウドゥピー郡の北部、シリ物語の北限に近い寺院で行われている。この寺は、山を統治する神として崇敬のやまないシヴァ神の次男ヴィーラパトヴァが祀られている。儀祭礼は、寺院のブラフマナ、ブラーミンが司祭する。したがって、シリの守護神であるブランマは信奉されない。民俗神であるブランマは、シリの物語には折に触れて登場するが、寺院のブラーミンとは協働することはないのだ。

寺院の山内には、大きな井戸がある。この井戸は、シリ物語では重要な役割をする。

シリの孫娘たちが双六遊びの末に争いを起こし、殺してしまうという悲劇の場所だ。参集する信女たちにとって、「女の生涯」に起こりうる物語性をはらんでいて、大きな支持を得ている。現在も井戸は、新鮮な水が湧きだし儀礼に使用されている。

シリの娘たちが姉妹喧嘩の果てに殺人にまで発展してしまう「どこにでもありうる悲劇」は、女性たちの巨大な支持を得て肥大している。単に地域の信女が組織化されているばかりではなく、地域に地縁のある女性たち、母親の生地であるとか、姉の嫁ぎ先に近いとか、なにほどかの有縁によって、親類縁者が参集している。その数、数百人に及ぶ。それぞれ組織の中心であるクマーラ役の男によって導かれている。大きな集団では五〇人、小さいのは数人の単位で参加している。
A　夕闇が訪れる頃、クマーラに導かれて信女たちが参集してくる。寺内の本堂近くは、シリが共同体女性の始祖と伝承されているバンツの女性たちが占める。

バンツを囲むように、他の共同体の信女たちが、輪を描くように、それぞれの位置を占める。それぞれが、それぞれのクマーラに導かれている。

やがて、白衣をまとった信女集団は寺外の門前広場にまで溢れる。集団は、寺内は高く、寺外は低い共同体が〝場〟を確保している、と地域の人びとは伝えている。寺内から寺外へと階層化している、というのである。

儀祭礼にブラーミン階層は、寺の司祭以外、信者としては参加しない。この地方の特徴であるヴァルナ、四姓制度でいう第三階層のみの信仰集団といってもよく、四姓カースト内での上下ということになる。一般的に、それがどれほどの社会的説得力を持っているのか、疑問である。寺外に場を占める「低い」といわれる共同体集団は、むしろ高いとされる共同体の宗教行事を、襲撃し浸潤することに多大な誇りを持っている、と観察できる。「高み」にあるとされるものを、自らのものにしたという誇りである。

B　本堂内でのブラーミン僧侶による夕方の礼拝がおこなわれる。これは、日常的な礼拝である。終了とともに、ブラーミンは、数名の一団で、手振りの鈴を響かせて、寺内を祈り巡る。シリ物語に語られる井戸を、特に念入りな祈りをあげながら巡る。井戸の周辺には、入巫、あるいは信徒を志《こころざ》す男女の幼児が、祝福を求めて祈りを受ける。鈴の音は、山内の隅々まで響き、ブラーミンの読経の祈りは巡る。

C　鈴を振り響かせるブラーミンたちが、本堂のなかに戻り、鈴が止む。

すると、クマーラの唱導がはじまる。それぞれの集団の信女たちは、最初の一節が発せられた途端、一気、一斉に恍惚と憑依の様相を呈する。数百人の女たちが、憑依に導かれ、自らも「シリ」物語を演じていく。叫喚し、笑い、泣き、山内も寺外も混沌とし常態を失う。

D　数時間の混沌と饗宴は、やがて信女たちの体力の消耗とともに終息する。

多くはその場に倒れこみ、夢現《ゆめうつつ》にある。意識を失い、失神して正体のない信女も少なくない。

クマーラ役は、導いてきた集団のひとりひとりを覚醒させ、列を整えてゆっくりと離れていく。

（2）漁民ボヴィによるシリ信仰と儀祭礼

女神バガヴァティの拠点地域のひとつであるウラルについては、すでに述べた。ボヴィ漁民共同体が主体になって、信仰と祭礼を支えていることも詳述した。

ボヴィ共同体は、けして大きくはないが、海岸線ばかりではなく内陸部にも分布している。さまざまな理由から漁労を離れた人びとが、近隣の内陸に住みついている。分家、あるいは企業の勤労民として独立した生計を営むようになったのだ。インドの通例で、磁場を離れても、出自の共同体を捨てることはなく、自らの自己証明は伝来の家系であるボヴィを標榜している。

ウラル沿岸地域から内陸へ一〇キロほど進んだコナジと呼ばれる農村地帯にもボヴィは存在している。沿岸のウラルは、女神バガヴァティ信仰の拠点の一地域だが、内陸コナジのボヴィは、シリを奉じている。非常に稀有な事例で、シリはバンツ共同体女性の始祖とされているにも関わらず、女性ボヴィだけで儀祭礼をおこなっている。

彼らによるシリの儀礼と祭礼は、ヒンドゥ寺院に帰属したりヒンドゥの僧侶、ブラーミンに委託したりすることはない。彼ら自身が設定した集会場で、彼ら自身の身内であるボヴィから選任された司祭が執りおこなう。バガヴァティの祭礼とおなじようにボヴィ共同体のなかに祭事をつかさどる家系があるのである。

コナジのボヴィによる儀祭礼シリは、けして大規模ではないが、しかし充実している。信仰が浸透していることをうかがわせる。多くても三〇人ほどの女たちが、シリの亡き息子クマーラ役を任じ、司祭をおこなう男のもとに参集している。ひと組のみである。

A　女たちが持ち寄った供物をひと並べにして、司祭役（クマーラ役が兼任する場合もある）が供物のひとつひとつに祈りをささげていく。

持ち寄られた供物は、一枚の葉に乗せられた米飯と檳榔樹の実、雄花と雌花などの質素なものだ。供物は、シリ物語の登場人物全員の数がある。登場する人物への崇拝の念を捧げ、慰撫する。ここでの祈りは、インド人にとって、伝統的な祖先崇拝、祖先供養が背景にある。

シリは、バンツ共同体女性の始祖とされているが、ボヴィにとっても女性始祖として崇敬されていることが分かる。

B　祈りが終わると、女たちは檳榔樹の雄花、雌花をひと組にして胸元に持つ。クマーラが女たちを煽り、けしかける唱導をする。女たちは、雌花、雄花を胸元で震わし、叫喚し、むせび泣き、クマーラに従って物語を唱導しつつ憑依する。全員、いっしょにの間合いで、恍惚状態になる。

C　二、三時間、信女たちは恍惚状態のまま、物語を語り、叫ぶ。口説し泣き、シリは、自らに成り変り、自らへの抑圧、圧迫を振り払う。やがて、疲れ果て、その場にしゃがみ込み、あるいは失神する。

クマーラは、女たちを起こし、あるいは覚醒させて、全員を揃わせ、静かに退場する。

3　シリ〝講〟の成立と息子クマーラの役割

幾人もの女性たちが、儀祭礼の後、体力的な疲労感とともに、解放感と充足感にとらわれるのだと告白している。信仰集団であるシリ〝講〟に参加する女性たちの強く必然的な動機を伝えている。女性たちが抱える日常の閉塞感や心労を離れることができるのだ。

この信女たちが必然的にとらわれる動機を導きだしているのがクマーラだ。

儀祭礼シリにおける亡息クマーラの役割は大きく、重要だ。

クマーラは、シリの生涯物語では長男として生まれている。シリの最初の結婚は、シリの生誕直後に望まれた、しかし夫の不行跡による不幸なものだった。苦難の女の生涯を象徴する挿話になっている。夫の元を離れて旅するシリは、突然、しゃべりだした乳児クマーラの「ぼくは、ひとりの男を父として生まれた。ほかの男を父と呼ぶようなことはできない。将来、そんなことが起こるような予感がする。おかあさん、ぼくをあの世へ送っておくれ。」という言葉に応えて、クマーラをあの世へ送った、と語られている。

いかにも唐突で、現実感のない〝神話的〟な筋立てだ。それが、儀祭礼で活躍するクマーラの存在を融通無碍な展開を許すものになっている、といえる。

クマーラはたった一行で、いとも簡単にあの世へ旅立っている。クマーラの他界への赴きは、抽象的で具体性を欠いている。それが、信女たちが紡ぎだす自らの物語を「創造」する余地を与えているといえるのだ。シリが、信女自らに重なる瞬間をクマーラは仕組んでいる。現実と虚構を行き交う呪力、その活動力を保証しているのである。クマーラは、実は「シリ物語」と信仰の組織者なのである。信女たちは、クマーラの死を悼み、慰撫し、祈祷する。それは、信女たち自身を投影した物語の創造行為であり、信女たちを結びつける「集団」「講」の成立を促すことでもあるのだ。

4　時代を生きるブータ、そしてシリ

日本ではほとんど知られていない憑霊儀礼芸能ブータを論述することは簡単ではない。単なる紹介レポートにしてしまうことは、却って「ブータ」の実相を見えにくくし、理解を促すことにならない。記録として積み上げられた事実は、理解の文脈を持たない者にとっては苦痛以外のなにものでもないだろう。

まず前提となる南カルナータカ、ドラヴィダ語族トゥルー社会を解きほぐすことから論じなければならない。

トゥルー語圏の最大の共同体プージャリについて、その存在と社会的な立場を詳述した。プージャリは、儀祭礼に携わる職能ジャティを出自としていることを論述し、ダキシナ・カンナダの指導的共同体であるバンツと協働す

る調和した関係、環境を論じた。

ブラーミン体制がきわめて希薄なダキシナ・カンナダでは、いわゆるカースト、四姓ヴァルナにおいては第四階層であるバンツとプージャリが、多数派であるとともに地域社会の主流として形成されていることを導きだしてきたのである。

教義化されたヒンドゥ教を拒否し、教義化される以前の古態を示唆する民俗的な思想性を発揮する宗教活動としてのブータを解明してきた。あたかも教義ヒンドゥ教と混淆しているかにみえるが、民俗社会においては画然とした区別があるのだ。ブータの生命力と地域における力学は、ここにあることを論述したかったのである。

また、最下層と目される演者たちが、プージャリやバンツの存在と社会形成を抜きにしては語れないと論じた。地域社会での調和と均衡が、ブータという類稀な憑霊儀礼、その芸能を支えてきたのである。儀祭礼に観る劇的な展開は、こうした共同体間の緊密な社会構造にあるのである。

いい方を変えれば、贈与するバンツと仲介するプージャリ、そして祭礼時には神格化する慮外の芸能者ブータという図式になる。しかし、こうした発想から生まれる図式化、記号化は、現代、一種の虚しさとともに葬らなければならない現実に直面していることは事実なのだ。

現代インドの人びとは、一般に、ヒンドゥ教やイスラム教、キリスト教など、伝統的教義宗教に生きることを求められている。それが、皮相的には緩やかで、締りのない、図式化とは程遠くにあるような民俗行為である儀祭礼ブータ、そしてシリに流れていく。それは、複雑な文化環境を超えて組織し、参画する強い意思力を持たなければならない代物だった。そこに生きる迫力を論述したのである。

なによりも、祭礼における式次第のひとつひとつ、そしてそこに活き活きと生きる人びとを照射することをこの論述の主眼にした。

活き活きとした人びとの発見は、ブータにまつわる者たちだけではなかった。雨季のはじまる以前、三月中旬か

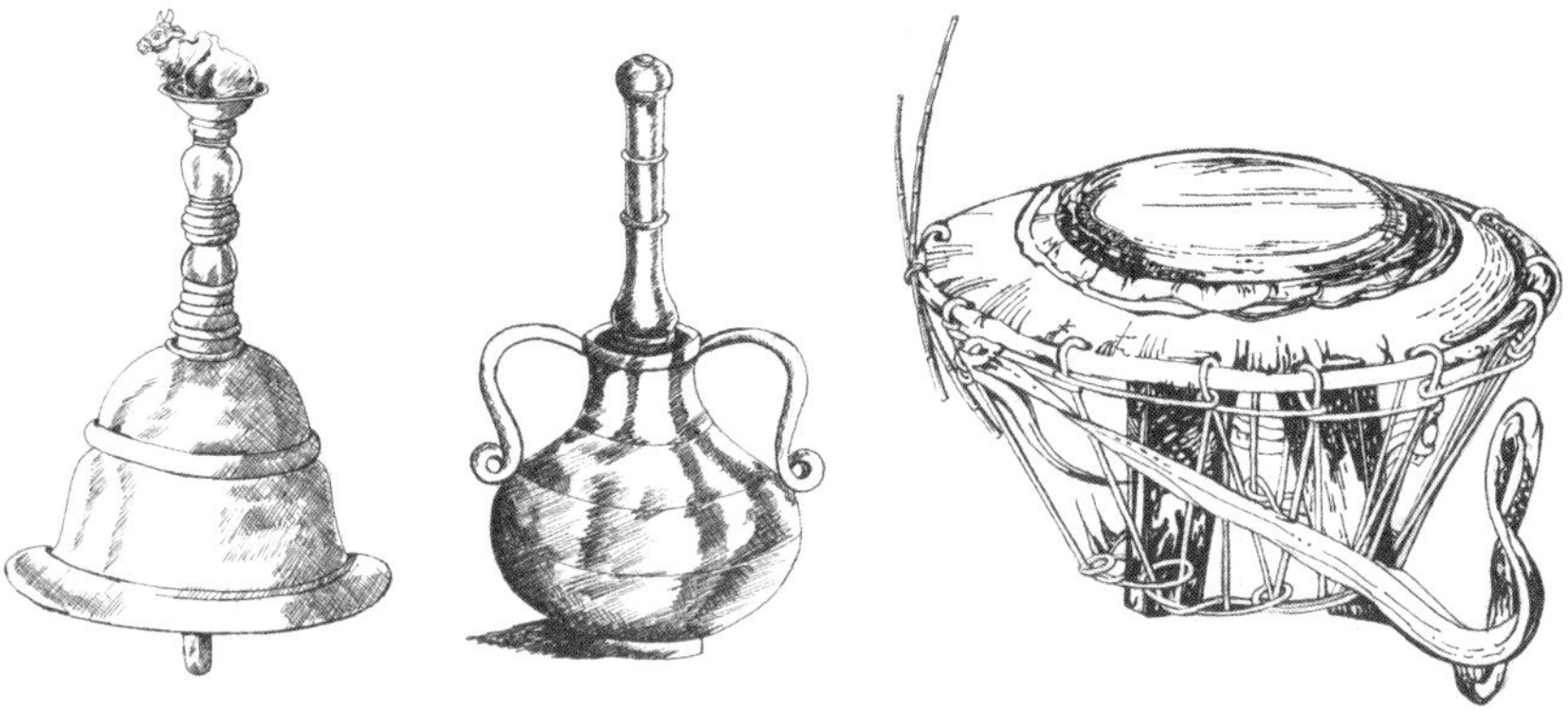

祭器

ら五月半ばまでのほぼ二ヵ月、東の間に駆け込むように女たちの儀祭礼がおこなわれる。

シリと名付けられた女性は、その生涯を共同体バンツの始祖として高められるべく戦い、民俗神ベルメルに捧げた。この地方独特の女性の社会的立場、すなわち南インドに広く浸透している母系制を梃子に、ときに奇跡的な神力を発揮しつつ確立したのだ。インド一般に伝えられる男性優位、男尊女卑の世界観が必ずしも普遍性を持つものではないことを証明しているともいえる。インド独立解放後の政治行政は、母系制の継続とその遺産相続を法的に禁じている。しかし、なかば公然と地域は女性相続を保っている。

神女シリは、こうした母系に生きる女性たちの強烈な自己証明の所産なのである。そして実は、政治や行政、あるいは歴史までも超えた「女たち」のおこないになっているのだ。バンツ共同体の始祖シリは、儀祭礼のたびごとに、参集したそれぞれの信女たちによって書き替えられ「自らの物語」に変貌しているからなのである。シリ神話の歴史や政治を語ることは不可能といってもよい。だからといって、ここに集う女たちはまさしく「現代」という時代を生きている。現代に生きる自らを朗誦し続けているのだ。

〔Ⅱ部　参照文献〕

Siri Kate（Kannada）by GayatriNavada　『シリ物語』ガヤトリ・ナヴァダ 1994. Published by KannadaUniversity,Hampi

Akkearasu Siri（Tulu）by A.V.Navada　『大姉《おおあね》シリ』A・V・ナヴァダ 1998. Published by Karnataka Sahittya Academy

アッケアラス AKKEARAS＝アッカ Akka は、直接は姉の意で、しばしば長上の女性への尊称につかわれ、アラス Aras は王、
　ここでは「女王」なのだが、シリには固有尊称としてつかわれている。一般的な女王とは違う。

Tulu Paddana Samputa（A collection of Tulu Paddana）Collected, Translated and
Reviewed by Amrith Someshwar 1997.Published by Kannada University, Hampi

パッダナ・サンプータは、サンプータは英訳の通り「集」もしくは「選集」、パッダナは、叙事詩、もしくは語り物、としてよいようだ。

謝辞　Acknowledgement

前著『歌舞劇ヤクシャガーナ』を二〇一六年に上梓したのだが、実は、インドに赴いて最初の調査、フィールドワークは、ブータだった。本の上梓と調査行は、逆になった。別にどうということもなく、きっと、誰にでもあることなのであろう。しかし、自分にはなにか落ち着きの悪い感覚が拭えずに残っていた。

一九九四年の八月、わたしはカルナータカ州ハンピーのカンナダ大学に客員教授として赴任した。その年の内にダキシナ・カンナダの小都市パンジャで、はじめてブータを観た。同行してくれたのは、当時、カンナダ大学の修士生だったキショール・クマールだった。彼は、郷里でおこなわれる「闘鶏」を論文化して、一年後、マンガロール大学の博士課程に進んだ。博士論文は、すでに本書に記述したが「ウラルティ・ブータ」だった。彼は郷里の実家へ戻る途次、わたしを小都市パンジャでのブータに誘ってくれたのだ。

一気に南インド、カルナータカでの研究課題が決まった。八〇年代後期から関心を寄せていた歌舞劇ヤクシャガーナ、巨大な岩山のような「ブータ」、そして女性民俗の稀有な宗教儀礼シリ、の三本の柱が建った。カンナダ大学は、「失われた帝国」といわれるヴィジャヤナガラの廃墟と遺跡のただなかにあり、ブータの所在地までは、二〇時間近くバスを乗り継がなければならない。わたしは、通った。マンガロールの市街の安ホテルを定宿にして、ほぼ三年間の任期に飽くことなく通った。

毎晩、ヤクシャガーナ、ブータを追って、払暁まで過ごした。季節には、シリの祭礼にも、身を縮めながら、女性たちに咎められないよう気遣いながら参加した。通常、男は参加しないのだ。

仮眠の後、書店を巡って文献を漁った。すっかり顔馴染みになった書店主たちは、わたしむきの書籍を確保して待っていてくれた。

九六年、マンガロール大学に転出してからは、乾季の数ヵ月、跳ぶようにしてフィールドに臨んだ。雨季には、時間の許す限り、図書館に座った。古い文献や博士論文を図書館で読むことができるようになって、大いに助けられた。「ブータ」を書き上げて、あの落ち着かない感覚は、ようやく薄れてきた。前著『歌舞劇ヤクシャガーナ』(而立書房、二〇一六)は、インドの人びとに望外の好意とともに迎えられた。日本での反響よりも、ずっと大きく、評価も高いようにおもえる。けして充分ではないわたしの英文解説と写真を頼りに読んでくれたのだ。当時もいまも、相変わらず多くのインドの人びとに助けられ、教えられ、そして限りない協力をいただいてきた。ここに、彼らの名を刻して深謝の礼を捧げたい。
　ときにわたしのフィールド調査に同行し、情報の提供を惜しまず、議論を深め、研究の同伴者である
サダシウォ・クムブレ Mr. Sadashiva Kumble
　ダキシナ・カンナダの最高峰にいる民俗研究者であり、劇作家、評論家である
アンムラッ・ソーメシュワラ Dr. Ammurath Someshwara
プールショッタム・ビルマール Dr. Purshothama Bilimale
ヴィヴェカ・ライ Dr.Viveka Rai
チンナッパ・ゴゥダ Dr. Chinnapa Goeda
　右記三名の研究者は、カンナダ大学、マンガロール大学での主任教授として、常に、わたしへの指導と鞭撻を怠らなかった。深謝以外にない。
シュリニヴァス・カルカル Mr.Shrinivas Karkal
　やみくもに収集してきたわたしのカンナダ、トゥルー資料をわたしのわがままな要請に従って英訳の労を

とってくれた。
M.G.カジェと妻ナリニ Mr. M.G.Kaje & Mrs.Nalini Kaje
画家である夫妻は、本書のスケッチをすべて描いてくれた。ブータ研究者の間ではきわめてよく知られた存在で、夫妻のスケッチをえることが研究者のステータスになっている。

ヴィーレンドラ・ヘガデ Dharmadhikari Sri Veeredra Heggade
本文にもたびたび記述してきたが、聖地ダルマシュトラの総帥であり、ダキシナ・カンナダの民俗、歴史に深い関心を寄せ、その造詣を惜しみなく与えてくれた。

忘れることのできない存在は、
キショール・クマール・ライ Dr.Kishor Kumal Rai だ。

本文にも触れたが、ウラルティ・ブータ実地調査は、彼とのフィールドがすべてだ。その後の交誼によってこの書が成立したといっても過言ではない。

最後に、常に、叱咤激励を惜しまず、なによりもこの書の上梓を願い続けてくれた妻美恵子に感謝を捧げる。

本書の上辞には、せりか書房、船橋純一郎社長に過分のご面倒をおかけした。深く感謝している。

初出
I部第1章・演劇研究三十九号：論考「南インドの憑霊儀礼芸能・ブータ Bhuta」
早稲田大学演劇博物館紀要に発表、その後、改変・補筆
I部第2章・研究発表ならびに論考：二〇〇六年、於・早稲田大学「散楽研究会」
『南カルナータカ、マンガロール地域の武術ガロディとその芸能性』
本書に「論点・開題5」として採録した

著者紹介
森尻　純夫（もりじり　すみお）
インド・カルナータカ州マンガロール大学客員教授
早稲田大学演劇博物館招聘研究員
1941（昭和16）年生
1971年　劇集団「流星舎」を設立
1978年　早稲田どらま館設立・館長
1986年　民俗芸能学会理事就任
1994年　インド、カルナータカ州カンナダ大学客員教授
1996年　カルナータカ州マンガロール大学客員教授

著書・論文
『仏教行事歳時記』（第一法規・刊、88年）『珈琲の文化史』（TBSブリタニカ・刊（絶版）、86年）『これからはインド、という時代』（共著、ワック株式会社、2012年）『歌舞劇ヤクシャガーナ』（而立書房、16年）『インド、大国化への道』（而立書房、16年）『ヤマの戯人　民俗芸能研究　5巻』（89年）『弟子座の形成　民俗芸能研究　11巻』（91年）『武術と芸能　早稲田大学演劇博物館国際研究会議発表論文』（06年）その他、劇作品など多数

越境する女神　インド・南カルナータカの憑霊儀礼ブータと神女シリの饗宴

2018年　6月8日　第1刷発行
　　　　10月18日　第2刷発行

著　者　森尻純夫
発行者　船橋純一郎
発行所　株式会社 せりか書房
〒112-0011　東京都文京区千石1-29-12 深沢ビル2F
電話 03-5940-4700　振替 00150-6-143601
http://www.serica.co.jp
印　刷　中央精版印刷株式会社
装　幀　工藤強勝＋勝田亜加里

ISBN 978-4-7967-0374-1